# 中西智慧的交融

## 中西哲学综合论

高亮之◎著

ZHEJIANG UNIVERSITY PRESS
浙江大学出版社

# 作者简介

高亮之（1929年5月—），福建长乐人，1946年从上海沪江大学附中毕业，同年考入浙江大学农学院植物病虫害系，并投身于学生革命运动，1947年加入中国共产党，1948年赴皖西解放区参加人民解放战争。历任南京农业学校副教导主任，华东农林干部学校三部副主任，江苏省农科院副研究员、研究员、院长兼党委书记，中共江苏省七届省委委员，中国农业气象研究会理事长，江苏省科学技术协会副主席，江苏省老科协副理事长，墨西哥国际玉米小麦改良中心（CIMMYT）理事，并任中国农业大学、南京农业大学、南京气象学院兼职教授、博士生导师，美国俄勒冈州立大学客座教授；先后共发表研究论文80余篇；曾获国家、省、部科技进步一等奖各一项，省科技进步二等奖一项，省、部科技进步三等奖三项和省科学大会奖一项；1991年获得国务院特殊津贴。

高亮之的科学专著有《江苏农业气候》、《水稻与气象》、《水稻气象生态》、《农业系统学基础》、《水稻栽培计算机模拟优化决策系统》、《农业模型学基础》、《高亮之文选》等。

高亮之在从事农业科学之外，又是哲学爱好者。他离休后，阅读了大量的古今中外哲学原著，形成了自己的哲学思想。2005年后，先后出版《综合哲学随笔》、《漫游西方哲学》、《浅谈中国哲学》、《爱的哲学》、《美哲学》、《善哲学与共同价值》、《人有灵魂吗》等七本哲学著作，受到各地读者广泛好评。

# 代序:转"识"成"智"——一个闪光的注释
## ——读高亮之先生《中西智慧的交融——中西哲学综合论》

转"识"成"智"的道理,中国人自孔孟起就懂了,而西方似乎直到康德才明白。这个道理其实也不复杂。离开了道德主体,宇宙并无意义,因而从终极的价值形态看,宇宙秩序就是道德秩序。佛教的"八识"与"不相应行法"可以会通康德的"感性时空"与"知性范畴",以此共解人类知识之根据,同释"识"之成因与机理。康德哲学与中国儒释道看重的是转"识"成"智",而正是在这一"转"上中西文化与哲学义理迥然有别——康德因为不承认人有"智的直觉"而转向上帝;儒释道则把"智的直觉"均归宗于人自身,只要修行到家,"良知"或般若智一呈现,即可隐"识"见"智",自度成佛。逻辑实证论者的思想源于康德,怀抱却不如康德,但个中差异在中国哲学的参照下则会更加清楚。在知识范围内没有意义,并不等于在知识范围外没有意义,那没有意义的东西实比有意义的东西更有意义。当然,中国考据之学的问题远胜逻辑实证主义,故纸研究常常扼杀了思想自由。

进行中西哲学比较研究,技术上是为了他山之石,瑕瑜互见,而文化上对研究者本人来说则因其文化之根不同而负有不同的使命。高亮之先生的《中西智慧的交融——中西哲学综合论》,显然不是立基于西学土壤来养护中国哲学与文化,而是要接续中国文化的命脉。他自70岁离休后本可过非常舒适悠闲的生活,但却跨专业地在中西哲学领域奋力耕耘,辛劳不已,这本身就体现了先天下之忧而忧的儒家风范。中国文化的命脉在乾嘉之学盛行时已然中断,并由此造成近代中国命运之颓衰,但其源头之星火却永难熄灭并时有返本开新,同时烛照出西方文化及其宗教与哲学的流弊。透过本书大体上两相平衡的比较框架与综合结论,不难感悟高亮之先生对以儒释道为主体的中国文化的深爱与自信,也不难感悟他心系人类命运的博大情怀与诚期天下和而不同的崇高使命感。

高亮之先生写《中西智慧的交融——中西哲学综合论》,目的不在比较而在综合,其学术功力与思想意义均由此而出。当然,综合的结论需要通过比较来论证与铺垫,这正是基于学理之著述的持存力所在。本书展示了一位饱学之士的宏阔理论视野,更展示了一位耄耋学者的拳拳赤子之心,这颗心不仅感悟到接续文化命脉的一切艰难与曲折——为民族的前景担忧,也体察到由西方价值所主导的当代文化的诸多缺失与误区——更为人类的命运忧虑!尽管这本书中的许多"识"见非常精辟与深刻,但我宁愿把高亮之先生首先解读为中国文化转"识"成"智"传统的一个闪光的注释!

中西哲学的比较研究,虽然自上个世纪20年代即已起步,严复、梁启超、王国维、胡适、梁漱溟、熊十力等都是这方面研究的先驱,但总的来说,研究的阵容与成果都不算理想,至少不如比较文学研究那样人丁兴旺。可喜的是,近五六年来,国内西哲领域的一些学界翘楚,纷纷把眼光投向中国哲学,几本已经出版的会通中西哲学或以西学底蕴诠释中国哲学的著作引人瞩目,①然而,像高亮之先生这一正面暨全面进行中西哲学比较研究的力作,尚未多见。《中西智慧的交融——中西哲学综合论》从中西哲学的各自形成背景、彼此的交流、宇宙论、本体论、认识论、道德哲学、政治哲学、美哲学、爱哲学、生死哲学等方面进行了系统地比较、分析,具有较高的学术价值。国内高校专业分工分明,哲学系通常是西方哲学、中国哲学、马克思主义哲学三大块,跨专业的研究者本来就不多。高先生的难能可贵,在于他的哲学研究从

---

① 如张祥龙《孔子的现象学阐释九讲——礼乐人生与哲理》、邓晓芒《儒家伦理新批判》、白彤东《旧邦新命:古今中西参照下的古典儒家政治哲学》、张汝伦《现代中国思想研究》等。

一开始就横跨了中西哲学两个领域。纵观他已经出版的七部哲学专著，另一个特点也与学院派有异，即他的著作章句简明，很少学究味，但这并不能遮蔽其义理层面的精彩。就此而言，我更愿意把他看成是哲学研究领域的民间学者——民间学者对于中国学术常常有着特殊的贡献，对于正统的学科分界也是有益的补充。如《中西智慧的交融——中西哲学综合论》中关于爱哲学的内容，且不说比较研究，即使是单独研究也是一个很新的领域。高亮之先生以老子"无为"思想阐明爱的真谛即别出机杼："大道对万物的爱，不但表现在她创造了万物，并且体现在她的'无为'上，也就是让万物根据它们的天性自然地、自由地发展。……对你所爱的对象，你不应该过多地干预或限制，而要尊重被爱对象的天性，帮助并鼓励他们自然地、自由地发展。"①道家之爱乃大音希声、大象无形，但经过他的诠释却极有治国与修身的针对性。真正的学术研究从来不是空中楼阁，而是与社会现实、人民感受息息相关。物质的进步，如何避免以牺牲情感——牺牲爱为代价，如何避免对人与人之间爱之品质包括情爱品质渐次下降的普遍缺憾，是中西文化共同面对的症候，哲学作为文化的最高层次与时代精神的集中体现，理应在"爱"这个领域做出理论的探索。爱哲学最终能否在西哲传统的本体论、认识论与美哲学这三大框架内另辟一块或打进一个楔子，自然还有待时间的检验，但高先生敢为人先的探索勇气不仅殊为可嘉，而且反映了民间学者源于其丰富人生历练的非常视野与珍稀价值。

比较研究对于哲学领域，横向地看是中西哲学的比较与综合，纵向地看，则中国哲学与西方哲学早有互相融合的漫长历程。魏晋时期"会通孔老"，玄学盛行，其实质性意义在于对照道家与佛教，或"以道释佛"。佛教义理本来不易为以儒学为主的中国文化所接受，老庄便

---

① 　高亮之：《爱的哲学》，杭州：浙江大学出版社，2011年版，第162页。

成中介,道家以无当有,以成心代道心,以 How 代 What,本身就是一个大智慧,这样的玄智玄理恰与佛教般若智的空智空慧暗通款曲,般若智的缘起性空与道家的"正问若反"亦同属吊诡的智慧,这就为佛教义理在隋唐时期被吸收及其显盛作了一个过渡。作为德国人的康德,其先验哲学也是在很大程度上比照、吸纳了英国的经验哲学尤其是休谟的学说。休谟不仅意识到说明因果律来源对于知识根基的重要性,而且证明从经验上根本不可能得到因果律,尽管休谟的解决方案是基于心理学意义上的联想,但他对经验实在论的怀疑以及主观性转向促使康德最终确立了逻辑本体论的方向。康德的方案看起来也是主观的,然而,他的先验逻辑的性格不会满足于停留在主观形态,而是要统摄现象决定现象,现象即由此获得了必然性根据。康德亦由此建立起他自己庞大的纯粹理性王国,这正是 18 世纪欧陆哲学与英伦哲学的一次极其重要的比较与综合。

《中西智慧的交融——中西哲学综合论》通过旁征博引与多层次论证,给出了中西哲学比较研究的总体性结论:"中国哲学与西方哲学是各有长处的。中国哲学的长处在于它的本体论与道德哲学;西方哲学的长处在于它的认识论与政治哲学。在美哲学方面,我们不能要求不同民族、不同国家具有统一的美的观念,应该是:各美其美。在生死哲学方面,西方哲学的'灵魂论'与中国哲学的'三立论'的基本精神是接近的,而中国哲学的'生生不息'的思想是一种高层次的学说。值得重视的是:中国哲学与西方哲学在爱哲学(情感哲学)的'仁爱'理念方面具有高度的一致性。"这一结论具有高度的概括性,基本符合中西哲学各自的长短特性,是立得住的。其中,就中国哲学本体论比西方哲学本体论具有优势来说,无论是作者的结论还是对结论的论证,都不乏新意。作者的论证包括,中国哲学以道生论为主体的宇宙论显然高于西方哲学以神创论为主体的宇宙论,老子的道生论至今仍得到国际物理学家与宇宙学家的高度重视;孔子提出的人本论则比西方人本论要早两千年,西方直至文艺复兴与启蒙运动,人本论才得到广泛认可。中国的道德哲学的优势更是自不待言。牟宗三先生认为"生命"与"自然"是透视中西哲学与文化之差异强弱的两方小孔,中国人重"生命",西方人重"自然",生命应对内在,自然应对外部,重生命必然关心自己的安身立命,关注如何来安排自己最麻烦的一生,由此首先意识到德行之重要;重自然则专注于外部世界的规律,为知识寻求客观性根据,这条路最终让西方在科学方面领先。高先生认为西方哲学在认识论方面高于中国也是与此吻合的。至于中国哲学在政治哲学方面落后于西方哲学已是无庸讳言的事实,高先生则从"天命论与契约论"、"民本论与民主论"、"德治论与法治论"、"集权论与分权论"四个方面进行了细致的比较与综合。这里倒是可以引申出一个值得思考的问题,即道德哲学本是政治哲学的基础,何以道德哲学领先的文化,却在政治哲学方面落后了?牟宗三先生似乎也没有说明,他那枚"自然"的方孔,何以既透射出科学的曙光又透射出民主的光芒?

与作者此前问世的多数哲学著作一样,《中西智慧的交融——中西哲学综合论》再次体现了高亮之先生在理论研究中善于观照现实的特色,这一特色的形成显然与他在青年时代毅然中断浙江大学学业投奔革命的经历不无关系。书中有些地方他虽只是附带一提或轻描几笔,真知灼见却力透纸背。如在第三章中阐释"西方哲学形成的社会结构背景"时,他提到黄现璠教授 1979 年发表的关于中国历史上没有奴隶社会的观点并表示赞同,因为古希腊实行城邦制,城邦之间战争不断,战俘成了奴隶的主要来源,奴隶制的前提正是大批量的奴隶并集中劳动,而中国经济自古以农业为主,集中性劳动并不适合于农业生产。这虽然不是高先生的原发观点,但"旧事重提"却别有深意,中国封建社会是从三代转型而出,对夏商周奴隶社会性质的否定,对于孔子仁学思想根源的探释,对于秦汉专制成因的理解,都可能带来新的说法,再进一步,则可能给解构辩证唯物史观带来新的视角。第五章在阐释"心物关系"时,高亮之先生通过对王阳明与马克思观点的综合形成基本观点,即世界万物是"心"(精神)与"物"(物质)共同创造的,但精神是其中的主导因素,由此他话头一转,分析了新中国成立以来因没有把握好这一关系之平衡而造成的两大偏差。或许可以说,正是这种爱之深痛之切的人生阅历,促使高先生在中西哲学领域辛勤爬梳,不断探索,以求融合与提炼人类进步思想的精华,烛照未来之路。第八章在对西方的民主论与中国的民本论进行对比分析时,高先生一方面明确提出任何国家包括中国都应该选择民主制度,另一方面也提出民主不是万能的以及民主制度未必都能保障人民的利益,这方面他接连枚举三例:其一,苏格拉底就是被希腊民主制判予死刑;其二,1933 年希特勒通过德国全民投票获得 90% 以上的支持率而当选为德国总统;其三,2003 年美国发动伊拉克战争是由国会通过民主程序而最终决议,美国发动战争的理由是伊拉克拥有大规模杀伤性武器,但直到战争结束并没有发现这样的武器,却造成了伊拉克士兵死亡 11万人,难民 480 多万人,美国亦阵亡 4366 人。因此,民主论需要与民本论相结合,"所有的民主决策或民选的政党领导人,都应该以人民的利益为根本(民本论),如果国家的民主制度产生了不符合人民利益的政策或领导,那么,应该由此而检讨民主制度本身的缺陷,并加以坚决地改革与纠正"。这三个例子举得非常贴切,不仅很有说服力,而且说明高先生的现实观照并不局限于本土,他的眼界是全球性的,亦不以西方价值观为大。西方价值观及其政治制度的一块基石是自由主义,但自由主义从古典时期就带有普遍主义的特征,其理性的诉求并非宽容的最高境界,而属于格雷所说的两张自由主义面孔中的第一张,站在这第一张面孔后面的哲学家远有洛克、康德,近有哈耶克、罗尔斯,他们寻求的是共识;另一张自由主义面孔寻求的则是共存,站在它后面的哲学家远有霍布斯、休谟,近有伯林、奥克肖特,他们倾向于在政治实践中用"权宜之计"替代理性共识,而"自由主义的未来存在于从面向理性共识的理想变化到面向'权宜之计'之中"①。《中西智慧的交融——中西哲学综合论》旨在求同存异的综合,其综合的最终目的自是和平共存而非理性共识,任何国家以经济或军事强力胁迫其他国家以求政治认同或价值认同,都有悖于正义的初衷。发展中国民主制度的内在根据,只能到中国文化中去寻求。

中西哲学的比较,会通康德哲学与佛教哲学是一个重镇。康德的先验品格实是逻辑品格,凡逻辑则要摆脱经验,但由此成为纯主观又有悖于知识的客观性要求,因而这逻辑品格虽源于古典(形式逻辑)却要归于本体,本体世界非感性世界,无法诉诸人的感官,于是康德才苦心孤诣地区分出现象与本体(物自体),只有现象才能对人而显,然而,现象要成为一个经验对象又要通过人的感性来呈现并通过知性来决定。康德这一套关于感性时空与知性范畴的道理即使在西学中也不容易讲得很明白,却有可能通过佛教哲学来会通其义理,甚至发现他学说的软肋。《大乘起信论》的"一心开二门",正是可以统摄康德现象与本体二界关系的理想模型——"生灭门"之生生灭灭可会通现象,"真如门"之不生不灭则可会通本体;"真如"为"生灭"之体,"生灭"为"真如"之相,"以是二门不相离故"。②这"相"与"体"的一体两面的关系不正是康德现象与本体的关系吗?然而,康德的"自由意志"却不同于"一心"("众生心"抑或"如来藏心"),"自由意志"是假设,"一心"则是呈现,正是这种当下呈现可以开出"二门",即从"生灭门"上升到"真如门",而康德无法打通他的现象与本体,或曰他现象与本体之间的界限难以逾越,他的本体(物自体)世界最终只能归宗于道德神学。因此,尽管康德在现象上是积极的,在本体上却是消极的。佛教在本体上则

①　格雷:《自由主义的两张面孔》,顾爱彬、李瑞华译,南京:江苏人民出版社,2002年版,第108页。

②　高振农译注:《大乘起信论译注》,北京:中华书局,2012年版,第16页。

是积极的,儒家与道家亦然,这正是中国哲学本体论高于西方哲学本体论的根本原因。以此观照,《中西智慧的交融——中西哲学综合论》对中西哲学义理的比较、综合还主要呈现为一种框架性的对立结构,在对双方义理的深层开掘方面仍有一定的空间。

中西哲学综合的另一路径,是以西方分析性思维来解读中国哲学,或以中国哲学的整体性思维去解读西方哲学,牟宗三先生对西方哲学三个传统的创新性诠释,可谓后者的一袭佳例。西方哲学传统惯常地讲有三大块,即从柏拉图、亚里士多德到圣托马斯的古典传统,欧陆理性主义与英国经验主义传统再加上批判地消化此一传统的康德传统。牟宗三先生提出以"莱布尼茨-罗素"传统来取代被康德消化的理性主义与经验主义的传统,莱布尼茨是独断理性主义的代表人物,康德的批评主要针对他,罗素的数理逻辑及其逻辑原子论则又上承于他,因此这个传统对于连接现代哲学十分重要。"因经验主义较简单,比较容易了解,而理性主义中的笛卡儿也只有历史的价值,斯宾诺莎很难为人所宗主,大家很少讲他了。后来有发展的是莱布尼茨,由他开始传至罗素而发展出数理逻辑的传统,这是了不起的,目前英美讲分析哲学,所以能吸引人乃由于其渊源于莱布尼茨与罗素。"①的确,莱布尼茨是这一数理逻辑传统的龙头,从他往康德转可以导向批判哲学与德国观念论,往罗素转则既可包括英美经验主义及其实在论,又可涵盖逻辑实证主义、分析哲学直至维特根斯坦。此乃东方人"综合"西方哲学的一个大手笔,反映了牟宗三先生对莱布尼茨的独具慧眼,以及对贯穿西方哲学从古典到近现代的"逻辑之线"的高度敏感。就此而言,《中西智慧的交融——中西哲学综合论》在涵摄过往中西哲学比较研究的多种路径与经典文本方面仍可以获得更为丰富的

---

① 牟宗三:《中西哲学之会通十四讲》,长春:吉林出版集团责任有限公司,2010年版,第25页。

营养与更为开阔的视域。

高亮之先生在完成此书后，又将它自译为英文版，我相信他的远见卓识会在更大的范围内传播。他对我说，本书很可能是他的封笔之作。他已属望九之年，作为晚辈我自是祈愿他就此颐享天年，但每次读到他的新著时从中获得的智识、力量与愉悦，又使我盼望他能够像周有光老那样，年愈百岁仍思维敏捷，著述不止，感念苍生，目光如炬！

秦　州

2015 年 3 月于南京

（作者系南京大学新闻传播学院副教授，哲学博士）

注：本文中凡引文未注明出处者均源于高亮之《中西智慧的交融——中西哲学综合论》。

# 前　言

　　由于地理、历史、民族、宗教等原因，全世界有多种文明。根据美国著名学者亨廷顿（Samuel Huntington）的论述，世界文明有：印度教文明、伊斯兰教文明、日本文明、东正教文明、中华（儒家）文明、西方文明、非洲文明、拉丁美洲文明八大类别。

　　哲学是人类文明的最高层次。世界性的哲学体系中，佛教哲学、伊斯兰教哲学和所属宗教的联系过于密切。全世界具有系统性、完整性，合乎人类理性的独立于宗教的哲学体系，主要是西方哲学和中国哲学（或中华哲学）。

　　在中国学术界，"中华哲学"的概念用得很少，一般都称"中国哲学"。在本书中，两者的意义相同。笔者认为，从世界哲学体系来说，"中华哲学"的概念比"中国哲学"更好。"中华哲学"（以儒学为代表），在亚洲许多国家，以及全世界的华人社会中，有广泛的、世界性的影响。"中国哲学"的概念有一定的局限性。但是由于在学术界，通常用"中国哲学"代表"中华哲学"，因此，本书亦采用"中国哲学"。

　　关于西方哲学与中国哲学的比较，已经有较多研究（见本书的参考文献）。西方哲学与中国哲学两者之间，是否具有共同性？是否具有综合的可能性？这是本书着重要探讨的问题。在本书中，比较中西哲学的目的在于探讨中西哲学的综合问题；因此，本书取名为：中西智慧的交融——中西哲学综合论。

　　笔者阅读了三百本以上关于西方哲学和中国哲学的原著与论著，据此认为：中国哲学与西方哲学，尽管有明显区别，但是在基本内容上却具有共同性。其共同性表现在：

　　（1）它们都面向同一个自然界；

（2）它们都面向人类共同的人性；

（3）它们都面向人类对于合理社会的共同要求；

（4）它们都来自人类共同具有的理性。

正因为中国哲学与西方哲学具有共同性，中国哲学与西方哲学就具有综合的可能性。

笔者用"中西哲学综合"的概念，而不用中西哲学"融合"或"统一"的概念，是因为笔者认为，没有必要，也没有可能将中国哲学与西方哲学完全融合，或统一为一种世界哲学。即使在遥远的未来，不同国家和民族，仍然会保留各自不同的文化特色。合理的要求是如孔子说的："和而不同。"不同哲学体系，在一些重要问题上，其思想可以有所结合，同时继续保留各自的特色。这就是中西哲学综合的含意。

"综合"的含义，就是"和而不同"。

笔者认为：中国哲学与西方哲学的综合，将是人类文明未来发展的一个重要方向；它将有力地推动中国和世界各方面的进步。

作为一名中国的学者，笔者当然关心中国当前和未来在世界上的影响。2010年，中国的GDP总量已经超过日本，成为仅次于美国的世界第二大经济实体，这是中国改革开放30多年的重大成就。

但是，经济总量只是一个国家硬实力的标志之一（并不是全部）；而中国的软实力，中国在文化与思想等方面在世界上的影响力，却与经济实力远远地不相适应。

尽管多年来，中国在世界各国兴办了孔子学院，但其主要功能可能是教授中文，或介绍中国特有的文化（如书法等）。只依靠这些，显然难以有效地提高中国的软实力。

这里就存在一个问题：中国在两千多年历史中究竟是否拥有具有世界级水平的文化资源？笔者认为：中国哲学（并非只是儒学）在许多方面是达到世界级水平的，其中有些重要的哲学思想（如宇宙论、本体论、道德哲学等），甚至达到了世界的最高水平。

当然,西方哲学在有些方面(如认识论、政治哲学等),确实比中国哲学优越,值得中国认真地学习借鉴。

因此,中国哲学与西方哲学的综合研究,对于中国自身的进步,对于提高中国在国际上的文化地位,都具有重要的意义。同时,中西哲学综合研究对于全世界也会有贡献,因为中国哲学的许多精华,世界各国学术界与人民并不很了解,有必要加以阐述、介绍与普及。

在哲学的各个领域,中国哲学与西方哲学都有各自的观点与理论;将两者的观点与理论综合起来,会形成一种更完整的观点与理论。笔者相信,这种中西综合的哲学思想,会对中国的进步,也会对世界各国的进步提供帮助。

这就是本书的全书名:《中西智慧的交融——中西哲学综合论》的含意。

这是笔者在耄耋之年(今年 86 岁)勉力写作这本书的出发点。

笔者自己并不是专业哲学工作者,而是一个农业科学工作者,在发展中国农业气象学、创建中国农业模型学方面做出一定贡献。由于是博士生导师,到 70 岁(1999 年)才离休。

由于青年时期对于哲学的爱好,在离休之后,笔者以哲学研究与写作作为晚年生活的主要内容。在大量阅读中外哲学著作的基础上,依靠自己的独立思考与人生经验,已经陆续写出 7 部哲学著作,有:《综合哲学随笔》、《漫游西方哲学》、《浅谈中国哲学》、《爱的哲学》、《善哲学与共同价值》、《美哲学》、《人有灵魂吗》。目前这本《中西智慧的交融——中西哲学综合论》很可能是笔者以中文写作有关哲学研究的最后作品。如果健康状况允许,笔者准备将自己的几本主要哲学作品翻译成英文,向世界各国传播。

因为笔者不是专业哲学工作者,因此在哲学研究和写作中,也具有一定优势;至少不受我国哲学界某些条条框框的影响,而有较多的思考与写作的自由度。

又因笔者是一个科学工作者,在哲学研究中,会较多地结合笔者所掌握的现代科学知识。

笔者的哲学研究与写作,是学术性的,又并不只是学术性的,而是较多地联系中国与世界的历史与现实,关注中国的进步与人民的幸福。在文字表述上,尽可能避免晦涩难懂的字句(如果是引文,都会给予解释),以便于更多读者理解。

这些,可能是笔者的哲学写作的特点,也是本书的特点。

当然,正因为笔者不是专业哲学工作者,所以竭诚地希望得到专业哲学工作者的批评指正,也希望得到广大读者的批评指正。

最后,衷心感谢各位阅读或浏览本书!

2015 年 3 月 30 日

# 目　录

# 第一章 两大世界性哲学体系及主要区别

世界上许多国家都有自己的哲学家和哲学思想,但是具有世界性影响的哲学体系并不很多。所谓世界性的哲学体系,是指其哲学思想并不只属于某一个国家,而是被较多国家的人民所接受。

迄今为止,具有世界性影响的哲学体系可能主要有以下四种:(1)佛教哲学;(2)伊斯兰教哲学(或阿拉伯哲学);(3)西方哲学(包括基督教哲学的部分思想);(4)中国哲学(以儒学为主,虽然儒学并不能完全代表中国哲学)。

## 一、关于宗教性的哲学体系

佛教哲学与伊斯兰教哲学,都属于宗教性哲学。宗教与哲学的基本区别在于:宗教是依靠信仰的,而哲学是依靠理性的。

宗教的各种教义,来自宗教的经典(如《圣经》、《古兰经》、各种佛经等),信徒们并不是通过自己的理性来相信或承认这些教义,而是依靠信仰。基督教哲学家奥古斯丁(Aurelius Augustinus,354—430)提出"因信得知",意思就是:信徒们得到各种知识或理念的基本方法,不是别的,而是信仰。

为什么会有宗教哲学? 主要有两个原因:

(一)由于理性思维是人类的本性,为了使更多的人信奉某种宗教,宗教的教义也需要有一定的理性的论证;或者借助于一些著名哲学家的思想或理论。例如欧洲中世纪时,奥古斯丁借用柏拉图的哲学思想来解释基督教的教义;阿奎那(Thomas Aquinas,1224—1274)借用亚里士多德的哲学思想来论证基督教的教义。他们两位是最著名的基督教哲学家。

(二)某些宗教的教义中,本身就包含着一定的哲学。

在各种宗教哲学中,佛教的哲学性比较强。佛教是不承认有救世主的。佛教的菩萨,并不是天上的神或上帝,而是人间觉悟最高的人。

佛教在认识论方面达到较高水准。佛教中的"唯识论"就是论述人的认识问题的。唯识论,是于公元3—4世纪时由无著、世亲创建的;中国唐朝时,玄奘(602—664)所宣讲的主要是唯识论。唯识论提出人有八识:眼、耳、鼻、舌、身、意、末那、阿赖耶。前五者是人的感觉能力;"意"指人的理性思维;"末那"又称"我识",指对从自我的过去到未来的思维;阿赖耶,又称"藏识",是指人的各种知识的累积能力。可见,佛教认识论的内容是丰富而比较完整的。

伊斯兰教哲学与阿拉伯哲学是密切关联的,是阿拉伯民族所创建的哲学体系。伊斯兰教哲学的主要内容是对《古兰经》的论证;但是,在伊斯兰教哲学或阿拉伯哲学中,有较多的自然哲学的研究,达到较高水平。

应当提到的是:中世纪时期,阿拉伯人在保存和翻译古希腊的哲学著作中发挥了重要作用,为欧洲的文艺复兴提供了条件。

伊斯兰教哲学在探讨伊斯兰教教义的基础上,吸收古希腊哲学思想和自然科学成果,借助理性思辨和逻辑论证,将知识与信仰结合起来。

阿拉伯著名哲学家依本·路西德(1126—1198)提出"双重真理"的理论,认为:哲学知识与宗教知识都是真理,并将哲学真理置于宗教真理之上。

综上所述,伊斯兰教哲学、佛教哲学都属于宗教性的哲学体系。虽然它们具有一定有价值的、理性的哲学内涵,但是它们的基本任务是为所属宗教的教义的论证而服务,因此,它们都还不能说是独立的、系统的、理性的哲学思想体系。

## 二、两个独立于宗教的世界性哲学体系

世界上,具有完整性、系统性、合乎人类的理性思维的、独立于宗教信仰的、具有广泛影响的世界性的哲学体系,只有西方哲学与中国哲学两大类。

这两种哲学体系的完整性体现于:它们都包含有哲学的本体论、认识论、道德哲学、政治哲学、美哲学、情感哲学(爱哲学)等。

这两种哲学体系的系统性体现于:

中国哲学从周代初期的《易经》肇始,是在约公元前 1000 年。春秋战国时期有老子、孔子、墨子、庄子、孟子等代表人物;经过汉代的经学、魏晋南北朝时期的玄学到宋代的理学、明代的心学,直到以熊十力、冯友兰为代表的现代中国哲学,是系统性地继承与发展的。

西方哲学从以泰勒斯(前 624—前 546 年)为代表的自然哲学肇始,包括古希腊三位杰出哲学家:苏格拉底、柏拉图与亚里士多德,中世纪的基督教哲学,17—18 世纪欧洲启蒙运动后的哲学家洛克、巴克莱、休谟、笛卡尔、康德、黑格尔,到现代的生命哲学、现象学、存在主义、分析哲学、科学哲学等,也是系统性地继承与发展的。

这两种哲学体系,尽管在一定程度上也受到过宗教的影响,吸收

了宗教的某些优质的思想要素,但是,它们都是独立于宗教的。它们都不为任何宗教的教义服务,它们完全建立在人类的理性思维之上。

它们在全世界都有广泛的影响。中国哲学(以儒学为代表)不仅为中国所接受,也为亚洲许多国家(日本、韩国、新加坡等)以及全世界的华人所接受。

西方哲学不仅为欧洲各国、美国、加拿大、澳大利亚等许多西方国家所接受,在中国、日本、韩国等亚洲国家,也被人们广泛学习。

### 三、中西哲学思想的主要区别

对于这两种世界性的哲学体系的比较,在中国自 20 世纪以来有较多研究。

梁启超、胡适、梁漱溟等都是中西哲学比较研究的先驱者。1923—1924 年的"科学与玄学论战",也包含有中西哲学比较的内涵。这方面的历史将在下一章中较详细地介绍。

本节的任务是要用最简洁的文字与方式来概括中西哲学的差别,以便讨论中西两大哲学体系的形成背景。

为此,笔者参考徐行言的《中西文化比较》、贺毅主编的《中西文化比较》中的概述,而以笔者自己的观点为主,以表格的形式来归纳中西两大哲学体系的主要区别,见表 1-1。

表 1-1　中西两大哲学体系的主要区别

| 哲学内涵 | 中国哲学 | 西方哲学 |
| --- | --- | --- |
| 1. 本体论 | 自然论(道生论) | 神创论 |
| | 重整体 | 重本质 |
| | 人本论 | 神本论 |
| | 重天人关系 | 重心物关系 |

| 哲学内涵 | 中国哲学 | 西方哲学 |
|---|---|---|
| 2. 认识论 | 重为人 | 重求知 |
| | 重综合 | 重分析 |
| | 重经验 | 重机理 |
| | 重直觉 | 重理性 |
| 3. 道德哲学（价值论） | 德性论 | 快乐论 |
| | 性善论 | 性恶论 |
| | 重仁爱 | 重正义 |
| | 重守礼（重家庭） | 重自由（重个人） |
| 4. 政治哲学 | 天命论 | 契约论 |
| | 民本论 | 民主论 |
| | 德治论 | 法治论 |
| | 集权论 | 分权论 |
| 5. 美哲学 | 意象论 | 感性论 |
| | 仁美论 | 愉悦论 |
| 6. 爱哲学（情感哲学） | 中国的仁爱论 | 西方的仁爱论 |
| | 孝爱论 | 博爱论 |
| 7. 生死哲学 | 长生论 | 灵魂论 |

当然，本书所关注的，主要并不是这两种哲学体系的差异性，而是更关注它们之间的共同性，以及两者综合的可能性问题。

以上两大哲学体系的差异性和共同性将在本书第五到第十一章中详细地论述。

在分别论述这两种哲学体系的具体的思想内涵之前，有必要分析这两种哲学体系在经济、社会、政治、历史等方面的形成背景。只有深入认识不同哲学体系形成的多方面背景，才能对各哲学体系中的基本理念有深刻的理解。这是以下两章要论述的内容。

# 第二章　中国哲学的形成背景

　　我国学术界关于中西文化形成背景的论述比较多。哲学是人类文化的最高层次，文化形成的背景与哲学形成的背景当然是有关联的，但是两者并不完全相同。哲学形成的背景与文化形成的背景相比，更为复杂。

　　笔者认为，中西哲学体系的形成背景，需要从以下几方面来分析：①地理条件；②经济基础；③社会结构；④政治制度；⑤学术环境；⑥学者身份与学术精神。

## 一、中国哲学形成的地理条件背景

　　西方学术界对环境条件对于哲学与政治思想形成的影响早有所论述。18 世纪时，孟德斯鸠（1689—1755）在《论法的精神》中，有专门一章论述气候条件对各国文化与法律的影响。黑格尔（1770—1831）在《历史哲学》中提出：对于文化形成产生影响的有三大地理类型：①干旱的高地与草原；②大河流域平原；③海岸区域。

　　中华民族（以汉族为主）发源于黄河流域。中国最早的哲学书籍是《易经》；司马迁在《史记》中说："文王演《易经》。"这说明《易经》来自周代初期。周代发源于豳（今陕西旬邑），后迁到岐（今陕西岐山），而陕西就是黄河流域的上游地区。中国已知最早的哲学家——老子，据《史记》记载，来自古楚国苦县（今河南鹿邑）。孔子，则来自古鲁国陬邑（今山东曲阜）。这两个地区都在黄河流域。

黄河流域有大面积的平原，主要是华北平原，其面积达 30 万平方公里。平原地势平坦，河湖众多。黄河流域在气候上属于中国季风型的南温带气候，零度以上积温 3900～5500℃，年雨量为 450～600 毫米；在古代非常适合于一年种一季旱地作物（主要是粟，即小米）。可以认为，黄河流域在古代是世界上适合于农业发展的、面积最大的地区。

有读者可能会问：中华文化或哲学为什么不发源于长江流域？是的，长江流域也是条件非常优越的适宜发展农业的地区。但是，长江流域的年降雨量比黄河流域高得多，大部分地区为 800～1600 毫米，都集中在春夏秋三季。对于一年一季的旱地作物来说，雨量过多很容易造成水灾与涝害。这里最适合种植的是水稻，而水稻的种植技术要求比旱地作物高很多（包括围田、灌溉、育秧、栽植等）。虽然中国稻作起源很早（距今 9000 年的湖南彭头山文化，就有种植水稻的遗迹），但是由于上述原因，中国到宋代以后，才在长江流域有大面积水稻的种植。这就是中国的文化只能发源于黄河流域，而不能发源于长江流域的自然条件方面的原因。

春秋时期，古代长江流域有吴、楚等国。两国的王室都来源于周代的分封。由于文化不及中原地区，两地人民早期曾被中原民族视为蛮族。捕鱼是早期吴地人民的重要谋生方法。

总之，亚洲东部以大陆平原为主体的黄河流域是中国文化，也是中国哲学的唯一发源地。这是中国哲学与西方哲学有所区别的基本出发点。

## 二、中国哲学形成的经济基础背景

以汉族为主体的中华民族发源于黄河流域,其主要生产方式与经济基础就是农业。西方文化与西方哲学发源于古希腊的沿海地区,并不以农业为主体,而是以手工业、商业、航海业为主体。经济基础的不同是中国哲学与西方哲学有所区别的根本性原因。

中国哲学的许多特点都与农业这个经济基础有密切的联系。

中国哲学的本体论为什么"重整体"?中国哲学的认识论为什么"重综合"?(这个问题在第五、第六两章中将展开论述。)因为农业是各种产业中综合性、整体性最强的产业。笔者在《农业系统学基础》(江苏科技出版社,1993)一书中对于农业的系统性和综合性有详尽的论述。

农业的综合性体现于:农业由农业环境、农业生物、农业技术、农业经济四大要素构成。即使在古代,农民也能认识到农业离不开天(气象、季节等)、地(土地、土壤等)与人(人的耕作等)三大要素,农业是天、地、人三大要素的综合产物。这是与手工业和商业大不一样的。

本书第六章中将要论述:《易经》中讲的"阴阳"与"八卦"都体现中国认识论的"重综合"思想。

又如,中国哲学在情感哲学(爱哲学)中为什么"重孝爱"、"重家庭"?因为农业是依赖于土地的,而土地是与家庭密切联系在一起的。土地是家庭代代继承的。农业生产需要家庭成员间的亲密的感情联系,需要夫妻和睦,需要父慈子孝。这就是中国哲学"重仁爱"、"重孝爱"的经济原因。

几乎所有的中国哲学的特点,都与农业这个产业基础有联系。

### 三、中国哲学形成的社会结构背景

中国古代,以家庭的模式来建立社会。家庭的扩大就是家族,家族的扩大就是宗法社会。

在《礼记》有一段话可以帮助我们理解中国的宗法社会:

亲亲故尊祖,尊祖故敬宗,敬宗故收族,收族故宗庙严,宗庙严故重社稷,重社稷故爱百姓,爱百姓故刑罚中,刑罚中故庶民安,庶民安故财用足,财用足故百志成,百志成故礼俗刑,礼俗刑然后乐。(《礼记·大传》)

这段话的大意是:你对父母亲能亲爱孝顺,你就应尊重祖辈,应敬重宗族,应团结同族者,应让宗庙有庄严感,应重视国家,应仁爱人民;使刑罚适当,使人民安居;这样就能发展经济,实现志向,使礼俗规范化,使人民得到幸福。

这段话说明:中国的宗法社会是建立在对家庭长辈的敬爱之上的。它也说明:良好的宗法社会要求对人民的仁爱与对于礼俗的规范,其最终目的是人民的幸福。

这段话同时也说明:中国哲学的许多重要理念,如仁爱、孝亲、守礼、德治等都与中国的宗法社会有密切的联系。

"仁爱"是中国哲学(特别是儒家哲学)中最重要的道德哲学与情感哲学的理念。为什么是这样?

最好的解释就是:中国最早的文化发源于黄河流域的农业地区,而农业必须依靠以家庭与家族为基础的社会结构。家庭与家族内部关系的建立与巩固,显然并不依靠法律,而是依靠感情联系,依靠互相的仁慈与关爱。

孔子的"仁者爱人",孟子的"恻隐之心,人皆有之"等中国哲学中的经典性论述,都与中国特有的以农业为基础、以家庭与家族为中心的社会结构有关。

### 四、中国哲学形成的政治制度背景

中国古代的社会基础是家庭，由家庭扩大到宗族，由宗族扩大到国家。因此国家就是一个最大的家庭。

中国的政治哲学强调的理念是：①集权；②民本与仁政；③礼治与德治。

由于君王（或皇帝）是国家的家长，根据中国的宗法理念，全国都应该服从君王的意志，因此，两千多年来，中国在政治哲学上一直是专制体制，强调"集权"。

中国历史上，政治体制有过多次变革，各次变革都是围绕着"集权"问题。主要的变革是：

（一）周代建立后实施分封制。君王的原意是用分封的制度来维持国家的统一与集权，但是实践的结果却造成春秋战国时的"五霸"和"七雄"的纷争。

（二）秦始皇取消分封制，在全国实行郡县制，由皇帝对全国实现全面性的管理。

（三）汉代初期部分实行分封制（分给同性亲属），导致诸侯叛乱。汉武帝时，彻底废除分封制。

（四）唐宋时期，宰相有较大的行政管理权，以协助皇帝进行统治。但是，皇帝的近臣——外戚与宦官往往专权。

（五）明清时期，免除宰相的权力，皇帝大权独揽。

为了巩固君王的统治，中国古代哲学家一直强调"民本"。"民本"是中国政治哲学的核心理念。从"民本"出发，因此而有"礼治"、"德治"、"仁政"等重要理念。"礼治"的含义是：强调社会之间要讲究礼法。"德治"的含义是：君王和官员要以自己的德行来感化民众，为民众做出表率。"仁政"的含义是：君王应对人民实行仁慈的治理。

笔者认为，不能用"专制"两字来概括中国古代政治制度的全部特征。从政治哲学上讲，"民本"与"集权"是中国古代政治的基本理念。这两者的结合，有一定的合理性，否则很难解释中国为什么能够维持两千多年绵延不断的文化与政治，这在世界上是独一无二的。

## 五、中国哲学形成的学术环境背景

中国哲学与西方哲学在发展的学术环境方面有较明显的区别。

中国哲学的发展史，有几个重要的阶段，其学术环境并不相同。

（一）春秋战国时期：由于周代政权的衰落，全国没有一个权威性的政治势力，因而形成"五国争霸，七国称雄"的政治局面，同时也形成了"百家争鸣"的宽松的学术环境。中国古代许多杰出哲学家都出现在这个时期，如老子、孔子、墨子、庄子、孟子、荀子、惠施、公孙龙、韩非等。

（二）秦汉时期：秦始皇接受李斯的建议，实施"焚书坑儒"，除"医药、卜筮、种树之书"之外的所有书都要烧毁，还坑杀了460多个儒家书生。这是中国古代第一次严重的学术专制。

进入汉代，初期几个皇帝（惠、文、景、武）恢复经学。汉武帝接受董仲舒的建议"独尊儒术，罢黜百家"，将儒学上升为官方学术，排斥所有其他的学派。这是中国历史上第二次严重的学术专制。

第二次学术专制的影响比第一次要深远得多。笔者认为这种影响即使到今天都还没有完全消除。中国哲学中道家、墨家、法家、名家中有许多高水平的哲学思想，始终没有得到学术界的足够重视。

（三）东汉时期，佛教引入中国。隋唐时期道家也有较大发展。佛教与道教中的一些优质哲学思想与儒学思想的结合，引导出宋代的理学与明代的心学，使中国哲学在春秋战国之后，达到第二个高峰。

（四）明代后期，开始引进西方哲学。但是明清两代，学术控制依然很严重。科举考试中，儒学特别是朱子学（朱熹学说）始终是官方核定的正统学术。清代又有以捍卫清朝统治为目的的文字狱。因此明清两代，官方的学术控制一直很严厉。

（五）民国初期，五四运动前后，形成了以引进西方哲学、探讨中西哲学融合为内容的又一个学术活跃期。1927年国民党稳定统治之后，以及1949年新中国成立之后，在学术思想的控制方面都很严格。1966—1976年的十年"文革"时期，对中国传统文化（包括哲学）与西方文化（包括哲学）全盘否定，实际上是在文化与哲学思想上的大倒退。改革开放以来，情况有较大改善。十八大以来，中央领导提出要重视中国传统文化，要学习世界的有益知识和思想。笔者期望中国在文化与哲学思想方面，会出现蓬勃发展的新气象。

对于中国哲学的深入理解，不可能离开上述中国哲学发展的曲折历史。


## 六、中国哲学家的身份与精神因素

对于中国哲学的理解，不能不考虑中国自古以来哲学家们的身份与精神的背景。

如果说，从古希腊时期开始，西方哲学家多数是"自由学者"，他们与政权的联系是不紧密的（下一章中会论述），那么，中国古代哲学家，除很少数（如庄子等）外，可以说都是"谋政学者"。他们都有一定的官职，老子是"周守藏室之吏"，是管理藏书的官员；孔子担任过鲁国的中都宰（中都的长官），后提升为鲁国的司空（管理工程）和司寇（管理公安）；孟子和荀子都是齐国稷下学宫（齐国的官办学府）的著名学者。中国古代哲学家几乎都以为执政者献计献策为自己的重要任务，都有一种忠君爱民的精神。

《大学》中提出的"格物、致知、诚意、正心、修身、齐家、治国、平天下"，《庄子·天下篇》讲的"内圣外王"，就是中国士大夫的传统精神。

哲学家们这样的身份与精神，与中国哲学对政治哲学与道德哲学特别重视是密切相关的。

上述中国哲学形成的地理、经济、社会、政治、学术环境条件和中国士大夫或哲学家的身份与精神因素，是综合在一起而起作用的，很难说哪个因素是最主要的。

# 第三章 西方哲学的形成背景

从两千多年的西方哲学发展史来看,现代西方哲学有两个基本的来源:一是古希腊哲学;二是西欧资本主义的兴起(15—16世纪的文艺复兴直到17—18世纪的启蒙运动)。这两者之间间隔着一千多年。

当然,古希腊哲学与现代西方哲学之间确实有密切的联系,在许多重要的哲学理念上,后者是继承前者的。古希腊的理性精神与人文精神是现代西方哲学的源泉。

然而,古希腊哲学与现代西方哲学在许多哲学理念上也有重要的区别。举一个例子,民主是现代西方政治哲学的重要理念,而柏拉图是反对民主的,亚里士多德并不认为民主是最好的政治制度。

鉴于以上原因,以下的分析都考虑到古希腊哲学和资本主义兴起对西方哲学的影响。


## 一、西方哲学形成的地理条件背景

如果说中国文化与哲学形成的地理背景是亚洲大陆上黄河流域的广阔平原,那么,古希腊哲学与现代西方哲学的发源地都是在沿海与岛屿地区。

古希腊哲学最早的发源地是爱琴海(在希腊半岛与土耳其之间)

两岸。古希腊最早的哲学家是泰勒斯等自然哲学家,他们都来自米利都,而米利都的位置是在现在土耳其的西海岸(当时属于古希腊的伊奥尼亚地区)。

古希腊重要哲学家赫拉克利特来自米利都以北的爱菲斯。毕达哥拉斯来自靠近伊奥尼亚地区的萨摩斯岛。巴门尼德来自希腊半岛西部的爱利亚。古希腊三位最著名的哲学家(苏格拉底、柏拉图与亚里士多德)都出生或生活于古希腊的政治中心——雅典。

西方哲学最早的哲学思想是泰勒斯提出的:水是万物之源。泰勒斯生活于临近爱琴海的米利都。他天天能见到大海,见到水会变成水汽,水会养育鱼类,水能培育葡萄并生产出葡萄酒,水能承载船只……他追问世界的本质,将其归结于"水"。相对而言,生活于黄河流域平原上的老子与孔子,是不可能有这样的思想的。

爱琴海两岸的地理条件形成了古希腊以手工艺、运输业、航海业、商贸业为主体的经济基础,以及特有的奴隶制。这些经济与社会条件对于古希腊哲学思想的形成有重大影响。

再说文艺复兴、资本主义的兴起与启蒙运动的发源地。

文艺复兴发源于意大利,而意大利位于地中海中部的重要半岛上。

在资本主义兴起的过程中,最成功的国家是英国。近代西方哲学中有开创性贡献的哲学家,如培根、霍布斯、洛克、休谟等,全都来自英国。而英国就是一个岛屿国家。

启蒙运动的主要地区是法国,几位主要哲学家,如孟德斯鸠、伏尔泰、卢梭等,全都来自法国,而法国国土的三面(北、西、南)都是海洋。

由此可知,西方哲学,不论是古希腊哲学,还是文艺复兴后的近现代哲学,全都来自沿海与岛屿地区。西方哲学与中国哲学之所以形成差异,这是地理条件上的根本性原因。

## 二、西方哲学形成的经济基础背景

地理条件并不直接导致哲学思想的生成，而是经济、政治、文化等因素综合构成哲学思想。

西方哲学发源于沿海与岛屿地区，首先因为沿海与岛屿地区和大陆平原的经济基础完全不一样。

从古希腊来说，由于受沿海岛屿土地有限的限制，农业并不以粮食作物为主，主要农产品是橄榄与葡萄，农民不可能在土地上自给性地谋求生存。这是古希腊与中国古代黄河流域的最重要区别。

并不是所有土地都适合于种植橄榄与葡萄，人民必须另谋生计，因此古希腊的手工业相当发达。其主要的手工业有纺织业、家具业、冶金业、造船业、制陶业、建筑业等；另外，古希腊的矿业（银矿、金矿、铜矿等）也很发达。雅典的制陶业及其特产红花瓶在远近地区都十分有名。

橄榄油与葡萄酒都需要销售，各种手工艺产品和矿产品也需要与外界交易，这促进了古希腊商业、运输业与金融业的发展。随着海外殖民地的扩展与海外贸易的需要，航海业也得到较快发展。

古希腊以手工业、矿业、商业为主的经济基础，怎样影响到古希腊的哲学思想，是一个值得深入探讨的问题。

笔者认为，如果与古代中国以综合性（天—地—人）很强的农业为基础的情况相比较，古希腊的手工业、矿业、商业的综合性都不像农业那么强。它们往往集中于关注对某一种物质的性质的研究、物质形态的改变、技术的改进，例如制陶业要集中研究陶土的性质，改进陶土的处理与制作技术，商业要集中关注货币增加的途径。这样的生产环境必然使人们对物质的本性（本质）、事物的变化，以及数量问题产生关注。古希腊的自然哲学家们对于探索事物的本质、研究事物的数量变化的爱好,除了有哲学家们个人的爱好与思考之外,与以手工艺、矿业、航海业、商贸业为主体的经济基础也不无关系。

古希腊著名哲学家毕达哥拉斯提出:数是世界的本质。他指出竖琴发出的不同音阶都严格地符合"数"的关系。琴弦的长短决定音的高低。音的高低与琴弦的长度都按 12 平均律计算。

8 度音程,如中音 1 与高音 1,这两个音,它们的琴弦长度之比是 2︰1。

5 度音程,如中音 1 与中音 5,这两个音,它们的琴弦长度之比是 3︰2。

4 度音程,如中音 1 与中音 4,这两个音,它们的琴弦长度之比是 4︰3。

毕达哥拉斯的结论是:声音之间的和谐,都是依靠琴弦长度的一定的比例实现的。

毕达哥拉斯如果不与制造竖琴的手工业者密切接触并深入了解,是不可能得到"数是世界的本质"这一深刻见解的。

可以认为,中国哲学的"重综合"的哲学思想与农业这个经济基础密切有关;而西方哲学的"重本质"、"重单一"的哲学思想,也与手工业、矿业、商贸业等经济基础有关。

公元 5—15 世纪是西方的中世纪时期,哲学与科学都受到基督教教义的严格限制。15—16 世纪的文艺复兴的历史价值在于:它重新发扬古希腊的人文精神和科学精神。古希腊的科学精神就是对于一切事物的理性的、科学的探求。在科学精神引导下,出现了哥白尼(1473—1543)的"日心说"和伽利略(1564—1642)的力学理论,带动了天文学与物理学的革命性进步。随着西班牙、葡萄牙、荷兰、英国等西欧国家的殖民经济的发展,促成了意大利人哥伦布(1451—1506)和葡萄牙人麦哲伦(1480—1521)的地理大发现,极大地扩大了商品市场,推动了工商业、航海业与金融业的发展。西方国家的资本主义经济得以迅速兴起。

资本主义经济是竞争性经济,而科学技术的进步是经济竞争取得成功的主要因素。现代西方哲学在本体论上"重本质"、在认识论上"重机理"都与科技进步的要求有密切关系。

在政治哲学中,现代西方哲学的"平等"、"法治"等重要理念,都是资本主义经济发展的必要原则。只有人人在法律面前有平等的地位,各种经济纠纷依靠法律,而不是依靠权势或地位来处理,资本主义经济才能正常地运行。

现代西方哲学的许多理念,从根本上来说,都与资本主义的经济基础有关。

### 三、西方哲学形成的社会结构背景

中国文化与哲学,以农业为经济基础。农业与土地不可分离,而土地是家庭或家族所有的,因此中国自古以来的基本社会结构就是家庭与家族。大的地主将土地分租给佃农耕作,而佃农依然是以家庭为单位的。

中国历史上是否有奴隶社会这个阶段呢?1979 年,著名历史学家黄现璠教授发表了《我国民族历史没有奴隶社会的探讨》一文(《广西师范学院学报》,1979 年第 2、3 期)。文中指出:"我坚决主张我国历史上没有奴隶社会,汉族没有,少数民族绝大多数也没有。希腊罗马奴隶制社会仍是人类历史发展中的特例,不是通例。"

笔者同意黄现璠教授的观点,笔者认为,奴隶制的基本特点是:较大数量的奴隶的集中性劳动。这种劳动方式并不适合于自给性的农业生产。今天各发达国家的农业依然以家庭经营农场为模式,这与我国 20 世纪 60—70 年代的人民公社运动的失败,从正反两方面证明了集中性劳动并不适合于农业生产。

在古希腊时期,农业以种植橄榄与葡萄为主,这两者都是商品性作物。橄榄与葡萄要成为商品(橄榄油、葡萄酒),需要有统一的品种和品质,需要有加工、包装、运输等环节。这些环节是适合于以奴隶为主体的集中式劳动的。至于手工业与矿业,更适合于奴隶的集中性劳动。

形成奴隶制还必须有奴隶的来源。古希腊时期,没有统一的国家,城邦林立(数以百计),城邦之间会有战争。古希腊由于地域的限制,在海外进行殖民战争,有战争就会有战俘。战俘是奴隶的主要来源。

以上经济与政治条件决定了古希腊特有的奴隶制社会。当时雅典约有 40 万居民,其中奴隶就有 10 万之多。

古希腊的奴隶制社会对古希腊的哲学有明显的影响。其主要影响包括:

第一,产生了一批有自由思想的哲学家。古希腊早期的自然哲学家,如泰勒斯、阿那克西曼德等都出身于上层社会;古希腊最著名的哲学家柏拉图来自奴隶主家族。他们本人不需要参加劳动,且他们都爱好知识,爱好思考。如果说中国古代的哲学家都属于"士"这个阶层,都有为君王服务的志向;那么,古希腊的早期哲学家,他们并不要求为谁服务,他们是为思考而思考。因此,古希腊有可能产生一批探究世界本原的哲学家。古希腊哲学的许多特点都与此有关,如"重单一"、"重机理"等。

第二,古希腊的最主要哲学家,如柏拉图、亚里士多德等,尽管有许多非常有价值的哲学思想。但是,他们都是维护奴隶制的,对于"民主"、"自由"、"平等"等现代西方哲学的重要理念,他们并不支持与提倡。这是认识西方哲学的一个重要问题。

公元 476 年,在欧洲各民族的反抗与进攻下,西罗马帝国灭亡了,同时结束了欧洲奴隶社会的历史。

在资本主义兴起时期（从文艺复兴到启蒙运动），社会结构有了很大的改变。资本主义社会基本上是以"个人"为基础的。为什么资本主义社会以"个人"为社会结构的基础？有如下一些原因：

1. 资本主义经济是以工商业为主体的。作为资本主义经济主体的工商业，特别是大中型工商企业，与土地没有直接的联系，不再以家庭或家族为经营单位。即使是工人阶级，一个工人家庭的成员往往不在同一企业中就业。因此，家庭只是一种亲属关系，不再是社会经济的单元。

2. 资本主义兴起时期的大规模的殖民和移民运动，对于以血缘相联系的家族都有破坏作用。大的家庭或家族在殖民和移民运动中都被分裂了。

3. 从古希腊与古罗马帝国时期，直到欧洲的中世纪，贵族在社会上有重要的地位。贵族是有血缘与家族继承性的。17—18 世纪的资产阶级民主革命后，贵族势力受到严重打击。

4. 资本主义的兴起，最主要的动力是个人（大、中、小企业家）的自我奋斗。这个问题在马克思·韦伯（1864—1920）的《新教伦理与资本主义精神》一书中讲得很清楚。新教的核心理论是"预定论"：每个人死后是否能得救是上帝预定的，而上帝的预定，其征兆是每个人事业上的成功与否。第一批从英国到北美的人，基本上都是在英国受排挤的新教徒。在新教理论的影响下，个人奋斗成为资本主义发展的主要动力。

由于个人成为社会的基本单元，"重个人"成为现代西方哲学许多重要理念的出发点。自由、民主、平等、法治、人权等一系列哲学理念都与"重个人"的理念有密切的联系。

笔者在《善哲学与共同价值》一书中，提到西方对于"善"的两种认识，一是柏拉图等主张的"德性论"；一是西方民主哲学的开创人洛克（1632—1704）提出的"快乐论"。后者的意思是：追求个人的快乐，就是"善"的。洛克的思想引导了后来几个世纪的西方文明。

在中国，特别是 1949 年之后，人们对于"个人"这个理念都是持否定态度的。认为"重个人"就是"个人主义"，就是自私自利。

其实，"个人"意识的觉悟是现代文明的基石。个人的幸福是人性的基本要求。"重个人"绝不意味着提倡"自私自利"。个人的幸福，必然与家人有关，与社会有关，因此，"重个人"，必然要求"自爱"与"他爱"的结合。

1949 年后中国大陆以马克思主义为主流哲学。马克思对于"个人"给予高度的重视。他在《共产党宣言》中的名句是：

"每个人的自由发展是一切人的自由发展的条件。"

所谓"每个人的自由"就是每一个"个人"的自由。这句话明确地表明：马克思绝不是只重视"集体"；他对于"个人"理念是高度重视的。


### 四、西方哲学形成的政治制度背景

哲学思想与政治的关系是复杂的。不能简单地说，哲学思想是由政治制度所决定的；也不能说，政治制度是由哲学思想所决定的。

历史事实是：政治制度与哲学思想两者之间，有时是互为因果的。历史发展中，确实有某种哲学思想，推动了某种政治制度的确立或巩固；而政治制度对于哲学思想的形成，也有一定的影响。

政治制度与哲学思想之间有时也会有矛盾。

先说古希腊时期的城邦民主制。这是西方世界中比较特殊的情况。古希腊处于地中海东部的爱琴海的两岸。地理上的特点是地域狭窄，大小岛屿很多。荷马史诗中称：在希腊半岛的南面的克里特岛上，就有几十座城市。所谓"城邦"，就是一个以城市为中心的政治共同体。

古希腊的城邦制于公元前 8 世纪开始形成。城邦制的建立，当然和古希腊以工商业（手工业、商贸业）为主的经济基础有关。城邦的面积都不大。古希腊时，雅典的面积只有 2667 平方公里。而现在的南京市的面积是 6597 平方公里。古希腊最重要的城邦——雅典的面积，只有今天南京的 40%。

古希腊每一个城邦中的人口都不多。最繁荣时，雅典只有 40 多万居民。而 2012 年南京的人口是 816 万。

古希腊城邦的政治制度几经变革。城邦建立之初，权力掌握在贵族会议及其选出的执政官手中。随着工商业主阶层与平民力量的日益强大，新兴力量的代表人物夺取了权力，推行"僭主政治"。梭伦（前 630—前 560）执政时，实行著名的梭伦改革，实现了古希腊的民主政治。

梭伦改革的要点是：公民根据财产划分为 4 个等级。第一、第二等级可以担任最高官职；第三等级担任次要官职；第四等级不担任官职。但是，所有人在公民大会上都有发言权；规定一切官员都由公民大会选举产生；设立 400 人会议作为公民大会常设机构。

梭伦改革奠定了古希腊的民主制度，对后来的古罗马以及近现代的西方民主制度有深远影响。

应该说，古希腊的民主制度在世界范围内都是独特的。中国两千多年历史中没有出现这样的民主制度。但是，古希腊的民主制度并不是完善的。它基本上是直接民主，以多数人的意见为决策；并且没有合理的法律保障。

苏格拉底被处死，就是古希腊民主制度带来的直接后果。在审判会议上，公民们以 281 票对 220 票，判处了苏格拉底死刑，其罪名是不敬神和蛊惑青年。这完全是思想罪和言论罪，在一个法制健全、司法独立的制度下，他根本就不会被判有罪。

正因为古希腊的民主制度的严重缺陷，柏拉图与亚里士多德两位古希腊最重要的哲学家，对于"民主"都没有给予肯定。亚里士多德最提倡的是共和政体,实际上是以中产阶级为主体的混合型政体。亚里士多德只是认为,在变态政体(为私利而不是为民众的政体)中,民主政体比僭主政体和寡头政体更好,因为民主政体会考虑多数人的意见。

古希腊的政治变化与哲学理念的关系并不简单,这两者不一定是相辅相成的。

古希腊哲学家指出民主政体的缺陷,对于后来西方民主政治的改进是有重要启示的。

公元前323—前30年,是希腊化时期(同时也是罗马共和时期),马其顿国王亚历山大(亚里士多德的学生)建立了强大的帝国。古希腊的民主政治结束。同时期,意大利半岛上的罗马崛起。公元前509年,罗马废除王政,实行了约500年的共和政体。国家实行元老院、执政官和部族会议三权分立。由于疆域的扩大、国内矛盾的增加,共和政体已经不适应国家的统治,公元前30年,屋大维建立起了元首政治,从此进入了罗马帝国时期。公元395年,罗马帝国分为东西两部分。公元476年,由于人民的反抗与外族人的入侵,西罗马帝国灭亡。

在长达约一千年的罗马共和国和帝国时期,没有出现有世界级影响的著名哲学家。西塞罗(前106—前43)是古罗马最著名的学者,他主要是政治家、法学家,哲学上的成就并不很高。

西罗马帝国灭亡后,欧洲进入中世纪,自公元5世纪到15世纪,长达一千年。欧洲中世纪是神权政治。各国的国王都必须由罗马教皇加冕并得到其承认。基督教教会在政治与思想上的控制都非常严格;这实际上是教会专制的政体。

中世纪最著名的哲学家是阿奎那,他用亚里士多德的学说为基督教的教义作论证。

西方现代民主政治是经历了曲折的历史过程而确立的。在整个过程中主要矛盾是:①教权与王权的矛盾;②王权与贵族的矛盾;③王权与民权的矛盾。

以下是几个与西方哲学思想发展有紧密联系的历史事件与重要人物：

1. 英国的"大宪章"。"大宪章"于1215年订立。当时英国在英法战争中失败，教皇也对英国国王施加压力。在贵族会议上，国王被迫让步，签订了限制国王权力的法案。法案的主要规定是：由二十五名贵族组成委员会，有权随时召开会议，具有否决国王命令的权利。该法案是后来英国君主立宪制的起源。

2. 英国确立国教与霍布斯。1527年，英国断绝了与罗马教廷的关系。这时有重要哲学家霍布斯（1588—1679）写出《利维坦》这一具有深远影响的作品，反对教权，支持王权。在该书中，霍布斯首次提出了"自由"、"平等"等现代西方哲学的重要理念。

3. 英国的"光荣革命"与洛克。1688年英国发生"光荣革命"。代表资产阶级利益的辉格党发动宫廷政变，宣布詹姆士二世退位，迎接他在荷兰的信奉新教的女儿玛丽和她的丈夫威廉回国担任王后与国王。国会宣布《权利法案》，限制国王的权力。这是英国君主立宪制和民主政治的真正开始。洛克是辉格党的主要理论家，曾任法院院长。洛克写出《政府论》等作品，开创性地提出天赋人权、国家法治与分权等一系列现代西方政治哲学的重要理念，对英国和后来全世界的民主政治有重大贡献。

4. 法国大革命与卢梭。1789年的法国大革命是西方民主政治史上的重要事件。法国大革命的起因是人们对于统治法国几世纪之久的专制制度的反抗。虽然后来几经曲折（有雅各宾专制与失败、拿破仑的政变与失败等），但是，法国大革命推动西方民主政治的历史意义是不能否定的。

对法国大革命做出最重要贡献的哲学家是卢梭（1712—1778）。他开创性地提出"主权在民"以及"人人生而自由、平等"的著名理论，成为现代西方政治哲学的基本观点。而他提出的"公意"理论，又为后来的专制政治提供了依据。

5. 斯密、康德与密尔的重要贡献。法国大革命之后，英国哲学家密尔、德国哲学家康德都做出了杰出的贡献，对西方政治民主政治的完善发挥了非常重要的作用。

6. 哈耶克与罗尔斯的重要贡献。二战时期及其后，英国哲学家哈耶克（1899—1992）对极权主义作出深刻分析与批判。美国哲学家罗尔斯（1921—2002）对"正义"问题的深入论述，对于今后世界民主政治的进一步完善有重要贡献。

从以上非常简要的介绍（详见笔者《善哲学与共同价值》一书）可以看出：西方政治制度与政治运动（或革命）推动着西方政治哲学思想的发展；而西方哲学的重要进展又促进了西方民主政治的不断进步。两者是互为因果的。


**五、西方哲学形成的学术环境背景**

与中国哲学的命运相似，西方哲学在历史发展过程中也受到过严格的控制。主要事实是：

（1）古希腊时期，苏格拉底因为向青年们宣讲他的哲学思想而被判处死刑。

（2）欧洲中世纪时期，科学家兼哲学家布鲁诺（1548—1600）因为支持哥白尼的"日心说"而被宗教裁判所判决为"异端"，在罗马鲜花广场被烧死。

（3）18 世纪，欧洲启蒙运动时期，著名哲学家、文学家伏尔泰（1694—1778）因写了反对教会的政治诗文，而被关进巴士底监狱。出狱后他去英国住了两年半，回法国后写出著名的《哲学通信》，又遭政府通缉，不得不离开巴黎，在法国与瑞士边境的庄园生活了 15 年。

（4）著名哲学家卢梭（1712—1778），在1762年写出著名的哲学著作《社会契约论》和教育小说《爱弥尔》，引起法国与瑞士政府的不满，政府查禁了这两部著作，并下令逮捕卢梭。卢梭被迫逃亡普鲁士，晚年过着逃亡与隐匿的生活。

（5）19世纪，德国著名经济学家兼哲学家马克思（1818—1883）从耶拿大学毕业后，在《莱因报》当编辑。因哲学与政治观点不符合当局要求，被迫离开德国，1849年后长期在英国生活与写作。

总的来说，特别是二战结束前后，西方国家对哲学等领域的思想控制有较大改善。1941年，美国总统罗斯福在第三届总统就职典礼上提出著名的"四大自由"：发表言论和表达意见的自由；信仰的自由；不虞匮乏的自由；免除恐惧的自由。"四大自由"的原则，后来被写入1948年通过的《世界人权宣言》中，得到全世界的公认。

国家或政府允许哲学思想的自由，为哲学思想的发展提供了必不可少的条件。20世纪，西方国家出现了许多新的哲学学说或学派，如美国杜威（1859—1952）的实用主义，英国罗素（1872—1970）、奥地利维特根斯坦（1889—1951）的分析哲学，法国阿尔图塞（1918—1990）的结构主义，波普尔（1902—1994）的科学哲学等，使西方哲学得到蓬勃的发展。

以上事实说明：对哲学思想的限制与控制，对于人类文明完全是有害无益的。哲学思想的自由发展是人类进步的非常重要的保证。


## 六、西方哲学家的身份与精神因素

前文提到中国古代哲学家基本上是"谋政学者"，以为执政者献计献策为自己的主要任务。西方古希腊时期的哲学家基本上是"自由学者"，他们与执政者的关系并不紧密，有的哲学家甚至是被执政者所压制的。

古希腊以泰勒斯为代表的自然哲学家一般是奴隶主,有独立的谋生本事,不需要依附于执政者。他们是根据自己的爱好("哲学"的希腊语的含义就是爱知识)、自己的好奇心而研究哲学,因此他们研究的重点是世界的本质。这方面的学问对执政者并没有帮助,但是,却是后来西方科学的开端。

古希腊哲学家不依附于执政者,苏格拉底就是最好的例子。苏格拉底最后是被执政当局判处死刑的。柏拉图依靠自己的力量兴办学院,讲授哲学。亚里士多德虽然是亚历山大的老师,但当亚历山大建立强大帝国时,亚里士多德却离开政治,而去创办学院。

到了近现代,西方有少数哲学家担任较高政府职位(如洛克),而有好几位哲学家是遭受政府迫害或通缉的(如法国的伏尔泰、卢梭,德国的马克思等),有的哲学家是远离政治的(如康德、胡塞尔等)。总的来讲,西方哲学家可以说是自由学者。这样的身份背景与西方哲学的特色有密切关系。

古希腊哲学家与近现代西方哲学家的身份决定了他们有一种热爱知识与追求真理的精神。西方文化与哲学能引导出科学,与这种精神有密切的关系。

与中国哲学一样,西方哲学形成的地理、经济、社会、政治条件、学术环境和西方哲学家的身份与精神因素,是综合在一起而起作用的。很难说哪个因素是最主要的。

根据第二章与本章所述,可以概括地说:

中国哲学发源于亚洲大陆东部的黄河流域,地理条件对农业的发展特别有利。农业是一种综合性(关系到天、地、人)与经验性特别强的产业。这样的经济基础导致中国哲学"重综合"、"重总体"、"重经验"、"重实践"的基本特点。

同时,以农业为主体的经济基础,形成中国以家庭与家族为本位的社会结构。国家成为最大的家族;君王是最高的家长。加上中国古代哲学家大多是"谋政学者"，他们以"修身、齐家、治国、平天下"为己任。由此形成了中国"重集权"、"重民本"的政治哲学和"重仁爱"、"重忠孝"、"重纲常"的道德哲学。

这样的地理、经济、社会、政治、学术环境的背景以及哲学家的身份与精神，综合地形成了中国哲学的各种特点。

西方哲学发源于地中海四周沿海与岛屿地区。地理条件决定了西方古代以手工业和商贸业为主的经济基础。古代的手工业（如制陶业）要求对物质（如陶土）性质的深入了解，制作技艺得以不断改进；加上古希腊时期的哲学家都是"自由学者"，并不依附于执政者，他们有探索世界本质的兴趣与追求真理的精神。这就决定了西方哲学具有"重单一"、"重本质"、"重机理"的特色。这个传统直接关系到西方近现代科学的发展。

同时，工商业与海外殖民的经济基础破坏了家庭经济，形成了西方以"个人"为本位的社会结构。近现代的资本主义进一步突出了个人奋斗精神。以"个人"为基础，是西方哲学在道德哲学上特别重视"自由"，在政治哲学上重视"民主"、"平等"、"法治"等理念的社会基础。

古希腊与近现代西方哲学家一般都是自由知识分子，他们热爱知识，追求真理。这种精神是构成西方哲学各种特点的非常重要的因素。

总之，不同的地理条件、经济基础、社会结构、政治背景、学术环境与知识分子不同的身份与精神，综合性地形成了中国哲学与西方哲学许多不同的特色，形成了世界上两大不同的哲学思想体系。

然而，这两大世界性的哲学思想体系，除了有许多不同的特色之外，也具有许多共同点，因此具有综合的可能性。这个问题将在以下各章有较详细的论述。

# 第四章　中国哲学与西方哲学的交流

关于中国哲学与西方哲学的比较和交融问题，18 世纪以来，西方哲学家已经有所论述。20 世纪以来，中国前辈哲学家与思想家也有过许多论述。尽管两者的论述都不很系统，但在展开本书以下各章对中西哲学综合问题的讨论之前，有必要重温前辈们的贡献与论点。

## 一、中国哲学家在中西哲学交流中的贡献

以下的介绍以各位哲学家与思想家的出生年份为序。

### （一）严复（1854—1921）

严复，福建侯官（今福州市）人，先后毕业于福建船政学堂和英国皇家海军学院，曾担任过清朝学部名辞馆总编辑、京师大学堂译局总办、上海复旦公学校长、安庆高等师范学堂校长等职。

严复在中国近代史上的最主要贡献是翻译出多本重要的西方学术（哲学、社会学、经济学等）名著。他是近代中国引进西方思想的第一人。

他翻译的重要的西方名著有：

1.《天演论》，英国赫胥黎（T. H. Huxley）著，原书名是 *Evolution and Ethics and other Essays*，现中文书名是《进化论与伦理学》。

2.《原富》，英国亚当·斯密（Adam Smith）著，原书名是 *An Inquiry into Nation and Causes of the Wealth of Nations*，现中文书名是《国富论》。

3.《法意》，法国孟德斯鸠（C. L. S. Montesuieu）著，原书名是 *L'esprit des Lois*，现中文书名是《论法的精神》。

4.《群己权限论》，英国密尔（J. S. Mill）著，原书名是 *On Liberty*，现中文书名是《论自由》。

5.《穆勒名学》，作者同上。原书名是 *A System of Logic*，现中文书名是《逻辑体系》。

6.《群学肆言》，英国斯宾塞（H. Spencer）著，原书名是 *The Study of Sociology*，现中文书名是《社会学研究》。

即使从今天的眼光来看，严复当年翻译出的这几本西方学术名著，在西方哲学、经济学、社会学等方面依然是十分重要的著作。

其中，《天演论》这本书对清末民初的中国思想界产生的影响最大。

胡适在他的《四十自述》中有一段话：

《天演论》出版之后，不上几年，便风行到全国，竟做了中学生的读物了。……在中国屡次失败之后，在庚子、辛丑大耻辱之后，这个"优胜劣败，适者生存"的公式确是一种当头棒喝，给了无数人一种绝大的刺激。

从胡适的介绍可以想见当年《天演论》一书影响之大。

《天演论》一书是介绍达尔文的进化论的。进化论是关于自然界生物进化的理论。在自然界，确实存在着"生存竞争，适者生存"的规律。但赫胥黎本人的观点是：人类社会与生物界的情况有所不同，人类具有天生的互爱性。因此他的书名是《进化论与伦理学》。

严复比较信服英国社会学家斯宾塞的理论,斯宾塞是社会达尔文主义的倡导者,认为在人类社会中,也是生存竞争,适者生存。

这种理论对当时的中国人(特别是年轻一代)有很强的激励作用。

今天来看,严复最有价值的译作,并不是《天演论》,而是斯密的《原富》(《国富论》)、密尔的《群己权限论》(《论自由》)和孟德斯鸠的《法意》(《论法的精神》)。这几本书在学术与思想上具有深远的价值。

严复在政治上比较保守,他对于康梁的改革、孙中山的革命,都没有支持;他还是支持袁世凯称帝的筹安会的发起人。但是,严复作为将西方先进思想(包括哲学)引入中国的先锋的贡献是不会磨灭的。

### (二)梁启超(1873—1929)

梁启超,广东新会人,"戊戌变法"领袖之一,中国近代维新派代表人物。辛亥革命后,他曾担任袁世凯政府的司法总长,但他反对袁世凯称帝与张勋复辟。后来他又到清华大学任教。其重要著作有:《清代学术概论》、《中国近三百年学术史》、《先秦政治思想史》、《墨经校注》、《欧游心影录》、《饮冰室合集》等。

1898年戊戌政变后,他居住在日本;1903年,他去往加拿大和美国;1918年,他去欧洲,考察了法国、比利时、荷兰、瑞士、意大利、德国、英国等,为时一年。因此,他对于西方文化是相当了解的。

在中西文化与哲学的交流方面,他的突出贡献在于以下两方面:

1.《新民说》:用西方的哲学理念,改造中国人的国民性

他在1902年发表《新民说》。他首先认为:"新民是今日中国第一要务。""国也者,积民而成。……欲其国之安富尊荣,则新民之道不可不讲。"他的《新民说》有以下一些观点:

(1)自由:"若有欲求其真自由者,其必自除心中之奴隶始。"

梁启超要求中国人追求自由,克服奴性,这种思想显然受到西方

近代民主、自由思想的影响。

中国古代与近现代的哲学家中，强调"自由"的人是很少的（在古代只有老子、庄子和阮籍等少数哲学家）。因此，梁启超将追求"自由"作为"新民"的开始，是非常有价值的哲学理念。

（2）权利："权利何言生？曰生于强……权利之目的在和平，而达此目的之方法，则不离战斗，有相侵者则必相拒。""大抵中国善言仁，泰西善言义。……若在今日，则义也者，诚救时之至德要道哉！""权利竞争之不已，而确立之保障之者，厥恃法律，故有权利思想者，必以争立法权为第一要义。"

梁启超关于权利的思想，明显地来自西方哲学，而不是来自中国哲学。他指出：中国哲学强调仁，仁就是对人之仁爱；西方哲学强调义（正义），义就包括公民的正当权利与法律的公正保障。

笔者认为，梁启超的上述思想，即使在今天的中国，仍然很有借鉴意义。

2. 提倡中西文化与哲学的融合

梁启超对于中西文化的关系，是主张"中西文化融合论"的。他说："要之，舍西学而言中学者，其中学必为无用，舍中学而言西学者，其西学必为无本。皆不足以治天下。"（《西学书目表后序》）

梁启超在中国传统文化上的造诣十分深厚。他一生去过许多国家；他访问欧洲时，正是第一次世界大战之后，欧洲遭到的破坏相当严重，使他对于西方文化的优、缺点，有了较深的了解。中西两种文化的背景，使他加深了对中西文化交融的信心。

虽然他很重视引进对中国有利的西方哲学理念（如自由、权利、法治等），但是他也重视对中国优秀文化与哲学思想的继承与对外交流。

他在《欧洲心影录》中有一段话：

有一回和几位社会党名士闲谈。我说起孔子的"四海之内皆兄弟","不患寡而患不均",跟着又讲起井田制度,又讲些墨子的"兼爱"、"寝兵"。他们都跳了起来说道:"你们家里有那些宝贝却藏起来不分给我们,真是对不起人啊!"(《欧洲心影录》)

这段话鲜明地表达了他对于中国哲学的自豪感,同时也说明:外国学者们对于优秀的中国哲学理念是欢迎的。

他从中外历史中认识到不同文化融合的威力。他说:

大地文明祖国凡五,各辽远隔绝,不相沟通。唯埃及、安息,借地中海之力,两文明相遇,逐产出欧洲之文明,光耀大地焉。其后阿拉伯之西渐,十字军东征,欧亚文明,再交媾一度,乃成近世震天铄地之现象,皆此公例之明验也。我中华当战国之时,南北文明初接触,而古代则学术思想达于全盛。及隋唐间与印度文明相接触,而中世纪学术思想放大光明。(《论中国学术思想变迁之大势》)

梁启超这一段话相当全面地总结了世界和中国文化的发展历史。这两者都证明了,不同文化的交融是人类文化进步的重要推动力。

笔者认为,中国近现代哲学家在中西哲学的交流与融合的自觉性方面,梁启超是十分突出的。

### (三)王国维(1877—1927)

王国维,浙江海宁人。1901 年春,他留学日本;归国后,协助罗振玉编《教育世界》杂志。后应张謇之聘,到通州师范学堂任教,通读叔本华、康德的哲学著作。他一生的主要成就是在文学与美学方面,曾写出《人间词话》、《宋元戏曲考》等多部学术名著。1921 年任北京大学研究所导师。1925 年任清华大学国学研究院导师。1937 年 6 月告别清华园,自沉于昆明湖。至交陈寅恪悼文说:

先生之著述,或有时而不章;先生之学说,或有时而可商。唯此独立之精神,自由之思想,历千万祀,与天壤而同久,共三光而永光。

王国维以他丰硕的学术成就、坚贞的人格魅力,名垂后世。

王国维的学术研究,从哲学开始。如果说,严复介绍到中国的主要是英国的哲学家与思想家(赫胥黎、斯密、密尔、斯宾塞等);那王国维则是向中国介绍德国哲学的先驱者。他介绍了康德、叔本华、尼采等著名德国哲学家的学说。

王国维在中西哲学交流方面的主要贡献有如下几点(参见王伟凯《王国维哲学贡献考述》,《前沿》2008年第8期):

## 1. 在中国肯定了"哲学"的地位

中国古代只有"经学"、"子学",并没有"哲学"的概念和地位。晚清大臣张之洞等向皇帝上疏,称哲学"有害且无用",应"弃绝哲学"。

针对这种否定哲学的官方言论,王国维发表多篇文章指出:

(1)哲学不仅有益,并且是必需的学术。他说:"哲学之所以有价值者,正以其超乎利用之范围故也。""知识之最高之满足,必求诸哲学。"

(2)哲学是中国固有的学术。他认为:周敦颐的"太极"、张载的《正蒙》、邵雍的《皇极经世》,"皆深入哲学之问题"。

(3)大学中应设哲学。他认为:"哲学之不可不特立一科,又经学科中不可不授哲学。"

## 2. 探讨了中国哲学的学术框架

在中国,王国维处在用现代思维表达中国哲学学术框架的初期。他写出《周秦诸子的名学》,名学就是中国的逻辑学或认识论哲学。他参考西方本体论中一元论、二元论的划分,将中国古代的人性论划分为一元论(周敦颐)、二元论(孟子、朱熹)、多元论(韩愈)。

今天我们不必考虑这样的划分是否合理,应该承认的是:在应用西方哲学的概念和方法研究中国古代哲学的领域,王国维是开创者。

## 3. 翻译了多部西方哲学著作

据佛雏先生的考证,王国维翻译了18部西方与日本的哲学著作。

较为重要的有：

《哲学概论》，日本桑木严翼著，1902 年译；

《西洋伦理学史要》，英国西额惟克著，1903 年译；

《灵魂三变》，德国尼采著，1904 年译；

《叔本华氏之思索论》，德国叔本华著，1905 年译；

《汗德（即康德）详传》，英国阿薄德著，1906 年译；

《悟性指导论》，英国洛克著，1907 年译。

从这些译著的翻译时间可以看出，在 20 世纪之初，西方哲学引入中国的早期，王国维做出了连续性的重要贡献。

### （四）熊十力（1885—1968）

熊十力，湖北黄冈人。他是中国现代极少的有原创性思想的哲学家，是当代新儒学的奠基人。后来的新儒学主要代表，如徐复观、唐君毅、牟宗三等，都是熊十力的学生。他青年时，参加日知会、同盟会等进步团体。随着革命走向低谷，他决心从事学术研究。1920 年到南京金陵刻经处学习佛学。1922 年后在北大长期任教。抗战期间，他在四川几家儒学学院讲学。抗战胜利后，1948 年，他去浙江大学任教。新中国成立后，他回到北大。他多次向中央领导建议保留中国文化种子，允许唯心论研究，但没有得到重视。他的著作主要有《原儒》、《体用论》、《明心篇》、《存斋随笔》、《乾坤衍》、《十力语要》、《新唯识论》等。

1946 年，他在范旭东创办、孙学悟主持的黄海化学工业研究社附设的哲学研究部工作期间，写出《中国哲学与西方哲学》一文。笔者认为，这篇文章在中西哲学比较与融合研究上达到了相当高的水平。（下面的引文均来自《中国哲学与西方哲学》。）

1. 问题的提出

在聘请熊十力来哲学研究部工作时，孙学悟向熊十力提出一个问题：中国古代就有罗盘针，有天算音律，有药物学，有炼丹炼金术；汉代有地震仪;曾子有"地圆说";惠施有"小一(元子)说"等;"然自秦之一统以迄于今二千余年,而中国竟不能成功科学者,此其故安在?"

他的意思是:中国古代有许多发明创造,然而没有发展出科学,究竟是什么原因?

熊十力的这篇文章就是要回答这个问题。笔者认为,他这篇文章不仅回答了这个问题,并且论述了中国与西方哲学的根本性问题。

2. 熊十力对中国哲学的独特理解

熊十力对中国哲学的理解与许多中国古代和近现代哲学家不完全一样。

熊十力年轻时就博览群书,信奉儒学,深受黄宗羲、王夫之以及清末严复、梁启超、谭嗣同的影响。1911 年他参加武昌起义,但"护法运动"失败后,他对政治失望,从此投身于学术。1920 年他在南京跟随欧阳竟无(1871—1948)研习佛学(由儒转佛),因此他在佛学方面有很深的造诣。1932 年写出以佛学为基础的《新唯识论》。蔡元培等对他的佛学研究评价甚高,认为熊十力是中国两千多年来以哲学家的立场研究佛学最深的人。抗战时期,他在四川几所学校任教,痛感为挽救民族之危难,中国必须有自己的哲学,因此重新研习儒学(由佛转儒),写出《十力语要》等书,开创了中国现代新儒学。《中国哲学与西方哲学》这篇文章即是他由佛转儒后写出的。

由于熊十力有"由儒转佛"和"由佛转儒"的特殊的哲学思考过程,他对于儒学的理解与其他中国哲学家都不一样。他不是特别推崇孔子与孟子,却特别推崇"易学"。

他认为秦以后"环境中的大不幸,即儒学哲学实失其传。《大易》刚健、日新之宇宙观、人生观,经儒考据之业,而莫之省"。

中国古代的《易》,包括《易经》和《易传》。《易经》是周代初期的文献;《易传》包括《十翼》,是孔子与他的学生对于《易经》的解释,战国时期成书。

《易传》的《象辞上传》中对"乾卦"的解释是："天行健,君子以自强不息。"这就是熊十力所讲的"刚强、日新的宇宙观、人生观"。

熊十力认为,这种刚强、日新的精神是儒学最重要的理念;而后来的儒家,只重视考据,对此并不了解。

他认为:"中国二三千年间,科学无从发达,其与秦以后儒学忘失显然可见。"意思是:中国科学不发达,是由于秦代之后,儒学丧失了它的刚健、日新的真传。

笔者认为,熊十力这个见解,值得我们深思。中国古代文明中,特别在对客观世界的认识方面,最缺乏的就是创新性的精神(刚健、日新);而科学就是人类认识不断创新的产物。

3. 熊十力对中国哲学的肯定与批评

张东荪认为:中国没有本体论。熊十力的观点完全不同,他认为,与西方哲学相比,中国哲学的最主要特点就是重视本体论。

他说:"中哲谈本体,其根本大义曰体用不二。""万物皆天命之显。儒家天命一词即本体之名。无声臭可得而实涵万理,备众善,故谓之天。其流行不息,故谓之命。"意思是:世界万物都是"天命"的显现,而儒家的"天命"就是世界的本体。

笔者赞同熊十力的观点。笔者认为:在本体论方面,中国哲学的水平要高于西方哲学。这个问题会在本书第五章中展开论述。

熊十力也指出中国哲学的不足。他说:"西哲精于思辨,而中哲于此颇忽之,今宜取益西学。"

熊十力所讲的"思辨",是指对于客观世界的内在规律的探求,这确实是中国哲学所缺乏的。

为什么中国哲学不重视思辨呢? 熊十力的解释是:"夫中哲不尚思辨,非无故也。上智超悟,无事于思辨也。"意思是:中国古代哲学家("上智")都重视超越性的感悟("超悟"),而不重视对于实际事物的思辨。

熊十力从中国古代哲学家的思想爱好与思想方法制度来解释为什么中国古代哲学不重视科学。中国古代哲学家不喜爱也不愿意研究具体的客观事物，他们所探求的是超越性的"真理"。

熊十力的上述观点，对我们理解中国哲学的优点与弱点都是有启发的。

4. 熊十力对西方哲学的肯定与批评

熊十力对西方哲学是有所肯定的。他说："西洋人承希腊哲人之精神，努力向外追求，如猎者强力奔逐，不有所猎获不止。其精神常猛厉辟发，如炸弹爆裂，其威势甚大。"

熊十力认为，西方哲学来自古希腊。西方哲学提倡向外追求，有着不达目的不休止的精神，因此具有强大的力量。

与对西方哲学的肯定相比，熊十力对西方文化与哲学的批评更多一些。他对西方哲学的主要批评是：西方哲学重知识，而轻智慧。"西方哲学毕竟不离知识窠臼，超知境界恐非西人所逮闻也。"熊十力这里所讲的"超知境界"，就是指领悟世界本体的智慧。

因此，熊十力认为，西方哲学在知识论（或认识论）方面是强的，而在本体论方面是弱的。

熊十力指出，"晚世科学猛进，技术益精。杀人利器共侵略者之用，大有人类自毁之忧"。意思是：只有科学之发达，而缺少对于本体认识的智慧，人类有自我毁灭的可能。

5. 熊十力对中西哲学融合的期望

熊十力并不主张在中国只重视中国哲学，而排斥西方哲学。他是主张中西融合的。

对中国哲学来说，他是不主张"反知"的。他说："哲学不当反知，而当超知。反知则有返于浑噩无知之病，是逆本体流行之效用也。"

意思是：哲学不能反对知识（科学），而应超越知识。这样就既掌握了智慧的本体，又能使知识得到充分的应用。

这就是熊十力对于中西哲学融合的期望。

熊十力以上一系列观点，不论对中国哲学，或对西方哲学，都是具有独创性的观点。他的观点是值得我们深思的。

### （五）张东荪（1886—1973）

张东荪，出生于浙江杭县（今杭州市），是现代哲学家、政治活动家、政论家。早年他从日本东京帝国大学毕业；回国后，任光华大学、北京大学、燕京大学等校教授；1912 年出任南京临时政府大总统府秘书；1944 年担任民盟中央执行委员。他还发起组建中国民主社会党，宣扬走"中间道路"。新中国成立后，他曾任中央人民政府委员、民盟常务委员等职。

张东荪是中国现代有独创性的哲学家之一，他一生致力于中西哲学的比较与会通的研究。在这方面，他的主要学术观点是：

1. 中西哲学比较的必要性

他指出："凡是社会上所崇拜的人大抵是痛骂本国文化的人。一个民族对自己固有文化这样看不起，便自然而然失去了信心。"（《知识与文化》）

他认为，中西哲学比较的目的，是要加深了解中国文化的固有特色，要树立对中国文化的自信心。

2. 中西哲学比较的可能性

张东荪独创性地提出"知识社会学"的研究方法。所谓"知识社会学"方法，就是将知识、文化与社会结合起来进行研究。他指出：中国哲学的特点来自中国特有的社会与文化性质。他还指出：中国古代语言中没有"时间"与"空间"等抽象的概念，只有"先后"、"古今"、"大小"、"地点"等具体性的概念。

笔者认为，张东荪提出的问题值得我们重视。缺少"时间"、"空间"等抽象的思维，影响到中国古代科学的发展。

张东荪又提出,中国语言中往往"主语与谓语不分"或"缺少主语",因此,"中国哲学上没有本体论"。(《知识与文化》)。笔者认为:这个观点是不合适的。本书第五章将指出:中国本体论有很高的水平。

3. 中西哲学比较研究的要求

张东荪对当时其他人的中西哲学比较研究颇不满意,他说:"哲学家之研究知识是想对于人类之有文化,即从自然演成的社会变到由理性规划的社会,作一个理论的检讨。关于这一点友人熊十力见得很透,他每次来函都痛斥近来学者之专务于破碎的知识。"(《思想与社会》)

张东荪这个意见是深刻的,对中西哲学的比较研究,必须有整体观念,从中国与西方的自然条件、社会状态,联系到它们各自的哲学思想体系,而不能只是支离破碎式的、个别概念或理念的对比或附会。

在 20 世纪 30—40 年代,张东荪能提出上述关于中西哲学比较研究的见解,是难能可贵的;对我们今天的中西哲学融合或综合研究也是很有启发的。

### (六)胡适(1891—1962)

胡适,安徽徽州绩溪人。五四新文化运动的领袖之一。他于 1922 年创办《努力周报》,于 1924 年创办《现代评论》,又在 1932 年创办《独立评论》。1945 年他担任中国出席联合国大会代表。他还曾担任中华民国驻美大使、北京大学校长、台湾"中央研究院"院长等职。他在文学、哲学、历史学等方面都很有造诣。

胡适是中国现代具有开创性精神的思想家。对于中国文化,他的最大贡献是创导白话文。今天白话文已经为全球华人世界所应用。对于中国哲学,他的最大贡献是开创性地写出《中国哲学史大纲》一书。

《中国哲学史大纲》在1918年初版，只有上卷（古代哲学史）。它虽然不是最早的中国哲学史著作（谢无量的《中国哲学史》更早，1916年出版），但是它是第一部有广泛影响的中国哲学史著作。因此，此书一出版，立即得到广泛的欢迎。两个月后就再版，后来多次再版。

关于这部书，学术界已经有各种评价。笔者认为，此书在学术上有以下几个主要的价值：

1. 这部书本身就是中西哲学交流与会通的结晶，胡适不是根据中国传统的学术方法，而是根据西方哲学的学术方法而写出这部书的。

胡适在此书的"导言"中说：

我的理想中，以为要做一部可靠的中国哲学史，必须要用这几条方法。第一步须搜集史料。第二步须审定史料的真假。第三步须把一切不可信的史料全行除去不用。第四步须把可靠的史料仔细整理一番：先把本子校勘完好，次把字句解释明白，最后又把各家的书贯串领会，使一家一家的学说，都成有条理有统系的哲学。做到这个地位，方才做到"述学"两个字。然后还须把各家的学说，笼统研究一番，依时代的先后，看他们传授的渊源，交互的影响，变迁的次序；这便叫作"明变"。然后研究各家学派兴废沿革变迁的原故；这便叫作"求因"。然后用完全中立的眼光，历史的观念，一一寻求各家学说的效果影响，再用这种影响效果来批评各家学说的价值；这便叫作"评判"。

胡适研究中国哲学史的这一套方法（述学—明变—求因—评判）包括了：史料的考证与取舍；哲学思想演变及其原因的梳理；对各种哲学思想的历史作用的评价。这一套方法，在中国传统学术研究中，局部地应用是有的（例如清代的考据、训诂等），全面地应用是极少的。它基本上是西方的哲学史研究方法。

2. 胡适在此书的导言中，对于"哲学"的概念，提出了较为完整的解释。他说:"凡研究人生切要的问题,从根本上着想,要寻求一个根本的解决;这种学问,叫做哲学。"

他指出:哲学可以包括以下各种问题:

(1)天地万物怎样来的?(宇宙论)

(2)知识思想的范围、作用及方法(名学及知识论)

(3)人生在世应该如何行为?(人生哲学,旧称伦理学)

(4)怎样才可使人有知识,能思想,行善去恶?(教育哲学)

(5)社会国家应该如何组织,如何管理?(政治哲学)

(6)人生究竟有何归宿?(宗教哲学)

中国古代并没有"哲学"这个概念。前文提到,王国维首先肯定了"哲学"的概念,而胡适是现代中国第一位对哲学有较全面认识的学者。他的认识无疑受到西方哲学的影响。

3. 对于有关中国哲学史的史料,他作了认真的考证,指出许多在中国长期误传的观点。

例如对于《管子》、《列子》、《晏子春秋》等书,他根据考证,指出都是假书。(而谢无量的《中国哲学史》将这几本书都列入"邃古哲学";这是胡适这部书与谢无量的书的重要区别。)他根据《诗经》中关于日蚀的记载,认为"古代的书只有一部《诗经》可算是中国最古的史料"。对于《尚书》他也认为:"没有信史价值。"

胡适重视对中国古代史料的考证,明显地受到西方实证主义思想的影响。在这方面,胡适是有重要贡献的。

4. 对于中国哲学史,胡适对老子、墨子、别墨有特别的重视。他将老子看作中国第一位哲学家。中国现代有的哲学家(如冯友兰等),对老子的重视程度并不高,例如冯友兰在《中国哲学史新编》中,将老子放在第十一章中介绍。中国的汉、唐、宋、明、清各代,都以儒学作为学术思想的主体,对老子的重视都不够。胡适受到较多西方哲学的教育,因此能看出并肯定老子在本体论方面的突出成就。

胡适对别墨有高度的重视,他的书中"别墨篇"有六章之多(而"孔子篇"只有五章)。胡适在美国哈佛大学的博士论文题目是"先秦名学史"。"名学"就是逻辑学,是中国古代哲学中非常少见的关于逻辑推理与理性思维的哲学派别。这个哲学派别在汉武帝"罢黜百家,独尊儒术"之后,后继无人。这是中国古代科学得不到发展的重要原因,因此是中国哲学的不幸。胡适对于别墨的重视,是独具慧眼的。

　　5. 胡适期望中国出现新哲学。他说:"我们今日的学术思想,有两个大源头:一方面是汉学家传给我们的古书;一方面是西洋的新旧学说。这两大潮流汇合以后,中国若不能产生中国的新哲学,那就真是辜负了这个好机会了。"

　　胡适当年提出的期望,今天似乎还没有完全实现。这也是本书所关注的问题。

　　总之,胡适在中国哲学史研究中的成就,实际上就是中西哲学交融的成果。

### (七)梁漱溟(1893—1988)

　　梁漱溟,广西桂林人,当代新儒学的开创人之一。他出身于官宦人家,少年时参加反清革命。他自幼爱好深思冥想,辛亥革命后研究佛学,23岁时,写出《穷元决疑论》这篇高水平的佛学论文,被蔡元培聘请为北京大学讲师。五四时期,儒学思想受到猛烈批评,他决心出佛入儒,1921年发表《东西文化及其哲学》,捍卫东方思想。新中国成立前,他在山东从事乡村建设运动,产生较大影响。他还积极参与中国民主同盟的组建。"文革"批林批孔时期,他以长篇发言为孔子辩护。80年代后,他继续宣传他的新儒学思想,直至去世。

　　《东西文化及其哲学》是中国现代最早的全面论述中西哲学的著作之一,1921年出版,到1930年出第八版,可见在当时影响之大。它被认为是现代新儒学的开山之作。

在这本书中,梁漱溟分析了中国、印度、西方三种文化与哲学。他所表达的思想主要是以下几方面:

1. 意欲论的人本主义

梁漱溟将中国的儒学和西方叔本华的意志哲学、柏格森所创的生命哲学融合起来,建立他自己的"意欲论"的人本主义。

他说:"你且看文化是什么东西呢？不过是那民族生活的样式罢了,生活又是什么呢？生活是没尽的意欲(Will)——所谓'意欲'与叔本华所谓的'意欲'略相近,——和那不断的满足与不满罢了。"(《东西文化及其哲学》,下同)

叔本华和柏格森的哲学是以"意志"或"生命"为本的,都属于西方的人本主义哲学。梁漱溟将文化归因于意欲,也是一种人本主义哲学。

2. 三种文化的特点

根据他的"意欲论",他提出中国、印度、西方三种文化的基本特点。他说:"西方文化是以意欲向前要求为其根本精神的。……意欲向前要求的精神产生赛恩斯与德谟克拉西两大异彩的文化。""中国文化是以意欲自为、调和、持中为其根本精神的。""印度文化是以意欲反身向后要求为其根本精神的。"

梁漱溟的意思是:西方人的意欲是向前要求。为了改善生活而向前要求,就一定要征服自然,由此就产生科学(Science,即赛恩斯);为反抗专制而向前要求,就一定产生民主(Democracy,即德谟克拉西)。

中国人的意欲是满足现状、满足于一种自得其乐的调和、中庸的生活。梁漱溟认为,依靠中国自身的文化,不可能产生科学和民主。

印度人的意欲是反身向后的。他们不满足于现状,也不向前去要求,而只要求回到宗教中去超脱人生。

3. 三种哲学的比较

梁漱溟将中国、印度、西方三种哲学,用表格的方式做出比较(见表4-1):

**表 4-1 西洋、中国、印度哲学对照表**

| 目别 | | 西洋方面 | 中国方面 | 印度方面 |
|---|---|---|---|---|
| 宗教 | | 初于思想甚有势力，后遭批评失势，自身逐渐变化以应时需 | 素淡于此，后模仿它方，关系亦泛 | 占思想之全部势力，且始终不坠，亦无变化 |
| 哲学 | 形而上学 | 初盛后遭批评，几至路绝。今犹在失势觅路中 | 自成一种，与西洋印度者全非一物，势力甚普，且一成不变 | 与西洋为同物，但研究之动机不同，随着宗教甚盛，且不变动 |
| | 知识之部 | 当其盛时，掩盖一切，为哲学之中心问题 | 绝少注意，几可以说没有 | 有研究，且颇细，但不盛 |
| | 人生之部 | 不及前二部之盛，又粗浅 | 最盛且微妙，与其形而上学相连，占中国哲学之全部 | 归入宗教，几舍宗教别无人生思想，因此伦理念薄 |

笔者认为，梁漱溟对于世界上三大文化与哲学的区别的归纳和论述，具有较高的学术价值，也有许多独到之见。但是并不能认为是完全正确的。

例如：中国哲学中的知识论（知识之部，即认识论）是否是"几可以说没有"？本书在第六章中将要阐述，中国哲学有它特有的认识论。又如，西方的人生哲学，是不如中国的人生哲学充实与丰富，但是它在"自由"、"仁爱"、"正义"等方面有许多有价值的论述，不能认为是"粗浅"的。

当然，这是梁漱溟在 20 世纪初叶的著作，我们也不能要求太高。

4. 对三种文化的态度

在《中西文化与哲学》的最后，梁漱溟提出"我们应持的态度"问题。

他的意思是，对待这三种文化与哲学，我们应持什么态度？他的明确的观点是：

第一，要排斥印度的态度，丝毫不能容留；

第二,对于西方文化是全盘承受,而根本改过,就是对其态度要改一改;

第三,批评地把中国原来的态度重新拿出来。

他的理由大致是:印度文化过于消极而出世,宗教性太强,我们只能对其排斥;西方文化中的科学与民主,对于社会进步是十分有益的,我们应该全面接受,但是它的弊病很多,例如对自然的破坏、对人间关系的恶化等,必须加以根本性的改造;中国文化有许多优秀的传统,必须继承,但是它也有弊病,需要加以批评后重新拿出来。

笔者认为,梁漱溟站在中国的立场上,对世界三种文化的态度,基本上是客观而中肯的。当然,他的观点并不能认为是完全正确的,例如,对印度文化,是否应全面排斥?对西方文化,是否应全盘接受?都是需要慎重对待的问题。

5. 世界未来之文化

对于世界未来的文化,他认为:在物质方面,可能会有所淡化,而更多地向艺术的创造这条路走;在社会生活方面,强制性的法律约束可能会减少,而更多的是依靠情感、道德、伦理来维持社会关系;在精神生活方面,宗教将要淡化,哲学和艺术将占重要位置。这样的未来,就是"孔子的路"。

关于"孔子的路",他提出一个独特的观点。他说:"我提出的态度,就是孔子的所谓'刚',刚之一义也可以统括孔子的全部哲学。""孔子说的'刚毅木讷近仁',全露出一个人意志高强,情感充实的样子。"

他介绍了当时(20世纪初期)国际上影响较大的几个哲学家的思想,有倭铿(今译为"奥伊肯",德国生命哲学家)、罗素(英国分析哲学家)、克鲁泡特金(俄国无政府主义理论家)、泰戈尔(印度诗人)的思想,指出他们都有与孔子相似的思想观点,即人类不能只是计算物质功利,而应走一条更多地重视人与自然的融合,重视人的情感、道德、伦理的积极向前的道路。

梁漱溟提出世界的未来"应走孔子的路"的观点。这个观点在国内或国际上,赞成的人并不很多。但是笔者认为,在探讨中西哲学综合问题时,他的观点值得我们深思。至少它能提醒我们,对于中国哲学所内含的突出优点,应有足够的重视。

### (八)冯友兰(1895—1990)

冯友兰,河南唐河人。他出生在一个封建大家庭,自幼学习四书五经。中学时接受新式教育,开始对西方哲学有兴趣。1915 年,他考进北京大学攻读哲学。1918 年去美国哥伦比亚大学哲学系当研究生,接触到多方面的西方哲学,最后选择的是新实在论和逻辑实证论。回国后先后在中山大学、广东大学、燕京大学、北京大学任教,后任清华大学哲学系主任。抗战时期写出著名的《贞元六书》,即,《新理学》、《新事论》、《新世训》、《新原人》、《新原道》和《新知言》。"贞元"两字来自《易经》,表示天道人事的循环往复,是指当时正处在国家命运将有重大转变的时期。

冯友兰在 1931—1934 年写出《中国哲学史》。1946 年在美国宾夕法尼亚大学受聘担任讲座教授,讲授中国哲学史。其英文讲稿后经整理写成《中国哲学简史》。此书成为西方人了解和学习中国哲学的入门书。1980 年,他还写出《中国哲学史新编》。

《大英百科全书》称冯友兰与熊十力两人为中国当代哲学之杰出人物。

从上述他的简历可知,他在西方哲学与中国哲学两方面,都深有造诣。他在中西哲学的比较与融合方面的主要观点与贡献是:

1.《新理学》等《贞元六书》是中西哲学的融合

《贞元六书》都是冯友兰建立在中西哲学融合的基础上的哲学思想。以下以他的《新理学》为例说明。

宋代的"二程"(程颢、程颐)与朱熹提出以"以理为本"、"性即理"等理念为核心的理学，冯友兰对理学十分推崇。但是他认为，理学的论述缺乏逻辑思维。冯友兰应用西方哲学的逻辑思维方法来解释理学的原理。这就是他的新理学的基本内容。

冯友兰提出：真正的形而上学对于实际无所肯定，而其命题对于一切事实又无不适用。"形而上学在对实际事物的释义中，只作形式的肯定，只要有任何事物存在，它的命题都是真的。"(《三松堂全集》)

冯友兰对理学所提出的"理"、"气"、"道体"、"大全"四个概念都做出严格的逻辑学论证。这就是他在《新理学》中提出的基本思路。(详见《新理学》)

2. 冯友兰对中西哲学差异的认识

冯友兰是很关注中西哲学的比较问题的，他在《中国哲学简史》、《中国哲学史新编》、《新原人》、《新知言》等著作中都谈到这个问题。归纳他的观点，中西哲学之间的差异主要体现于以下几方面：

(1)人生境界或宗教情怀

冯友兰在《中国哲学简史》第一章中说："任何一种大的宗教，它的核心部分必然有哲学。"

西方文化的源头是古希腊的理性思维和基督教的人文关怀。西方哲学在认识论方面继承了古希腊的理性思维，而在道德哲学与人生观方面，较多地继承了基督教教义。基督教的教义是：爱上帝与爱人如己。这两条准则构成西方道德的基础。人在世时的赎罪，以求世界末日时上帝的宽恕，就是人生的要义。

这就是西方文化或哲学中的宗教情怀。

冯友兰在《新原人》中提出人生四种境界的观点，也就是他的人生哲学。他将人生境界分为四个层次：A. 自然境界，顺着生物学的本性而生活；B. 功利境界，为着自己的利而生活；C. 道德境界，为着社会的利而生活；D. 天地境界。他说："他已知天，所以他知他不但是社会的全的一部分,并且是宇宙的全的一部分。"

他指出,孟子说:"尽心尽性则知天。"就是人生的天地境界。

中国哲学中,不论是儒家或道家,都没有什么宗教情怀。它们都以一种哲学性的"天地境界"作为人生的最高目标。

笔者认为,冯友兰这个见解抓住了中西哲学的本质性区别。

(2)极高明和道中庸或不道中庸

在《新原道》中,他提出中国哲学的特点是:"极高明而道中庸。"(这是《中庸》中的语句)。他的意思是:中国哲学论述世界的最高境界(极高明),例如"道"、"天"、"理"等理念;而同时中国哲学又十分重视人间的伦理道德(道中庸),如忠、孝、仁、义、廉、耻等。所以中国哲学既是"极高明"的,又是"道中庸"的;中国哲学是"即世间而出世间"的,既是入世的,又是出世的。

他指出:另外有一种零的哲学,在西方哲学与佛教哲学中都比较流行。西方哲学对本体论(物质、精神)和认识论(经验、机理)有很深的研究,但是对人生观与伦理道德,是比较不重视的。

(3)正的方法与负的方法

冯友兰在他的《新知言》中提出:有两种哲学的表达方法,一是正的方法,二是负的方法。

他所谓的"正的方法",就是逻辑分析方法。西方哲学家对各种哲学概念,都有明确的定义,例如苏格拉底对"德性"的定义就是:德性即知识。柏拉图提出"理念"(或"相")的概念,虽然比较抽象,但是柏拉图认为,通过逻辑思维,可以把握与理解"理念"这个概念。亚里士多德提出著名的三段论(大前提,小前提,结论)。冯友兰认为,西方哲学对中国哲学的永久性贡献,就是逻辑分析方法。

他所谓的"负的方法",是指很难用语言来表达的方法。实际上就是直觉方法,或感悟方法。他认为,在中国哲学中,这种方法占着统治地位。中国哲学的名著,如《老子》、《论语》、《庄子》等,都是语录式的寥寥数语；或者是用一些故事或譬喻来表达哲学思想，而见不到严格的逻辑分析与论证。

关于直觉方法，在西方近现代哲学中是受肯定的。生命哲学的创始人柏格森（1859—1941）提出有两种时间：一是真正时间；一是科学时间。真正时间就是"绵延"，是没有间断的。人类实际上是生活于真正时间之中，但是真正时间无法用语言或数字来表达，能表达的时间（年、月、日、时、分、秒）只是科学时间。因此，柏格森认为：对真正时间的掌握，只能依靠直觉。

尼采、海德格尔的哲学中，直觉是重要方法。胡塞尔的现象学，也对直觉方法给予肯定。

因此，对于中国哲学所应有的负的方法，不能加以否定。特别是在形而上学（本体论）方面，负的方法（直觉方法）具有特有的功能。

总之，冯友兰提出的中西哲学的差异，对于我们比较中西哲学是很有启发的。

### （九）张岱年（1909—2004）

张岱年，中国现代哲学家、哲学史家。张岱年于 1933 年毕业于北京师范大学，新中国成立前任中国大学、清华大学副教授和教授。1952 年后任北京大学哲学系教授、清华大学思想文化所所长、中国科学院哲学研究所兼职研究员，1980 年后任中国哲学史学会会长、名誉会长。他主要从事中国哲学史研究，以及哲学与文化问题的探索。

他深入阅读中国古代哲学典籍。在他哥哥张申府（哲学家，周恩来、张国焘的入党介绍人）的指导下，他研习了罗素、怀特海的分析哲学理论，同时也阅读了马克思、恩格斯的著作，对辩证唯物论有所信服。

他的哲学著作很多，在中国哲学史等多方面做出贡献。他在哲学上一个突出的贡献是提出"综合创新论"。

2002 年他在北京大学举办的"比较哲学"系列讲座上发表《中西哲学比较的几个问题》，系统地阐述了他的中西哲学比较的观点。

他的中西哲学观与"综合创新论"的主要观点是：

1. 中西哲学的可比性及其异同

他指出中西哲学有共同的问题。他说："我认为，哲学是关于天人之学，即关于宇宙人生基本问题的研讨。"（《张岱年全集》第 7 卷）

他说的宇宙人生的基本问题，包括宇宙论、本体论、知识论、方法论等，都是中西哲学所面对的共同问题。既然面对的是共同的问题，中西哲学就有可比性。

他指出中西哲学虽然是有差异的，但是差异不是绝对的。中国哲学与西方哲学本身都有不同的流派。中国哲学的某些流派与西方哲学很相似，西方哲学的某些流派也与中国哲学很相似。

例如思维方式上，西方哲学一般重视分析方法，中国哲学一般重视辩证方法；但中国的墨家也重视分析方法，西方的怀海德也很重视辩证方法。

笔者认为，张岱年上述两个观点都很重要。正因为中西哲学面对着共同的问题，同时中西哲学之间存在着异中之同，说明中西哲学具有综合的可能性。

2. 中西哲学本体论的比较

张岱年指出，"西方本体论……一个比较流行的观点"是认为："本体与现象是两个方面，本体是现象的本体，现象是本体的表现。""中国自古以来，许多大哲学家……认为本体与现象是统一的，又有区别，又有统一。"（《中西哲学比较的几个问题》）

他接着指出：中国哲学认为，本体与现象的区别是源与流的区别，或体与用的区别。他对宋代哲学家程颐讲的"体用一源，显微无间"特别赞赏。体与用有统一的来源；显露在外的（显）与隐藏在内的（微）是没有间隔的。

### 3. 对中国哲学概念的分析性阐述

张岱年采用西方哲学所擅长的分析方法对中国哲学的一些概念进行阐述，指出中国哲学的某些概念很难用西方文化来解释，例如：

道：与古希腊哲学家提出的"逻各斯"很相似，但并不完全相同。

气：与西方所讲的"物质"相似，但不完全相同。

神：在中国哲学中有三种意思，即上帝、人的精神、微妙的变化。

诚：朱熹说"真实无旺之谓诚"，因此，"诚"有实在性与必然性两层意思。

笔者认为，用分析性的逻辑语言对中国哲学中比较抽象的概念加以阐述，是中西哲学比较研究中的重要任务。

### 4. 综合创新论

张岱年在 20 世纪 30 年代，提出过"创新综合"的理念，到了 80 年代，他正式提出"综合创新论"。

他的综合创新论，是要求将中国和西方的三种哲学思想综合起来，形成一种新的中国哲学思想。三种哲学思想是：唯物论、理想主义、解析哲学。

唯物论：他指的是马克思提出的"新唯物论"或辩证唯物论。其中，他采纳了怀海德的强调变化的"过程哲学"和中国哲学中"大化流行"的观念。

理想主义：他认为，理想主义是中国哲学的特长。中国哲学将"自然论"与"理想论"结合起来，即将自然观与人生观结合起来。

解析哲学：他认为，解析哲学是西方哲学的最大贡献。解析哲学要求概念的明晰性，这是中国哲学所需要的。

除上述 9 位中国近现代著名哲学家外，中国当代哲学家，如张世英、李泽厚等对于中西哲学的比较与融合都有各具特色的阐述，他们的观点在本书有关章节中会有涉及。

综上所述，在中国哲学家这个群体中，从晚清以来，有些哲学家引进、介绍西方哲学（严复，王国维等）；有些哲学家应用西方哲学的学术体系来整理中国哲学史（胡适、冯友兰等）；有些哲学家引进西方哲学的理念以改变中国的国民精神（梁启超等）；有些哲学家对于中西哲学的基本特点进行比较分析（冯友兰、张岱年等），有些哲学家从中西哲学的融合中提出独创性思想（梁漱溟、熊十力等）。他们在中西哲学的比较与融合方面都做出了杰出的贡献，为中西哲学的综合建立了深厚的学术基础。

## 二、西方哲学家与科学家对中国哲学的论述

中国与西方的交流有很长的历史。中国在秦汉时期，就开始与西域有商贸往来，中国的丝绸受到西方人的广泛喜爱。唐代初期，基督教来到中国，称为"景教"，一度产生重大影响，但在唐代后期走向衰落。元代时成吉思汗武力征讨欧洲，他在给欧洲带来恐惧的同时也扩大了东方文化的影响。《马可波罗行纪》引发欧洲人对中国文化的极大兴趣。明代时，耶稣会教士进入中国传教，同时也向西方世界介绍中国的文化与哲学。意大利传教士罗明坚（1543—1601）将中国的"四书"翻译成拉丁文，并且将朱熹的理学介绍到欧洲。

以下以哲学家的出生年代为序，简要地介绍西方哲学家对中国哲学的论述。

### （一）西方哲学家对中国哲学的介绍与评述

1. 莱布尼兹（Gottfried Wilhelm Leibniz，1646—1716）

西方哲学家向西方世界介绍中国哲学是从 17 世纪末、18 世纪初开始的，这时中国已经进入清代的早期。

莱布尼兹是 17—18 世纪德国著名哲学家，是最早在西方推崇并

介绍中国哲学的主要哲学家之一。

莱布尼兹说:"我们和他们(指中国)都各有自己的知识,可用来与对方作有用的交流。在知识的深度和哲理学方面,我们超过他们。""在实践哲学方面,他们比我们更有成就,这指道德学和政治学的规律。""中国人的律则……是多么善美地引导人走向太平与社会安定。""他们的目的是尽量地减少人与人之间的不和。"(秦家懿《德国哲学家论中国》)

从莱布尼兹的介绍可知,当时西方哲学家已经看到中国哲学在道德哲学与政治哲学方面的优越性,同时认识到中国哲学的根本目的在于促进社会的和平与和谐。

2. 伏尔泰(Voltaire,1694—1778)

伏尔泰是法国哲学家、文学家,是欧洲启蒙运动的领袖人物。

他在他写的《道德论》一书中,提出:"孔子的道德是唯一正确的人们所能接受的道德。孔子是人不是神,因此,孔子的中国是非宗教的,孔子是提倡宗教自由的代表。"(王养冲《十八世纪法国启蒙运动》,《历史研究》1984 年 2 期)

伏尔泰正确地指出中国哲学的无神论与人本主义的特点。在启蒙运动时期,伏尔泰宣扬孔子的哲学,对于突破欧洲中世纪控制一切的神学思想,无疑是很有帮助的。

由于伏尔泰在欧洲启蒙运动中影响非常大,他对孔子的积极评价引起了西方知识界对中国哲学的广泛重视。

3. 黑格尔(Freiedrich Hegel,1770—1831)

黑格尔是德国 18—19 世纪著名哲学家,是西方近代成就最高的哲学家之一;他建立的辩证法理论对于马克思哲学的形成有重要影响。

但是,即使是著名的哲学家,对其他国家的哲学也不一定有深刻与正确的认识。黑格尔对中国哲学的评价是带有偏见的。虽然在他对中国哲学的批评中也包含着一定的值得我们思考的问题。

他对孔子的评价是:"我们看到孔子和他的弟子们的谈话(指《论语》),里面所讲的常识道德。这种常识道德我们在哪里都找得到。……孔子只是一个实际的世间智者,在他那里思辨的哲学是一点也没有的。"(黑格尔《哲学史演讲录》,下同)

他指出中国哲学的特点是:①"东方哲学是宗教哲学",是哲学与宗教的一体化;②中国哲学主要是道德哲学,他说孔子思想中"只有一些善良的、老练的道德教训"。"在中国人那里,道德义务的本身就是法律、规律、命令的规定。所以中国人既没有我们所谓法律,也没有我们所谓道德。"因此他认为,孔子哲学是道德与法律的一体化;③中国哲学是直觉的、非逻辑的实用哲学。

黑格尔对中国哲学的认识是不完整的,也不都正确。黑格尔并没有在"东方哲学"中辨别出中国哲学与印度哲学的区别。印度哲学是宗教哲学,中国哲学基本上是无神论的,不能认为是宗教哲学。

中国哲学有它独特的高水平的本体论(本书第五章中会论述),不能说它只是道德哲学或实用哲学,尽管中国哲学在道德哲学方面确有优势,并且中国哲学对实践或实用,也确实有较高的重视。

因此,应当说,黑格尔对中国哲学的论述中,指出了中国哲学的一些特点;但是他对中国哲学的认识,是不全面的,是肤浅的。

4. 罗素(Bertrand Russell,1872—1970)

罗素是20世纪初世界级的著名哲学家、思想家,是分析哲学的创建人之一。1920年10月到1921年7月,他应邀来中国讲学,发表多次演讲,除介绍他自己的学说外,也阐述了他对中国政治、经济、文化、国民性等方面的观点(参阅陈光俊《罗素论中国》,《云南师范大学学报》,第二十九卷第六期)。

他对于中国文明与中国哲学的观点主要是:

(1)对中国古代文明有积极的评价

他说:"中国人最初聚居在只占现今中国一小部分的黄河流域,从事农业生产,文明程度相当高,东亚的其他民族根本无法望其项背。"(罗素《中国问题》)

他指出中国古代文明的几个特征:①汉字。他认为汉字是表意文字,在稳定性方面,比表音文字更能显示其优越性;②儒家伦理学说;③科举制度。他指出,科举制度比任人唯亲、行贿等要优越得多;但是,科举制度完全以经书为基础,没有创造性,阻碍了知识与文学的发展。

(2)对儒家学说的评价

他积极肯定儒家学说的非宗教性。他说:"他(指孔子)与其他宗教奠基者不同,其最大特点是灌输给人们严格的伦理道德准则,永为后世尊崇,但这些准则却无半点宗教上的武断意味。"

在这个问题上,他的观点与黑格尔完全不同。笔者认为,罗素的观点是正确的。

同时,他也指出儒家学说的弱点。他说:"孝道和族权或许是孔子伦理中的最大弱点。……家族意识会削弱人的公共精神。"

笔者认为,罗素对孝道的批评并不正确。孝道(对父母之爱,也包括更广义的亲人之爱)是儒学的精华部分,对家庭和谐与社会和谐有积极的意义。当然,罗素指出的"族权"思想,的确已不符合现代社会的需要,并且往往成为社会进步的妨碍因素。

(3)对道家学说的积极肯定

罗素对于道家思想推崇备至。他说:"道家崇拜自然,崇尚自由发展。""他们不能容忍对自然状态的任何干预。"道家思想使"中国人的人生比西方的残暴人生更文雅、更宽容、更反省"。

笔者认为,罗素作为哲学家,对道家思想的积极肯定,是见解独到的,值得我们重视。

5. 雅斯贝尔斯(Karl Theodor Jaspers,1883—1969)

雅斯贝尔斯是西方存在主义哲学的主要代表之一,是一位具有世界视野的哲学家。他的哲学思想跨越哲学与宗教,跨越西方与东方。他提出"轴心时代"的观点(公元前 600 至前 300 年间,各个文明都出现了伟大的精神导师,如柏拉图、亚里士多德、释迦牟尼、孔子、老子),为国际学术界广泛接受。

雅斯贝尔斯对中国哲学有很高的评价。(参见林同济《天人合一与主客二分》)

他对孔子的评价是:孔子"借对古代的复兴以实现对人类的救济"。"实际上是产生了一种古老的融而为一的新哲学。"(《大哲学家》)

他对老子的评价是:"老子的哲学中并不存在形而上学、伦理学、政治学之间的区别。"他指出:老子的心目中,"道"既是宇宙的本原,又是万物行走的道路和必须遵循的规律。

6. *海德格尔*(Martin Heidegger ,1889—1976)

海德格尔是存在主义的主要创始人。1923—1928 年,他受聘为马堡大学哲学教授;1928 年,接任弗莱堡大学胡塞尔的位置。二战期间,他支持纳粹党,出任弗莱堡大学校长。二战结束后,他一度被禁止讲学;1951 年后继续讲学;1957 年退休后从事创作。虽然他在政治上走过弯路,但是,世界学术界都承认他在哲学上做出的杰出贡献。

他对中国哲学有较深的了解,在 1930 年之前,他就认真阅读了《老子》与《庄子》。他肯定中国哲学的一个重要的理念——"天人合一"(这个问题在本书第五章中将展开讨论),西方哲学家极少有类似的观点。

海德格尔的思想有前后两个时期之分,以 1930 年为界。前期思想主要在《存在与时间》(1927)中表述;后期思想主要在《论真理的本质》(1943)、《林中路》等书中表述。

海德格尔的思想转变与时代背景是有关的。他生活的时代是 20 世纪上半叶,正是科学与工业化、电气化迅速发展,人类对自然界有过多干预与破坏的时代。时代使他不能不思考"存在"与"此在"(人)的一些根本问题。

他的后期思想的主要发展是:不再突出"此在"(人)的优先地位,而强调了世界的"四方"结构。什么是"四方"? 他指的是:天、地、神、人。他将人放在"四方"之一的位置,并且不是最高位置。因此"此在"就不再是其他"存在者"的主宰者,而只是守护者。

海德格尔的"四方"结构的思想与中国哲学的"天人合一"思想非常相似。

**(二)西方科学家对中国哲学的肯定**

中国哲学不仅吸引了不少西方哲学家的关注,并且也被西方许多著名科学家所重视。(参阅葛荣晋《道家文化与现代文明》)

1. 波 尔(Niels Henrik David Bohr,1885—1962)

波尔是与爱因斯坦齐名的 20 世纪最重要的物理学家,1920 年创建丹麦哥本哈根理论物理研究所,任所长,1922 年获得诺贝尔物理学奖。

他在科学上的主要贡献是在原子结构与辐射方面,他对量子力学的建立起了积极的促进作用。1927 年,波尔首次提出了"互补原理",奠定了哥本哈根学派对量子力学解释的基础。二战时期,他被邀请去美国,在研制原子弹的曼哈顿计划中担任顾问。

波尔的"互补原理"指出光量子具有粒子性与波动性的互补关系。1937 年他到中国讲学,惊奇地发现他的"互补原理"在中国古代的老子学说中已被阐明。老子说:"万物负阴而抱阳。"中国的太极图鲜明地表达了"阴"、"阳"之间的互补关系。波尔把自己称为道家的"得道者"。

## 2. 惠勒（John Archibald Wheeler ,1911—2008）

惠勒是美国当代著名物理学家。他提出"质朴性原理"，首创宇宙的"黑洞"理论。

1981 年，他访问中国时观赏了舞剧《凤鸣岐山》，见到姜子牙手中的"无"字旗。翻译人员告诉他老子的话："天下万物生于有，有生于无。"他很兴奋，说：老子与道家是"质朴性原理"的先驱。他在书中写道："这是最基本之点，虚空其实并不空，它是发生最剧烈物理过程的地方。""没想到西方历经数代，花费大量物力、财力找到的结论，在中国的远古早已有了思想的先驱。"

## 3. 普里高津（I. Llya Prigogine,1917—2003）

普利高津生于莫斯科，1945 年在比利时布鲁塞尔自由大学获得博士学位后留校工作，两年后被聘为教授。他提出了"耗散结构论"，于1977 年获得诺贝尔化学奖。

普里高津对中国哲学有很高的评价，指出西方科学的最新研究成果与中国哲学思想更为接近。他说：

中国传统的学术思想是着重于研究整体性和自发性，研究协调和协和。现代科学的发展，近十年来物理学与数学的研究，如托姆的突变理论、重整化群、分支点理论等，都更符合中国的哲学思想。（普里高津《从存在到演化》）

他对中西哲学的综合寄以希望。他说：

我们正朝着新的综合前进，朝着一种新的自然主义前进。也许我们最终能够把西方的传统（带着它对于实验和定量表达的强调）与中国的传统（带着它那自发的、自组织的世界观）结合起来。（普里高津《从混沌到有序》）

## 4. 霍金（Stephen William Hawking,1942—　　）

霍金是当代最著名的宇宙学家，他三次来中国，对老子的学说深为钦佩。

　　他在著名的《时间简史》中指出，他自己的宇宙生成理论与老子的"无中生有"的宇宙观，不仅在宇宙起源方面，而且在大爆炸发生前后的变化方面都非常相似。

　　综上所述，从17—18世纪莱布尼兹与伏尔泰开始，直至当代，虽然也有少数哲学家（如黑格尔）对中国哲学有一定偏见，但许多著名西方哲学家与科学家对中国哲学都给予高度的评价。其中特别引起西方哲学家与科学家重视的是：老子的宇宙观和孔子的促进社会和谐的伦理思想。

　　在我们研究中西哲学综合的问题时，西方哲学家与科学家的观点非常值得我们思考。

# 第五章　中西宇宙论与本体论的比较与综合

中国哲学与西方哲学的比较与综合,不能仅仅根据某一对概念(如"天人合一"和"主客两分"),也不能仅仅根据少数几个特征(如中国哲学重道德,西方哲学重知识等),而需要对中国哲学与西方哲学进行全面而系统的分析与比较。本书在以下各章(第五到第十一章),将就中国哲学与西方哲学在七个方面——宇宙论与本体论;认识论;道德哲学;政治哲学;美哲学;爱哲学(情感哲学);生死哲学——进行分析比较,并探讨其综合的问题。

## 一、宇宙论与本体论概述

宇宙论的英文是"Cosmogony",是关于宇宙(Cosmos)起源的哲学理论。

本体论的英文是"Ontology",这个名词是17世纪的德国哲学家郭克兰纽(Goclenius,1547—1628)首先提出的。"Ont"来源于希腊文,它相当于英文的"Being",有"是"或"存在"的意思。因此,本体论是关于"是"或"存在"的学问。在宇宙论与本体论的讨论中,有两个问题需要阐明:

### (一)关于宇宙起源与世界本质

在哲学中,宇宙论回答的是:宇宙(或世界)是从哪里来的? 即:宇宙的起源问题。

本体论回答的是:世界的本质(或本体)是什么?

这两个问题是有区别的,但是两者又是有紧密联系的。在许多情况下,两者是同一个问题:各种事物的起源,决定了它的本质。

例如,如果我们问:人的本质是什么? 正确的回答是:人的本质就是人的基本特性。

我们再问:人是从哪里来的? 正确的回答是:人是从人(父母)而来的。

正因为人是从人而来的,人必然具有人的基本特性。也就是说:人的来源,决定了人的本质。

西方哲学中,宇宙论与本体论是分开的。本体论是西方哲学所讨论的重要问题。西方哲学一般不讨论宇宙的起源问题。其原因是:在西方文明中,特别是在古代与近代,宗教(基督教)有很强的影响。关于宇宙的起源,古希腊的神话和基督教的教义已经有了解释:宇宙与人都是神或上帝创造的。到了现代,主要是依靠科学来探讨宇宙的起源,形成了宇宙学(Cosmology)。

中国的情况很不一样。在中国文明中,宗教的影响一直不深。因此,中国哲学一般将宇宙论与本体论结合在一起探讨。

在中国古代,特别是在老子的学说中,宇宙论与本体论就是结合在一起的。

老子有一句话说得很好:"能知古始,是谓道纪。"(《老子·十四

章》）

意思是：能知道万物在远古的起源，就能知道"道"的规律或法则。老子这句话就将宇宙论与本体论结合了起来。

中国现代哲学家也将宇宙论与本体论结合起来论述。

冯友兰在《中国哲学史》(1935年)第一篇的绪论中说：

以现在之术语说之，哲学包涵三大部分：

宇宙论——目的在求一"对于世界之道理"。

人生论——目的在求一"对于人生的道理"。

知识论——目的在求一"对于知识之道理"。

他又说："宇宙论又有两部：一，研究'存在'之本体及'真实'之要素者，此是所谓'本体论'。二，研究世界之发生及其历史，其归宿者，此是所谓'宇宙论'。"

冯友兰以上的论述有点重叠（宇宙论下面又有宇宙论），但是也说明，他是将宇宙论与本体论放在一个大类中讨论的，说明两者很难完全区分开来。

本书讨论中西哲学的比较与综合，根据中国哲学的特点，也将宇宙论与本体论结合在一起讨论。

**（二）关于人与世界的关系及精神与物质的关系**

在对本体论的探讨中，还有两个重要的问题：一是人与世界的关系；二是精神与物质的关系。这两个问题是有内在联系的。

哲学与科学的区别在于：科学面对的问题是世界的客观规律，而哲学面对的问题是人与世界的关系（包括人与人的关系）。

因此，不论在中国哲学或西方哲学中，人都占有重要位置。中国哲学一般（不是全部）强调"天人合一"，即人与自然的融合。西方哲学一般（不是全部）强调人与自然的"分立"。

西方哲学本体论的论述中，十分重视精神与物质的关系，与此相应的是主体与客体的关系。在中国哲学中，就是心与物的关系。西方哲学一般强调精神与物质的分立、主体与客体的分立；中国哲学一般强调心与物的统一。

怎样看待人与自然的关系、人与世界的关系、精神与物质的关系、主体与客体的关系？这些都是本体论中的重要问题。

以下的讨论中会涉及上述两方面的问题。

## 二、中西宇宙论与本体论的比较

纵览西方哲学与中国哲学关于宇宙论与本体论的学说，可知中西哲学的宇宙论与本体论的主要区别在于以下几方面：

### （一）神创论与自然论

#### 1. 神创论

西方文明是从古希腊开始的，而古希腊文明并不是从哲学开始，而是从神话开始。在古希腊哲学开始（公元前 6 世纪）时，希西阿德和荷马的神话诗篇已经流传了三百多年。神创世界的观念深入人心。

希西阿德（Hesiod，前 750—前 700 年）的《神谱》（*Theogony*）叙述了神创造世界的过程。其大致情况是：最初的宇宙是混沌（Chao，最古老的神），混沌中产生了大地女神该娅（Gaea），她是万物与众神的缔造者，后来，该娅的孙子宙斯成为众神之王，在奥林匹斯山上建立了众神世界的秩序。

与神创世界的观念相联系，万物都具有灵魂的观念也被古希腊人广泛接受。

神创世界与灵魂观念是古希腊最早的、影响深远的宇宙论与人生观。即使在古希腊的自然哲学家以及柏拉图、亚里士多德等伟大哲学家的思想中，这两个观念始终是主导性的。

例如,西方世界公认古希腊哲学开始于泰勒斯。他研究过磁石现象,他认为磁石现象就是"万物充满了神"的证据。

古希腊最伟大的哲学家柏拉图和亚里士多德在本体论上有重要贡献,但是他们都没有脱离神学。柏拉图(前427—前347年)提出理念论(或相论),他指出:造物主按照理念创造出宇宙万物。亚里士多德(前384—前322年)提出实体论。但是,他仍然将"神"作为他的哲学的最高范畴。

在公元之初,在亚洲西部的巴勒斯坦地区出现了一个叫耶稣的人。他传布天国的福音。由于耶稣对《旧约》的解释与祭司的解释迥异,宛如一个新的教派,因而耶稣的传道挑战了祭司的权威。在祭司的要挟与叛徒的出卖下,罗马帝国驻犹太的总督将耶稣逮捕,耶稣最后被钉在十字架上而死。耶稣死后,他的门徒保罗等人积极宣讲耶稣的教导,传布耶稣死后复活的神迹,宣扬耶稣就是上帝派来的救世主基督,由此建立了基督教。基督教的信徒越来越多,也得到中、上层人士的信仰。公元380年,罗马帝国宣布基督教为国教。

在基督教的《圣经》中,明确地提出上帝在七天内创造世界与人类的教义,为基督教信徒们普遍信仰。

欧洲中世纪两位主要的哲学家奥古斯丁(354—430)与阿奎那(1224—1274),作为神学哲学家的代表,用他们的教父哲学与经院哲学来证明上帝创造了一切。

欧洲启蒙运动之后,哲学界在相当程度上摆脱了神创论。但是一些著名哲学家的哲学思想中依然有神创论的成分。例如笛卡尔(1596—1650)就是信仰上帝的。他试图用他的理性证明上帝的存在。著名哲学家巴克莱(1685—1753)也致力于论证上帝的存在。他不排斥科学,但他认为接受自然科学是为了"赞美上帝"。

康德的"理性"就包含了上帝与灵魂不朽的观念。黑格尔提出"绝对精神"作为他的全部哲学的最高环节,而他认为"绝对精神"就体现在上帝身上。

由此可见,神创论的思想在西方古代与近代哲学中,都占有重要位置。

2. 自然论(道生论)

2500多年前,在遥远的东方——中国,出现了一位伟大的哲学家——老子。他提出与西方的神创论迥然不同的宇宙论学说——自然论,也可称为"道生论"。

老子在《道德经》中说:

道生一,一生二,二生三,三生万物。(《老子·四十二章》)

人法地,地法天,天法道,道法自然。(《老子·二十五章》)

笔者用"道生论"这个名词来概括老子的宇宙论。"道生"来自"道生一"。因对"道生论"这个名词,人们比较陌生,以下采用"自然论"。两者的含义相同。

上面两句话,就是老子的宇宙论与本体论。它的含义是:

①宇宙的起源就是"道"。

②宇宙或世界的本质也是"道"。天、地、人三者都依据于"道",而"道"依据于自然。

老子的宇宙论,还有几句重要的话:

无,名天地之始;有,名万物之母。(《老子·一章》)

意思是:宇宙是从"无"开始的,从"无"产生"有","有"产生了万物。

有物混成,先天地生。寂兮寥兮,独立而不改,周行而不殆,可以为天下母。吾不知其名,故强字之曰道,强为之而名曰大。(《老子·二十五章》)

意思是:"道"在天地产生之前就有,是混沌不清的,是无声无形的,是独立存在的,是永不改变的,是周流循环的,它是天地的创造者。我不知道它的名称,只能勉强地称它是"道",取名为"大"。

老子关于宇宙是从"无"开始的，以及对宇宙起源时的情态的论述，得到 20 世纪以来多位世界级著名物理学家的高度肯定，他们认为老子的学说与最新的宇宙学的发现相当吻合。

老子提出"道法自然"的思想，就是将自然本身作为大自然的最高本体。这个思想完全符合现代自然科学的理念，在今天与未来看来都不会被其他思想所代替。

与西方哲学的神创论相比，我们不能不承认：老子的学说达到古代宇宙论的最高水平。

老子在宇宙论方面的杰出成就，是中国人的光荣。相当一段时间，甚至直到今天，中国对孔子的宣传和介绍很多，而对老子的宣传和介绍很少。笔者认为，这是不公平和不明智的。

### （二）本质论与整体论

从本体论来说，西方哲学探求的是客观世界的"本质"，而中国哲学探求的是客观世界的"整体"。本质与整体，都是世界的本体，只是观察的角度不同而已。

#### 1. 本质论

西方哲学的本质论是从泰勒斯开始的。古希腊自然哲学家开创性地运用理性思维来思考世界的本质（或本体）。他们一般认为世界的本质是某一种物质，如泰勒斯认为万物的本质是水，阿那克西美尼认为万物的本质是气，赫拉克利特认为万物的本质是火。这些学说可以被认为是西方本体论的开始。

柏拉图提出理念论（或相论）。他将世界分为理念世界与可感世界。可感世界是生生灭灭、变动不定的，而理念世界是绝对的、永恒的。因此在柏拉图看来，"理念"（或"相"）才是世界的本体。

亚里士多德不同意柏拉图的理念论，而提出实体论。他将"实体"作为世界的本体。

柏拉图的所谓"理念",指的是事物的共相,也就是事物的本质。他的理念论开启了科学的大门,因为科学(自然科学与社会科学)所研究的就是事物的共相或本质。

亚里士多德的实体论,事实上与理念论并不矛盾。因为对事物"理念"或本质的探究,必须从"实体"入手。因此,实体论是科学研究必经的渠道。

西方古代哲学的本质论就是由柏拉图的理念论与亚里士多德的实体论所构成。

必须承认:对于本体论而言,西方哲学的本质论是非常重要的贡献。西方后来科学的昌盛,都得益于西方哲学的本质论。

2. 整体论

中国哲学完全从另一个角度来探讨世界的本体,它所观察的是世界的整体。

中国哲学的"整体论"是从《易经》开始的。《易经》的基本元素是阴(――)和阳(——)两爻。三个爻组成八个卦象。每个卦象和它的象征物之间的关系如图 5-1:

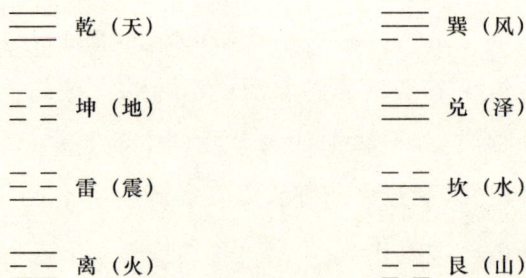

☰ 乾(天)　　　☴ 巽(风)

☷ 坤(地)　　　☱ 兑(泽)

☳ 雷(震)　　　☵ 坎(水)

☲ 离(火)　　　☶ 艮(山)

图 5-1　易经八卦图

从这张八卦图可知,中国古代哲学家观察世界,并不是探求世界的本质,而是探求世界的整体。两个卦的不同组合形成 64 个卦,它们可以解释世上所有事情。

《易经》产生于周代初期，老子生活于春秋时期。老子在《道德经》中提出的"道"，既是指宇宙（世界）的起源，也是指世界的整体。

老子说："故道大，天大，地大，人亦大。域中有四大，而人居其一焉。"（《道德经·二十五章》）

道比天与地都大，由此可见道的整体性。

《周易》是《易经》与《易传》的总称。《易传》是解释《易经》的，此书由孔子与他的弟子完成。《周易》的精华是将"象"与"意"相结合。在《易传》的《象辞上传》中，对于"乾卦"的解释是："天行健，君子以自强不息。"

熊十力指出，这种刚强、日新的精神是儒学的最重要的理念，是中国哲学特有的本体论。

刚健日新、自强不息是宇宙与大自然的一种整体性的精神，也应该是人的整体性精神。

因此，中国哲学的本体论既包括对宇宙的整体性认识，也包括宇宙的整体性精神。这是理解中国哲学的本体论的重要问题。

中国哲学从整体来观察世界的本体，"整体思维"是中国哲学的基本特色。整体思维的缺点是：忽略对事物本质的探求，因此影响到中国科学的发展。但是，必须看到，整体思维也有其优越性：对于自然界，它开启了对自然界的整体或系统的观察；对于社会界，它有利于社会的和谐与合作，特别是它所包含的整体性精神（刚健日新，自强不息），是推动人类进步的强大动力。

**（三）神本论与人本论**

1. 神本论

西方古代（古希腊到中世纪）哲学中，在人—世界—神的关系方面，一般认为：世界的法则和人的道德都由神的意志来决定。

柏拉图说：

创造者是完善的。完善者对一切都是公正的。他不偏待某些事物，希望一切都尽可能像他一样。这一点乃是创造万物和这个宇宙的真正出发点。（《蒂迈欧篇》）

神在看可见事物中，发现这些事物不稳定，到处乱窜，于是就把秩序引入这无序运动中。（《蒂迈欧篇》）

在柏拉图看来，"善"就是世界与事物的完善、有序、和谐、稳定。因为神本身是完善的、公正的，神必然会按照自己的完善性和公正性来创造世界和万物。世界万物以至整个宇宙，都是根据神的意志而行动的。

这种神本论的思想在欧洲中世纪时，特别为基督教哲学家们所强调。阿奎那说：

由于善在上帝中是以一种最完美的形式而存在的；所以，上帝就被称作最高的善。（《神学大全》）

他认为：上帝就是最高的善。

2. 人本论

神本论思想在 15—16 世纪的欧洲文艺复兴与 17—18 世纪的启蒙运动中受到严重的冲击。但丁的《神曲》、莎士比亚的戏剧等优秀文艺作品唤起了人本主义的觉醒。

启蒙运动时期，伏尔泰的小说、卢梭的著作都有力地推动着人本主义的发展。康德提出"人是目的"的理论，奠定了人本主义的哲学基础。

再来考察中国哲学，我们会惊奇地发现：在 2500 多年前的春秋时期，孔子就明确地提出了人本主义的思想。

中国古代殷商时期，也有较普遍的关于神的信仰。自周代之后，神的观念就趋于淡薄。但是，君王与人民对于"天"是敬畏的。"天"或"天道"是一种无神论的信仰，但是还不属于人本主义。

孔子哲学的特点是将天道与人道相联系,同时指出人在世界中的地位。他有一句重要的话:"人能弘道,非道弘人。"(《论语·卫灵公》)

意思是:在人与天道的关系中,人是具有主动性地位的。这就是人本主义的思想。孔子对于人本主义有许多论述,如:

樊迟问仁。子曰爱人。(《论语·颜渊》)

夫仁者,己欲立而立人,己欲达而达人。(《论语·雍也》)

己所不欲,勿施于人。(《论语·卫灵公》)

关于上面第一句话,后来孟子的表达就是"仁者爱人"。

"仁"是孔子哲学的最核心的理念,而"仁者爱人"四个字就充分地表达出孔子的人本主义思想。

如果说,西方是在文艺复兴和启蒙运动中确立了人本主义思想;那么,2000多年前,在中国,孔子就已经确立了人本主义思想。这是我们在进行中西哲学比较中应该注意到的事实,也是中国人可以引为光荣的事实。

**(四)心物关系与天人关系**

西方哲学重视"心物关系",也就是物质与精神的关系。中国哲学重视"天人关系",也就是自然与人的关系。与两者有关的还有"主客关系",即主体与客体的关系。主客关系既有本体论的含意,也有认识论的含意。本章主要讨论它的本体论含意。

以上三方面的关系(心物、天人、主客)互相是有联系的。一般来说,物质与自然都是客体,精神与人就是主体。从宏观来说,是天人关系;从微观(对世界各种事物)来说,就是心物关系或主客关系。

以下在心物关系方面,主要介绍西方哲学;在天人关系方面,主要介绍中国哲学。关于这两方面关系的综合问题,将在下一节中探讨。

1. 西方哲学重视心物关系

恩格斯在《费尔巴哈与德国古典哲学的终结》一书的第二章中指

出："什么是本原的,是精神,还是自然界? 世界是神创造的呢,还是从来就有的?""哲学家依照他们如何回答这个问题而分成了两大阵营。凡是断定精神对自然界来说是本原的……组成唯心主义阵营。凡是认为自然界是本原的,则属于唯物主义的各种学派。"

世界的本原问题是西方哲学家关注的最重要问题之一。哲学家与哲学流派确实能分出较为明显的唯物与唯心两个派别。

在古希腊哲学形成前三百多年就有希腊神话的存在。希腊神话讲的是神创世界的故事。希腊神话可以被认为是唯心论的开始。

早期希腊的自然哲学,一般认为世界的本原是某一种物质,如泰勒斯认为万物的本原是水,阿那克西美尼认为万物的本原是气,赫拉克利特认为万物的本原是火。这种早期希腊的自然哲学可以被认为是唯物论的开始。

欧洲文艺复兴与启蒙运动,冲破了一千多年来宗教与神学的控制。自15—16世纪的达·芬奇与哥白尼以来,自然科学迅猛发展,为无神论与唯物主义思想的发展创造了条件。

唯物论与唯心论的论争成为西方近代哲学本体论的主要内容。

近代唯物论的倡导者是培根与霍布斯。培根提出:世界的本原是物质的,物质是永恒的。霍布斯提出:"宇宙是万物的总和。"他公开排斥神的存在。

与此同时,唯理论哲学的倡导人笛卡尔开创性地提出了心物二元论的观点。笛卡尔说:

我对于心和物的认识是:一方面我对于自己有一个清楚、分明的观念,即我只是一个在思维的东西而没有广延,而另一方面,我对于肉体有一个分明的观念,即它只是一个有广延的东西而不能思维……(《第一哲学沉思集》)

从笛卡尔开始,唯物论与唯心论的争论逐渐摆脱神学的影响,而转移到精神（意识）和物质哪一个因素在世界万物中起主导作用的问题。

18 世纪欧洲出现了一些很重要的唯物主义者，他们以自然科学对抗宗教神学，否认上帝创造一切，如孟德斯鸠（1689—1755）、伏尔泰、狄德罗（1713—1784）、霍尔巴赫（1723—1789）等。

近代影响最大的唯心论哲学家是黑格尔。他提出"绝对理念"、"绝对精神"作为全部哲学的最高环节，他认为自然界只是"理念"与"精神"的"外化"或"异化"。

黑格尔以后，影响最大的唯物论者是费尔巴哈（1804—1872），他用唯物论的观点深入地说明了宗教的产生与本质，对宗教神学进行了无情的批判。

马克思在《德意志意识形态》一书中指出：历史可以划分为自然史和人类史。笔者在《综合哲学随笔》中亦提到：世界应区分为自然世界与人类（或人为）世界两大部分；凡是受到人类影响的世界，都应属于人类世界。

对于自然世界来说，唯物论是正确的。现代科学已经充分证明：自然是由自然自身形成的，而不是神创造的，也不是人的意识所形成的。

马克思不同意旧唯物论的观点而提出新唯物论，即实践唯物论。

马克思在他主要的哲学著作《关于费尔巴哈的提纲》中说：

从前的一切唯物主义（包括费尔巴哈的唯物主义）的主要缺点是：对对象、现实、感性，只是从客体的或者直观的形式去理解，而不是把它们当作感性的人的活动，当作实践去理解，不是从主体方面去理解。

马克思的新唯物论就是要从客体与主观两方面结合来理解事物，而人的实践就是主观与客体结合的渠道。马克思在这个论述中所讨论的是与实践有关的世界，应该说，就是人类世界。

因此，根据马克思的新唯物论（或称实践唯物论），对于人类世界来说，应当承认它是客体与主观的结合所创造的，也就是物质与精神的综合所创造的。

20世纪以来，现代哲学的各流派，一般不再讨论世界本原问题，也不再争论唯物与唯心的问题。分析哲学的主要哲学家罗素认为：以严格的逻辑语言来分析，所谓"物"与"心"的对立是不存在的。因此，唯物、唯心之争是没有必要的，可以消解。但是在分析哲学的发展后期，蒯因是有重大影响的哲学家，他的学说转向逻辑实用主义，又肯定了本体论的讨论是有意义的，心物关系并不能消解。

因此，西方哲学对心物关系的探讨并没有终止。

中国哲学对心物关系的论述在下面"中西本体论的综合"一节中将会论述。

2. 中国哲学重视天人关系

天人关系是中国哲学中的重要问题。中国哲学发展史中，存在着"天人两分"与"天人合一"两种思潮：

（1）天人两分学说

商周时期，人们对"天"是敬畏的，认为人间的吉凶祸福取决于天。春秋时期，人们对于天的权威已经有所质疑。《左传》中说："天道远，人道迩。非所及也，何以知之。"（《左传·昭公十八年》）

明确提出天人之分的是荀子。荀子说："明于天人之分。""制天命而用之。"（荀子《天论》）人应掌握自然规律并加以利用。他的思想导引出天人两分思想。

唐代的柳宗元和刘禹锡都提出天人两分的观点。

柳宗元说："生植与灾荒，皆天也；法制与悖乱，皆人也。二之而已。其事各行不相预。"（《答刘禹锡天论书》）他将自然规律与社会规律相区分。

刘禹锡提出"天人交相胜论"，他说："天之能，人固不能也；人之

能,天亦有所不能也,故我曰:天与人交相胜尔。"(《天论》)"天之所能者,生万物也;人之所能者,治万物也。"(同上)

刘禹锡指出:天(自然)的功能与人的功能是不一样的。

尽管天人合一思想在中国古代是主导性的,但是不能认为,中国古代全都是天人合一思想,应该承认中国古代也有明确的天人两分思想。

(2)天人合一学说

中国哲学史中的天人合一学说又可以分为以下四类:

①自然观的天人合一

老子提出"人法地,地法天,天法道,道法自然"(《老子·二十五章》)。

庄子说:"天地与我并生,而万物与我为一。"(《庄子·齐物论》)

老子、庄子所谈的天或天地,就是自然界。他们的观点是:人与自然是一个整体,人的活动依据于自然。

②人性观的天人合一

孟子说:"尽其心者,知其性也。知其性,则知天矣。存其心,养其性,所以事天也。"(《孟子·尽心上》)

他的意思是:人心和人性都来自天,而人性是善的,因此,你如果能尽到你的善心,就知道并保养了你的人性,你就懂得天,也侍奉了天。

③人生观的天人合一

宋代张载说:"乾称父,坤称母,予兹藐焉,乃浑然中处。故天地之塞,吾其体;天地之帅,吾其性。民吾同胞,物吾与也。"(《正蒙·乾称》)

意思是:天是我的父亲,地是我的母亲。我个人十分渺小,生活于天地之中。我要将天地万物看作我的身体,将天地的运行看作我的本性。人民是我的同胞,万物是我的同伴。

这是一种非常高尚的人生观，特别是"民吾同胞，物吾与也"的志向，得到历代士大夫与知识分子的赞赏。

④神秘性的天人合一

汉代哲学家董仲舒提出"天人一也"，但是董仲舒对于"天人合一"有神秘性的、不切实际的强调。董仲舒把"天"完全人格化了，将"天"看成是"百神的大君"，也即最高神，他说："天有喜怒之气，哀乐之心，与人相副。"(《春秋繁露·阴阳义》)他认为天是有意志、有感情的最高主宰者。董仲舒的学说引导出带有迷信成分的汉代的谶纬神学。

宋代理学与明代心学都是肯定天人合一的。他们对天人合一的理解基本上遵循孟子的人性观的学说。如明代王阳明说："心之体，性也，性即理也。"(《阳明全集》)意思是：人性是人心的载体，而人性来自于"天理"。这是继承孟子的"尽心、知性、事天"的思想。

西方哲学中关于人与自然关系的观点，下文将会谈到。

## 三、中西宇宙论与本体论的综合

本书在以下各章都将讨论中西哲学在各个哲学领域中的综合问题。这样的综合在中西哲学史研究中已经有一定的基础，但是并不是很多，也不全面。

中西哲学的综合更多是面向未来的，是一种新的哲学思想体系，可以称之为"综合哲学"。笔者相信，综合哲学将对人类今后的文化、哲学、科学、艺术、政治、经济、道德等多方面产生有益影响。

本节讨论中西哲学在宇宙论与本体论方面的综合问题。

### (一)自然论与宇宙学的综合

宇宙学是一门自然科学，从16世纪哥白尼创立"日心说"肇始。18世纪时，康德提出"星云说"，是对于宇宙形成学说的一大贡献。

1946年美国物理学家伽莫夫正式提出大爆炸理论，认为宇宙由大约200亿年前发生的一次大爆炸形成。霍金是当代最著名的宇宙学家，他发展了黑洞理论。他指出，黑洞会发出辐射，其辐射的温度和黑洞质量成反比，黑洞会因为辐射的散发而慢慢变小，而温度却越变越高，最后就会发生大爆炸而形成宇宙。

霍金于1985年、2002年、2006年三次来中国，对老子的学说深为钦佩。

他在著名的《时间简史》中指出，他自己的宇宙生成理论与老子的"无中生有"的宇宙观，不仅在宇宙起源方面，而且在大爆炸发生前后的变化方面都非常相似。在大爆炸之前，霍金认为是"非空非有，也空也有"，而老子的描述是："有物混成，先天地生。寂兮寥兮，独立而不改，周行而不殆，可以为天下母。"霍金认为，老子的描述说明了大爆炸的刹那间，正负粒子的互变过程。

这里存在一个令人惊奇而又让人困惑不解的问题：为什么在2500年前，老子提出的宇宙论（道生论）与现代宇宙学家提出的学说高度相似（当然不是相同）。

这个问题的提出并不是人类文化史上的特例。

2400多年前，古希腊哲学家德谟克里特（前460—前370年）提出了原子论，他认为，世界的本原是原子和虚空；因为有虚空，原子才能够运动，从而形成自然界各种事物。

19世纪时，英国科学家道尔顿（1766—1844）应用科学方法证明了原子的存在，肯定了原子是各种物质的最基本的构成。

由此可见，古代哲学家的哲学思想有可能与现代科学发现高度吻合。合理的解释是：古代哲学家与现代科学家面对的是同一个自然，同一个世界。哲学家并不是凭空思考的，他们也要观察大量的事实而作出深思熟虑的哲学思考。现代科学家是要通过严格的实验、数学论证、科学定律而做出科学结论。因此，天才的哲学家与杰出的科学家有可能提出相似的理论。

中国哲学中的宇宙论，在老子提出道生论之后，又由宋代周敦颐提出太极论。周敦颐说：

> 无极而太极，太极动而生阳，动极而静，静而生阴，静极复动。一动一静，互有其根，分阴分阳，两仪立矣。阳变阴合，而生水火木金土。五气顺布，四时行焉。（《太极图说》）

道生论与太极论是中国哲学的宇宙论的精华部分。在未来的宇宙学研究中，道生论与太极论都会对现代宇宙学的研究有所启发和推动。中国哲学将继续在人类对宇宙起源的科学研究中发挥重要作用。

在宇宙论问题上，对于古代西方哲学的神创论，现代人应该怎样认识？笔者认为，神创论是基督教的传统信仰，至今全世界还有 20 多亿基督教的信徒。宇宙起源问题至今并没有在科学上得到完全阐明，也许永远无法得到完全阐明。对于这类"超越性"的问题，应该允许宗教信徒有自己的宗教性的理解与信仰。

因此，在宇宙起源问题上，应该以自然论的科学探索为主要努力方向，而同时也应允许有神创论的信仰的存在。

### （二）整体论与本质论的综合

回顾人类的文化发展史，应该承认，西方文化在科学方面的进展，远远超过东方文化。

西方科学的发达，固然与西方以工业与商业为主体的经济基础有关，工业与交通业、航海业对于科学的进步，比之农业，有更迫切的要求。而从古希腊开始的哲学思想对于科学进步也有重要影响。

前文已述，从古希腊的自然哲学家，到柏拉图和亚里士多德，都重视对客观世界的本质的研究。不论是泰勒斯提出的"水"，还是毕达哥拉斯提出的"数"、柏拉图提出的"理念"，都与客观世界的本质有关。特别是柏拉图的理念论（或相论），更是直接地指向客观事物的本质。

希腊化时期的物理学家阿基米德(前 287—前 212 年)提出浮力定律;文艺复兴时期波兰天文学家哥白尼提出"日心说";意大利物理学家伽利略提出自由落体定律;英国物理学家牛顿提出万有引力定律;英国生物学家达尔文提出进化论;等等。自然科学所探求的都是物质世界与生命世界的基本规律与本质问题。

可以认为,西方哲学的本体论对事物本质的重视,推动了西方科学的不断进步。

与西方哲学重视本质形成对比的是,中国哲学始终重视客观世界的整体问题。从《易经》的"阴阳"、"八卦"开始,老子的"道"、周敦颐的"太极"、张载的"气"、二程和朱熹的"理",都是指向客观世界的整体。探索世界的整体性是中国哲学自古以来的学术传统。中国哲学家并不深入探求各种具体事物或现象的本质。这是中国古代科学没有得到发展的重要原因(当然不是唯一原因)。

但是,对客观世界的整体性研究并不是不重要。20 世纪以来,西方科学界出现了许多以客观世界整体性与系统性为研究对象的新的科学理论,主要有:

1. 系统论:20 世纪 30—40 年代,奥地利理论生物学家贝塔朗菲(Ludwig Von Bertalanffy,1901—1972)提出一般系统论。其主要原理是:整体的功能大于各要素功能之和。

2. 信息论:1949 年美国数学家香农(Claude Elwood Shannon ,1916—2001)提出信息论,指出信息在客观系统运行中的重要性,以及信息的计量、传递、交换、存储等规律。

3. 控制论:1948 年美国数学家维纳(Norbert Wiener,1894—1964)创立了控制论。控制论主要研究系统的反馈与控制机制、系统的稳定性与最优化问题。

4. 耗散结构论:比利时物理学家普里高津(1917—1977)创建了耗散结构论。它主要阐明系统从无序走向有序的机制。

5. 协同论：德国物理学家哈肯（1927—）创建了协同论。它主要研究大系统之中各子系统的协调问题。

以上关于客观世界整体性或系统性的科学理论对 20 世纪以来人类的科学进步发挥了巨大作用。可以认为，现代人类最重要的科学成就，如核能利用、太空探索、生态系统、人工智能等方面的成就，都与这些整体性科学理论的贡献有直接关系。

但是，客观世界的整体性与系统性问题并没有在西方哲学中得到足够的关注。因此，中国古代哲学本体论的整体性与系统性思想值得我们充分的重视。

笔者认为，在未来哲学的发展中，应当将西方哲学的本质论与中国哲学的整体论密切地结合起来，形成一种更完整的本体论思想。

2002 年笔者写出《综合哲学随笔》一书，得到国内老中青读者的广泛欢迎，连续两次再版。笔者在书中提出"综合哲学"的理念。综合哲学覆盖本体论、认识论、政治哲学、人性哲学、历史哲学多个层面。

从本体论来讲，综合哲学的基本理念是：世界大至宇宙、社会，小至原子、家庭都是"综合体"。所谓综合体，就是由不同组分构成的协调的整体，是"和而不同"的整体。

笔者认为，综合体的理念能够解释各种自然与社会现象，它也有利于世界和社会的和谐、有序与进步。

综合体的理念在本体论上，就是西方哲学的本质论与中国哲学的整体论的综合。

这种新的本体论将推动多学科的综合性发展，推动各种自然科学与社会科学的进步。

农学是整体性与系统性很强的学科。笔者多年从事农业系统学的研究，深切地体会到农业科学的进步，既需要农业各专门学科（育种学、栽培学、植物保护学、土壤肥料学、畜牧兽医学等）的深入发展，也需要对农业系统进行整体性与系统性的研究，包括应用农业模型的方法。

笔者相信,医学、生物学、化学、物理学等各种自然科学,都需要专业研究与系统研究的完整结合,社会科学也是这样,这将为未来的科学发展开辟新的光明的前景。

### (三)人本论的发扬光大

在中国春秋时期,孔子就明确地提出人本论:"人能弘道,非道弘人。"他指出,在人与世界的关系中,人是占主导地位的。孔子的人本论思想得到孟子、董仲舒、韩愈等后代哲学家的继承。

欧洲在古希腊时期,曾经有过人本论思想,如普罗泰哥拉提出:"人是万物的尺度。"但是他的思想并不是主流。从古希腊时期到15—16世纪的文艺复兴时期的两千多年中,神本论始终是主流思想,包括最伟大的哲学家柏拉图和亚里士多德,都认为一切以神(上帝)的意志为主导。文艺复兴和启蒙运动之后,人本论才在西方世界得到发扬。中国哲学的人本论思想远比西方哲学出现得早,这个历史事实应让中国人引以为荣。

在中国历史上,人本论主要体现于民本论。中国几个强盛而繁荣的朝代,如汉、唐、宋、明、清的前期,君王都比较关注民生,人民生活相对安定。这是中国能维持两千多年的统一与稳定的重要原因之一。

民本论问题在本书第八章中会展开论述。

在西方,文艺复兴和启蒙运动之后,人本论引导着近现代文明取得重大进步。

但是,不论在中国或在西方,人本论的推行并不是一帆风顺的。在中国,人本论受到专制主义的不断干扰。在西方,人本论受到神权论、殖民主义、帝国主义等的干扰,当前还受到恐怖主义的干扰。

因此,当我们探讨中西哲学的综合时,应期望人本论在全世界持续得到发扬光大。

人本论是现代社会各种共同价值的出发点。笔者在《善哲学与共同价值》一书中列出 12 个现代社会的共同价值：人本、仁爱、自由、理性（科学）、民主、法治、平等、人权、宪政、正义（公正）、和谐、幸福。

笔者将"人本"列为现代社会的共同价值之首，就表明笔者的观点：人本是其他各个价值观的基础性价值。

当代人本论的含义是：人类一切文明（政治、经济、文化、科学等）都应以人类的幸福为主要目的。

在 20 世纪，曾经有过严重背离人本论的历史事实：

德、意、日等国奉行以民族利益或本国利益为本的军国主义，结果导致世界大战；

苏联和新中国前 28 年中，以阶级斗争为本（为纲），结果导致国民经济的倒退和无数的冤假错案；

改革开放后的中国，某些地方以 GDP 为本，结果导致环境的严重破坏，人民与政府矛盾的加剧；

当前某些大国的强权政治，以本国利益与大国地位为本，结果导致多次局部战争与大量的人员伤亡。

因此，今天特别需要在世界范围内将人本论的思想发扬光大，使人本论的思想深入人心，以实现世界的和平、安宁、繁荣，实现全世界广大人民的长远幸福。

现代社会对于神本论应该怎样认识？

笔者认为，神本论是一种宗教性的信仰。至今全世界还有 80％的人是宗教信仰者。各种宗教的教义都是要求"爱人"的。基督教的教义是"爱人如己"；伊斯兰教的教义是"信主行善"，"行善"就是要"热爱大众"；佛教的教义是"普度众生"。从本质上来说，神本论与人本论是一致的，都以人民的利益为重。

因此，人本论与神本论在"以人民利益为重"的基础上，是可以有所综合的。人本论与神本论的综合有利于无神论者与宗教信仰者的和谐,有利于各种宗教的和谐,因此有利于世界的和谐。

### (四)中西哲学对心物(精神与物质)关系论述的综合

物质与精神的关系(相当于中国哲学中的心物关系)是西方哲学的重要内容。明确提出心物二元关系的哲学家是18世纪法国哲学家笛卡尔。

在世界万物的形成与运行中,究竟是物质因素还是精神因素起主导作用? 这是西方哲学长期争论的问题(见前文)。

19世纪德国哲学家马克思对于这个问题提出了较为完整的回答(见前文)。马克思的大意是:在人类世界中,万物都是主体通过实践与客体结合而形成的。一般来说,客体就是物质因素,主体的实践就是人的精神因素;因此,世界的形成与运行是精神与物质二者共同作用的结果。

二程与朱熹提出了"理"。所谓"理"是指世界运行的内在机理,它是以物质因素为主的。由于"理"包含着人对世界的理解,因此也具有一定的精神因素。可以认为,"理"是物质与精神因素的综合。

在中国古代哲学家中,明确提出"心"的作用的是南宋的陆九渊(1139—1193)和明代的王阳明(1472—1528)。

陆九渊说:"宇宙便是吾心,吾心即是宇宙。""人皆有是心,心皆具是理。心即理也。"(《陆九渊集》)

王阳明说:"心即理也。天下又有心外之物,心外之理乎?""心即理也,此心无私欲之蔽,即是天理。"(《传习录》)

他们的学说,被称为"心学"。

笔者认为,"心学"既有本体论的含意,也有认识论的含意。

从认识论来说,"宇宙便是吾心"、"心即理也"并没有错。因为人类对宇宙的认识,只能来自人类大脑(心)的认识能力。

从本体论来说,对于自然世界,不能认为"宇宙便是吾心"。心是人类的心,在人类出现之前,宇宙早已存在。而在人类世界(包括陆、王所讨论的伦理世界),人心或精神因素确实起主导性的作用,因此他们提出的"心即理也"是基本正确的。

王阳明以"行孝"为例,指出这是伦理道德问题,一个人是否能履行对父母的孝,取决于他本人的内心(精神因素)。

王阳明并不是只看到"心"的意义,而没有看到"物"的意义。

《大学》中有一句重要的话:"欲修其身者,先正其心,欲正其心者,先诚其意,欲诚其意者,先致其知,致知在格物。"

王阳明对此的解释是:"意之所在便是物。""意之所用必有其物。"(《王阳明全集》)

这些话明确地表明,王阳明的学说是"心物同一"或"心与物的结合"。

王阳明生活于15—16世纪,马克思生活于19世纪。他们先后在中国与西方提出精神(心)与物质(物)结合的观点。

这就是中西哲学在心物关系问题上的综合。王阳明和马克思的观点是正确的。在人类世界(王阳明更重视伦理世界)中,心(精神)与物(物质)是共同起作用的。人类世界的万物是精神(心)与物质(物)共同创造的,其中,精神因素又是主导的。

心物关系(或精神与物质的关系)并不只是一个理论问题,它有着重要的实践意义。

新中国成立之初,出现过两方面大的偏差,都与这个问题有关。一种偏差是:盲目地提出"人的因素第一",宣传"只要想得到,就能做得到",否定必要的物质条件与经济基础。另一种偏差是:长期批评唯心论,不重视人的精神因素,不重视知识与知识分子的作用。十年"文革"让中国遭受巨大损害。

改革开放以来,虽然情况有较大改善,但是,由于过度重视物质因素和经济建设,忽视精神因素与精神文明的建设,导致社会性的道德低落,官员腐败问题相当严重,市场上充塞伪劣商品。

西方世界亦重视物质因素与经济发展，而对精神因素与社会和谐重视不足。即使在美国、西欧等发达国家，贫富差距问题依然很严重，甚至导致 2008 年的全球性金融危机与债务危机。

因此，从全世界来看，正确地、完整地理解心物关系，理解物质与精神的关系，是一个值得各国关注的共同性问题。

王阳明的"心物同一"思想和马克思的"主客观统一"的思想，应该是中西哲学在心物关系问题上综合的基本构架。

### （五）中西哲学关于天人关系论述的综合

天人关系是中国哲学中的重要问题；在中国哲学中，主导性的思想是天人合一。

西方哲学中关于天人关系（自然与人的关系）的探讨不多。值得提到的是以下几位哲学家的思想。

培根是 16—17 世纪时英国非常重要的哲学家。马克思称他是"现代实验科学的真正始祖"。（《马克思恩格斯全集》第二卷）

他的著名格言是："知识就是力量。"

他还说："人的知识和人的力量是合一的，因为人不知道原因，就不能造出结果。要命令自然就必须服从自然。"（《新工具》）

马克思的哲学思想也与这个问题有关。他说："动物只生产自己，而人在生产整个自然界。动物只是按照他所属的那个种的尺度和需要来建造，而人懂得处处都把内在的尺度运用于对象。"（《1844 年经济学哲学手稿》）

马克思认为，自然界是人类所生产的；人类根据自然界本身的规律（内在尺度）来改造自然界。

他们两位的思想基本上能代表西方哲学家与科学家对于人与自然关系的观点，即人类必须不断地认识自然、改造自然。我们必须指出：这是人与动物的本质性区别。

到 20 世纪，德国哲学家海德格尔提出了与中国的天人合一论十分类似的学说："四方"结构论。什么是"四方"？他指的是：天、地、神、人。

海德格尔的"四方"结构论与老子的思想相当类似。老子提出的是道、天、地、人的四方关系。

如果综合中国哲学与西方哲学关于天人关系的学说，我们可以得到以下几个认识：

1. 必须坚持人与自然之间既有"两分"的关系，也有"合一"的关系。作为现代中国人不能只维护天人合一的理念，而否定天人两分的理念。

天人两分的理念，中国古代的荀子、柳宗元、刘禹锡等哲学家或文学家早就提出。西方哲学家，以培根和马克思为代表，也强调了人类与动物的本质性区别在于人类能认识自然、改造自然；这也是天人两分的理念。

人类自欧洲启蒙运动以来，在科学方面取得巨大进步，人类的生活得到极大的改善，都得益于人类在不断认识自然的基础上对自然的改造。

今天，人类改造自然的任务还远远不能满足人类的需要。例如：人类还有许多疾病，如癌症、老年痴呆症、糖尿病、心血管病、耳聋症、失明症等，都还没有攻克；随着人类总人口的不断增加，农业科学怎样在农产品产量和质量上不断满足人民的需求，也还是非常严峻的任务；在基础科学领域，如物理学、化学、生物学、天文学、心理学等方面，人类还有极大的未知的领域。

因此，在这样的情况下，我们还必须继续强调天人两分，强调人类对自然的不断认识与改造。

2. 与此同时，我们也应该充分地认识中国古代哲学中天人合一思想的明智性与远见性。

人类,特别是自16—17世纪的工业革命以来的几百年中,已经给自然界造成了严重的干扰与破坏。主要表现在:①大气、土壤、河流等环境资源的严重污染;②动植物资源的不断灭绝;③由于二氧化碳等导致温室效应的气体的过度排放,造成全球性气候变暖,成为人类生存的严重威胁。

因此,今天必须重视人与自然和谐相处的哲学与科学思想。要严格控制人类的各种活动(经济发展、城乡布局以及日常生活等)对大自然的破坏,维护地球生态平衡,以保证人类与自然的持续发展。

在这个问题上,将老子的"道、天、地、人"和海德格尔的"天、地、神、人"两种思想综合起来,形成自然与人统一的哲学思想,是有利于人类的持续发展的。

至于孟子提出的人性观的天人合一("存心,养性,知天")和张载提出的人生观的天人合一("民吾同胞,物吾与也"),应该承认,两者都是将宇宙观、伦理学与人生观结合起来的高水平的哲学思想。笔者认为,这些精神财富都值得在中国和世界范围内加以普及,让更多人受到中国古代智慧的教益。


四、本章小结

根据前文所述中西哲学的宇宙论与本体论的比较与综合,可以简要地做出如下归纳:

(一)从人类的理性来思考,中国哲学以自然论(道生论)为主体的宇宙论明显地优越于西方文明以神创论为主体的宇宙论。老子提出的道生论达到了古代宇宙论的最高水平。他的学说,即使在今天,依然得到国际物理学家和宇宙学家的高度重视。

(二)孔子提出的人本论,比西方人本论要早两千多年,并且后来得到孟子、荀子、韩愈、朱熹等儒家重要哲学家的继承与发展,成为中国一以贯之的主流性思想。这是中国在本体论上对世界哲学的重要贡献。西方在文艺复兴和启蒙运动之后，人本论得到广泛承认，对西方世界的进步发挥了重大作用。

（三）中国哲学的整体论和西方哲学的本质论，都是人类关于自然或世界的本体论的重要理论。西方的本质论开启了科学的大门，为近现代以来的科学发展做出非常重要的贡献。中国的整体论既包括对于自然与世界的整体与系统思维，也包括对于大自然"刚健日新，自强不息"的整体精神，已经并将继续推动人类的不断进步。

本质思维与整体思维的综合，就是专业研究与系统研究的综合，将为未来的科学发展开辟更光明的前景。

（四）心物关系，或精神与物质的关系，是本体论的重要内容。马克思关于主体与客体统一的理论，王阳明的"心物同一"的理论，是关于心物关系的合理的理解，他们的理论将指导人类不断地创新与进步。

（五）天人关系，或人与自然的关系，是本体论的重要问题。综合中国与西方哲学，可以认为，既要坚持天人两分的思想，以通过自然科学的进步为人类创造更多的幸福；同时也要坚持天人合一的思想，以实现人与自然的和谐相处，实现人类与环境的持续发展。

## 第六章　中西认识论的比较与综合

## 一、认识论概述

认识论的英文是" Epistemology",是关于认识的学问。

不论是西方哲学,还是中国哲学,所研究的都是人与世界的关系(包括人与人的关系)。认识论所讨论的问题就是:人对于世界的认识与实践。因此,认识论是哲学中非常重要的部分。

可以认为,在西方哲学中,认识论是哲学的核心部分。特别是近代以来,西方哲学出现"认识论转向",也就是从本体论的探讨转向认识论的探讨。即使到现在,认识论探讨依然是西方哲学的重点问题。

中国哲学的核心是道德或伦理问题,但是对认识论也是很重视的。

哲学中的认识论主要讨论以下问题:

1. 认识的目的是什么?（认识目的问题）

2. 人能够认识世界吗?（认识限度问题）

3. 人怎样认识世界?（认识方法问题）

4. 认识与实践的关系。（知行问题）

5. 认识与语言的关系。（表达问题）

从中西哲学的比较和综合的角度讲，本章主要讨论认识目的与认识方法问题。


## 二、中西认识论的比较

西方与中国的认识论有以下一些重要的区别：

### (一)求知与为人

西方哲学的认识论主要讨论认识方法问题，重点不在于认识的目的与动力问题。然而，如果与中国哲学相比较，不能不考虑认识的目的与动力。

1. 西方哲学中认识的主要目的："求知"

西方哲学中，认识的主要目的是认识客观世界，认识客观事物；认识的动力来自人的好奇心，也来自人改变自然，让自然为人所用的目的。概括地说，西方哲学中，认识的目的就是求知。

从西方哲学家、科学家的思想和事迹中，可以对于他们探求真理或科学的目的与动力有所理解。

(1)求知是人类的本性。亚里士多德的《形而上学》第一句话就是："求知是人类的本性。"

(2)求知是为寻求真理，使人幸福、改进人性。培根(1561—1626)是西方哲学中经验论的开创性人物，也是西方实验科学之父。他在他的著名散文《论求知》中说："懂得事物因果的人是幸福的。""求知的目的不是为了吹嘘炫耀，而应该是为了寻找真理，启迪智慧。""求知可以改进人和天性。""读史使人明智，读诗使人聪慧，演算使人精密，哲理使人深刻，伦理学使人有修养，逻辑修辞使人善辩。总之，知识能塑造人的性格。"

从培根的观点中,我们可以看到,西方哲学家认为,人的求知有三个主要目的:一是为了快乐;二是寻找真理;三是改进人性,增长才干。

(3)科学家的好奇心。许多世界级的科学家,他们探索科学,是从好奇心开始的。

A. 伟大的化学家罗蒙诺索夫出生在一个渔民家庭,从小随父亲到海上打鱼。他对海上发生的所有自然现象都感兴趣。他总是要问他父亲许多问题:"为什么夏季傍晚海面会出现光亮的水纹?""为什么冬夜天空会出现绚丽的北极光?""为什么海水每天两起两落?"

B. 爱因斯坦说:"我们思想的发展在某种意义上常常来源于好奇心。"

(4)科学家探索真理的信心和决心。近代最伟大的物理学家牛顿说过:"真理的大海,让未发现的一切事物躺卧在我的眼前,任我去探寻。"

20世纪最伟大的物理学家爱因斯坦说:"探索真理比占有真理更为可贵。""追求客观真理和知识是人的最高和永恒的目标。""科学是永无止境的,它是一个永恒之谜。"(《爱因斯坦全集》)

(5)科学家对人类、对祖国的责任心。爱因斯坦说:"一个人对社会的价值,首先取决于他的感情、思想和行动对增进人类利益有多大作用。"

居里夫人一生的贡献与其品格是科学家的典范。她的主要科学成就是发现了镭。镭提炼成功以后,有人劝他们夫妻向政府申请专利权,因为垄断镭的制造是可以发大财的。而她说:"那是违背科学精神的,科学家的研究成果应该公开发表。别人要研制,不应受到任何限制。""何况镭是对病人有好处的,我们不应当借此来谋利。"(《居里夫人传》)

2. 中国哲学中认识的主要目的:"为人"

中国哲学的经典著作中,直接关于"认识"的论述是很少的,而关于"学"的论述非常多。

应该承认，"学"（学习）是认识的一个重要方法。事实上，每个人对于世界的认识，绝大部分是来自于学习。

在中国哲学中，认识世界的重要方法就是学习经典著作。而经典中的内容，主要是古代历史、古代哲学、古代诗歌、古代礼仪等。

关于学习（认识）的目的和动力，《论语》在这方面有比较多的论述，例如：

①子夏曰："事父母，能竭其力；事君，能致其身；与朋友交，言而有信。虽曰未学，吾必谓之学矣。"（《论语·学而篇》）

意思是：一个对父母能孝、对君王能忠、对朋友有信的人，虽然没有学习，也可以认为学习过了。

可见，子夏的意见是：学习的目的和动力就是做到对父母孝、对君王忠、对朋友有信。

② 子曰："君子学道则爱人。"（《论语·阳货篇》）

孔子的意思是：君子学习礼乐之道，是为了关爱大众。

③子曰："好仁不好学，其蔽也愚；好知不好学，其蔽也荡；好信不好学，其蔽也贼；好直不好学，其蔽也绞；好勇不好学，其蔽也乱；好刚不好学，其蔽也狂。"（《论语·阳货篇》）

孔子对学习目的和动力作了较全面的阐述，其总的意思是：人如果不学习，就会变得愚蠢、做事放荡、受人伤害、制造祸乱、行动狂妄。

④子夏曰："仕而优则学；学而优则仕。"（《论语·子张篇》）

意思是：官当好了就应学习；学习好了就应当官。

从《论语》中这些论述来看，中国传统哲学认为，人们学习（认识）的目的和动力，基本上是：①提高自己的道德修养；②做一个聪明的人、正直的人；③做一个对父母尽孝、对君王尽忠、对朋友有信的人；④通晓事理，不犯过错；⑤可以担任为民众尽责的公职。

西方哲学中认识的主要目的是"求知"，中国哲学中认识的主要目的是"为人"。这是中西哲学在认识目的上的基本区别。当然,西方哲学中包括道德哲学、人生哲学,在这些领域,西方哲学也要探讨"为人"的问题。而中国哲学在宇宙论、本体论、知识论领域,也要讨论"求知"的问题。

### (二)分析与综合

在认识方法上,西方哲学主要采用分析的方法,中国哲学基本上是采用综合的方法。

**1. 西方哲学的分析方法**

所谓分析方法,主要指两个方面:一是"单因分析",即寻求客观事物变化的单一原因;二是"逻辑分析",主要包括"形式逻辑"和"逻辑推理"的方法。

**(1)单因分析**

泰勒斯提出:万物的本原是"水"。阿那克西美尼提出:万物的本原是"气"。赫拉克利特提出:万物的本原是"火"。毕达哥拉斯提出:世界万物都是"数"所构成。巴门尼德提出:世界的本原是不变的"存在"。赫拉克利特还提出:世界变化的规则是"逻各斯"。柏拉图提出"理念论"。亚里士多德提出"实体论"。

可以看出,古希腊哲学家基本上都是在寻求世界的某一单一本原:水、气、火、数、逻各斯、理念或实体。

也有哲学家提出世界的多因素,如恩培多克勒提出,世界由四种元素组成,即火、土、水、气。亚里士多德提出五元素学说,即火、气、水、土和"以太"。四元素或五元素学说基本上属于宇宙论或世界观,而不是认识论。从认识论来说,古希腊与中世纪哲学家还是肯定柏拉图的"理念"或亚里士多德的"实体"的单因分析。

有的哲学书上认为,柏拉图的"理念论"是二元论思想,因为柏拉图将世界分为理念世界与可感世界。笔者认为,柏拉图的理念世界和可感世界并不是一对并重的组合。柏拉图的观点是：可感世界是生生灭灭、变动不定的；而理念世界是绝对的、永恒的。客观世界是由理念世界所组成，而不是由可感世界所组成。理念是世界组成的本质性因素。因此柏拉图的思想基本上是一元论的。

西方哲学发展史中有过多次争论，其实质都在于一个问题：哪一个因素是客观世界的主导性因素？

例如欧洲中世纪的唯名论与唯实论之争，其实质是在问：个体与共相，哪一个是客观存在的？

西方近代的唯物论与唯心论之争，其实质是讨论：物质与精神，哪一个是客观世界的主导性或决定性的因素？

这就是西方哲学的单因分析。

(2)逻辑分析

逻辑分析包括形式逻辑与逻辑推理两种方法。

①形式逻辑

西方哲学中有辩证法与形式逻辑的分歧。1949年之后，受到苏联哲学的影响，中国哲学界将此分歧称为辩证法与形而上学之争。

这个提法颇为不妥，是概念的混淆。形而上学在西方哲学中指的就是本体论。亚里士多德的名著，书名就是《形而上学》。亚里士多德称之为第一哲学，它所论述的内容就是本体论。

辩证法是属于认识论范畴的一种认识方法，与形而上学并不构成对立面。

与辩证法(或辩证逻辑)构成对立面的是形式逻辑。形式逻辑是古希腊的亚里士多德创建的。形式逻辑对于客观事物的认识，首先要求对每个概念都有明确的定义。

形式逻辑的基本规则有四条：

Ⅰ 同一律：A 就是 A。

Ⅱ 不矛盾律：A 不是"非 A"。

Ⅲ　排中律:是 A 或是"非 A",二者只能取一。

Ⅳ　充足理由律:如果 B,则 A。

必须承认,形式逻辑是人类认识世界的基本方法。人类后来的各种科学的发展都得益于形式逻辑。在人们的日常生活与谈话中,也主要是应用形式逻辑。

19—20 世纪以来,西方哲学在形式逻辑基础上发展出数理逻辑与分析哲学,将形式逻辑提升到数理化的高度。数理逻辑主要应用于逻辑学、数学、计算机科学等领域。而在各种科学中被最广泛地应用的,还是形式逻辑。

②逻辑推理

逻辑推理的思维方法是从笛卡尔开始的,他提出

得到可以确信的知识,有以下四条规则:

第一条是,凡是我没有明确地认识到的东西,我绝不把它当成真的接受。……

第二条是,把我们所审查的每一个难题按照可能和必要的程度分成若干部分,以便一一妥为解决。

第三条是,按次序进行我的思考,从最简单、最容易认识的对象开始,一点一点逐步上升,直到认识最复杂的对象;就连那些本来没有先后关系的东西,也给它们设定一个次序。

最后一条是,在任何情况下,都要尽量全面地考察,尽量普遍地复查,做到确信毫无遗漏。(《谈谈方法》)

这四条规则,就是笛卡尔提出的逻辑推理的思维方法。

第一条说的是理性主义的真理的标准。就是要求清楚明白地呈现在"我"心中,使"我"无法怀疑。

第二条是分析的方法,将复杂事物分解成简单事物。

第三条是推理的方法,使问题从简单到复杂,有次序地一步步向

前推进。

第四条是让推理所得的明白无疑的知识，再用尽可能多的事实来验证。实际上是在推理基础上的归纳方法。

笛卡尔的逻辑推理方法对于后来三百多年的各种科学研究有极为深远的影响。可以认为，全部现代科学的发展都建立在逻辑推理的方法之上。

2. 中国哲学的综合方法：二元结构与多元结构

中国哲学的认识方法主要体现"综合"的特色，表现在二元结构或多元结构上，而以二元结构为主。

自古至今的中国哲学都明确地表达了二元结构的思维方法。有时也提出三元或多元结构，而二元结构始终是基本的。

中国最早的哲学书——《易经》就是一本充分体现"综合"方法的书。

阴阳二爻是《易经》最基本的组成单元。《易传》的解释是："一阴一阳之谓道。"（《易传·系辞上》）

"道"是世界的本体，而"道"就是由阴和阳两者所组成的。在中国哲学中，阴阳的概念代表着世界万物中普遍存在的二元结构。

老子的"有无相生，难易相成，长短相形，高下相倾，音声相和，前后相随"指的都是事物的二元结构。

二元结构的方法在中国哲学的发展中，发挥着主导性作用。中国哲学中的一系列理念，如最早由老子、庄子提出的"天人合一"，孟子提出"仁义结合"，宋代理学家提出的"理气统一"、"体用合一"，王阳明提出的"心物同一"、"知行合一"等学说，都体现着二元结构的思想。

在中国哲学中，除二元结构外，还有三元结构与多元结构的思想。

《易经》中三个爻组成一个卦。《易传》的解释是：三个爻代表"天、地、人"三才。

《易经》中由三个爻组成"八卦"；而两个卦的组合，组成六十四个

"重卦"。世界各种现象都可以由这六十四卦来解释。这就是世界的多元结构。

可以认为，综合方法是中国哲学认识论的最大特点，而综合方法（以二元结构为主）又被现代科学证明是正确的认识方法。

### 3. 中西哲学中的辩证法

与形式逻辑方法相对应的认识方法是辩证法。辩证法在西方哲学中的历史源远流长，可以认为，辩证法是从赫拉克利特（前535—前475年）开始的，他强调事物的变化。

在中国，辩证法是从老子开始的，老子的生卒年份不详，他与孔子是同时代人，比孔子年长，而孔子的生卒年份是公元前551—前479年。因此老子比赫拉克利特更早。

辩证法与形式逻辑是两种不同的思维方法。

在辩证法中，概念往往没有明确的定义。辩证法也不遵循形式逻辑的四条规则。

形式逻辑一般从事物的静态来观察世界；辩证法一般从事物的动态来观察世界。形式逻辑观察世界时，是孤立地观察某一个事物或某一运动的变化；辩证法是在复杂环境中观察世界，有多因素的参与。

应该承认，辩证法是一种人类认识世界的重要方法，但不是主要方法。各种科学（自然科学与社会科学）的进步，主要是依靠分析方法（形式逻辑与逻辑推理）与综合方法，而不是依靠辩证法。

可以设想，如果牛顿不是对引力、加速度、质量等物理学概念有明确的定义，如果他在观察引力与质量和加速度的关系中，不排除外界阻力等因素，他就不可能发现力学三大定律。也就是说，牛顿发现力学三大定律，是运用了逻辑分析方法，而不是应用辩证法。

值得注意的是，中国哲学与西方哲学中的辩证法，两者并不相同。

西方哲学的辩证法更强调事物内部矛盾双方的斗争或扬弃。

西方近代哲学中，对于辩证法做出最大贡献的是黑格尔。他的

《逻辑学》一书，全面地阐述了辩证法。

黑格尔在他的《逻辑学》中有一句重要的话："肯定的东西和否定的东西是设定起来的矛盾……两者中的每一个东西都是它的他物和他自身的扬弃。"（《逻辑学》）

马克思、恩格斯与列宁，对于辩证法是积极肯定的，并有所发挥。

列宁在《谈谈辩证法问题》中说："对立面的统一（一致、同一、均势）是有条件的、暂时的、易逝的、相对的。相互排斥的对立面的斗争则是绝对的。正如发展、运动是绝对的一样。"

中国传统哲学中辩证法更强调事物内部对立面之间的协调、互补与统一。

老子思想中处处可以见到辩证法。前文提到，他说："有无相生，难易相成，长短相形，高下相倾，音声相和，前后相随。"（《老子·二章》）

这里所讲的相生、相成、相形、相倾、相和、相随，都有互相协调、和谐共处的含义。老子并没有提到对立面之间的斗争或扬弃。

明末著名哲学家方以智说："交也者，合二而一也。"（《东西均》）

其实，"合二而一"的理念，正是中国哲学中辩证法的要义。

因此，在辩证法中，也存在着西方哲学强调"分析"、中国哲学强调"综合"的区别。

总之，中国哲学的综合思维是非常可贵的，今天我们仍然应当坚持运用这种认识方法。同时，也应当承认，中国哲学在分析思维（特别是逻辑推理）方面是弱于西方哲学的；这个弱点直接影响中国文明，导致科学的发展明显地落后于西方文明。

合理的认识方法应该是分析方法与综合方法的综合。

**（三）机理与经验**

中西哲学在认识论上的另一个重要区别是：中国哲学重经验；西

方哲学重机理。

经验与机理是认识世界的两种基本方法。

在康德之前，西方哲学界在认识论上存在两个学派，一是英国的经验论，二是欧洲大陆的唯理论。

经验论者认为知识全都来自经验。英国的培根是经验论的主要代表，他说："一切对自然的解释都是从感觉开始的。"(《新工具》)因此，他提倡实验方法的应用。

洛克是另一位有重大影响的经验论哲学家，他说："我们底一切知识都是建立在经验上的。"(《人类理解论》)

唯理论的主要代表是法国的笛卡尔。他的名言是："我思故我在。"(《谈谈方法》)。这句话的含意是：因为我在思考，才证明我是存在的。他说："除了清楚明白地呈现在我心里，使我根本无法怀疑的东西以外，不要多放一点别的东西到我的判断里。"(同上)

笛卡尔的认识论的要点是：只有依靠人的理性思考与逻辑推理，才能认识客观世界。

对于上述两种观点，人们都有所批评。唯理论者认为符合理性的知识就一定是真理，而不重视客观经验；人们批评它是"独断论"。至于经验论，人们批评它是"怀疑论"。经验论者休谟公开声明自己是怀疑论者。他认为人们所谓的因果性只是一种习惯性的联想，并没有必然的因果联系。

于是，人们提出了一个问题：科学知识究竟是否可能建立？它是怎样建立的？

康德提出"先天综合判断"，将经验论和唯理论两者结合了起来，又对独断论和怀疑论做出了回答。康德认为，知识有两个来源，一是来自经验，一是来自先天。他讲的"先天"是指：人天生就有的理性思维能力。

可以认为，康德基本上解释了人类知识的来源：经验和理性的结合。人类对客观世界所提出的各种理论都是在经验基础之上的理性归纳。

如果我们考察西方与中国文化的区别，会发现：西方的理论和中国的理论不完全一样。西方提出的是机理性的理论；机理性的理论就是科学。中国提出的是经验性的理论；经验性的理论还未能达到科学的水平。笔者认为，可以称之为准科学。

1. 机理性理论（科学）

西方哲学寻求客观事物的本质，运用实验与逻辑分析的方法，发展出各种科学。

古代西方文明中达到科学水平的主要成果，都出现在希腊化时期：一是欧几里得的几何学；二是阿基米德的杠杆原理和浮力定律。欧氏几何学以它严密的逻辑推理而著称；阿基米德开创了用非常简明的数学公式表达物理学规律的道路。

文艺复兴之后，标准近代科学开始的重要人物，一是波兰天文学家哥白尼，他通过长期的天文观测和理性思维提出"日心说"；二是意大利物理学家伽利略，他通过科学实验和数学的结合提出自由落体定律。

英国物理学家牛顿的力学三大定律和万有引力定律的提出，奠定了现代科学的基础。

这几位科学开创人所采用的共同方法是：①科学实验；②数学方法；③机理分析。

后来的自然科学的发展，都是沿着这条道路而获得巨大进步。

从认识方法来说，科学家们首先是依靠科学实验取得特定的经验数据，然后依靠逻辑推理寻求客观事物运动的内在机理，最后用数学定律的形式表达出来。

这就是西方哲学所引导的，通过实验数据和逻辑推理提出机理性理论（科学）的道路。

2. 经验性理论（准科学）

中国的情况有所不同。古代中国在农学与医学方面都有很高的成就。

农学方面有多本名著，根据《中国农学书录》记载，中国古农书有542种，其中著名的有秦代的《吕氏春秋》、西汉的《氾胜之书》、北魏的《齐民要术》、南宋的《陈旉农书》、明代的《农政全书》等。

《齐民要术》共92篇，11万字，总结了黄河流域丰富的农业经验。在种植业方面，包括谷类作物、纤维作物、饲料作物、蔬菜、果树、树木等；在养殖业方面，包括家禽、家畜、蚕桑、鱼类等；在产品加工方面，包括农产品、蔬菜、果品、畜产品的加工等。

虽然中国古代农书没有涉及现代农业科学中的农业气象学、土壤学、植物生理学、遗传学等科学理论，但是它们在农业经验方面有非常详尽的总结，对于推动中国古代的农业发展发挥了重要作用。

在医学方面，中国古代著名的医书有先秦的《神农本草经》、《黄帝内经》，汉代张仲景的《伤寒杂病论》，唐代孙思邈的《千金方》，明代王叔和的《脉经》、皇甫谧的《针灸甲乙经》、李时珍的《本草纲目》等。

《黄帝内经》是中国古代一部十分著名的经典著作，它被誉为中国的三大奇书之一（另两部为《易经》与《道德经》）。唐代鉴真和尚东渡日本时带去此书，使它被供奉为日本的国宝。它不只是一本医书，它还将哲学、医学、养生学、地理学、天文学、气象学、心理学等学科融为一体。

《黄帝内经》主要不是一本治病的书，而是探究长寿之法的书。这是中国医学与西方医学的基本区别。西方医学以治病为目的，中国医学以保证人的健康长寿为目的。

对于疾病的理解，中国医学也有自己的特点。现举《黄帝内经》中《素问》里的一段为例：

因于寒,欲如运枢,起居如惊,神气乃浮。

因于暑汗,烦则喘喝,静则多言。体若燔炭,汗出而散。

因于湿,首如裹。湿热不攘,大筋緛短,小筋驰长。緛短为拘,驰长为痿。

因于气,为肿。四维相代,阳气乃竭。

其大意是:人感受了寒气,像门户开启,起居不安,精神浮躁;人感受了暑气,会口渴多汗而发热;人感受到湿气,会筋脉不顺,手足无力;人感受到风邪,会四肢交替肿疼。

从这里可以看出,中国医学对于疾病的理解,主要不是从病原体(细菌、病毒等)来考虑,而更多地从外界环境和人的心理、精神因素来考虑。这正是西方医学考虑较少的方面。

我们不能认为中国农学与医学是没有理论的。特别是中国医学,它是以"阴阳五行"理论为依托的。中国医学具有严密的理论架构。

我们只能说,中国农学与医学的理论与西方农业科学与医学科学的理论不是同一个体系。中国农学与医学的理论是经验性、整体性、综合性的理论体系,而西方农业科学与医学科学的理论是机理性、本质性、分析性的理论体系。

这两种理论体系各有长处与短处;合理的方法应该是将两者的长处综合起来,形成更高级的理论体系。这个问题将在下一节中讨论。

### (四)理性与直觉

人类对世界的认识,有理性方法与非理性方法(主要是直觉方法)之分。

所谓理性方法,指的是人首先对事物有感觉或感性认识,人将感性认识加以汇总与分析,通过理性思维和逻辑推理,寻求出事物的共相、本质与内在机理,实现对事物的理性认识。理性方法是各种科学(自然科学、社会科学)的共同方法。可以认为,没有一种科学不是建立在理性方法之上。

在西方哲学中，古希腊的自然哲学家们，提出水、火、逻各斯、数等为世界的本原，而柏拉图提出"理念论"、亚里士多德提出"实体论"，这些理论是理性方法的开始。

希腊化时期，欧几里得的几何学、阿基米德的浮力定律，都来自理性方法。

文艺复兴时期，哥白尼提出"日心说"、伽利略的"落体定律"以及启蒙运动后牛顿的力学定律、笛卡尔的逻辑推理等也都来自理性方法。

西方近现代所有的科学进步，都是来自理性认识的方法。因此，理性方法是西方认识论的基本方法。

直觉方法与理性方法不同。它也是从感觉或感性认识出发，但是它不通过理性思维与逻辑推理，而是直接地领悟或感受出事物的本质。

在中国哲学中，直觉方法的运用比在西方哲学中多得多。可以认为，直觉方法是中国哲学的主流方法。

中国最早的哲学书《易经》，用阴和阳两爻来解释世界万物。两者都是图像，阳爻是天或太阳的图像（天空一览晴空，太阳完整无缺），阴爻是地或月亮的图像（大地生长万物，月亮有圆有缺）。这就是人的直觉，并没有理性分析。

老子《道德经》的第一句话是："道可道，非常道。"

《道德经》的"常道"原文是"恒道"，汉代时，为了避文帝（刘恒）的讳，而改为"常"字。恒道即是恒常的道、真正的道的含意。

对这句话有多种解释。笔者大致同意苟小泉在《中国传统哲学本体论形态研究》中的解释。

在"道可道"中，第一个"道"是世界的本体，第二个"道"的意思是"言说"。而"言说"就需要有"定义"，有"逻辑分析"，也就是用理性方法。老子的观点是：凡是能应用理性方法来言说的"道"，就不是真正的、恒常的"道"。

老子认为，"恒道"（或真正而恒常的道）是不可言说的，也就是不能用理性方法来认识的。因此，对于"道"的理解，只能是依靠感悟，依靠人的直觉。

孔子哲学的核心是一个"仁"字。孔子给"仁"字提出了定义，即"仁者爱人"。但是，他对于这个定义，并没有什么解释，也没有说明为什么"仁"只能是"仁者爱人"。

柏拉图不一样，他提出的"理念论"不但有定义，并且有理由：因为所有的"理念"都是神所创造的。（柏拉图《国家篇》）

因此，孔子提出的"仁者爱人"，基本上也是一种直觉的感悟。

黑格尔曾经批评孔子说："孔子只是一个实际的世间智者，在他那里思辨的哲学是一点也没有的。"就是说孔子哲学中缺乏理性方法。

在中国唐代时，禅宗的开创人慧能提出"顿悟法门"的"顿悟"方法，更是一种直觉方法。

宋代理学的开创人周敦颐的"太极图"，程颐的"所以一阴一阳，道也"，王阳明提出的"心即理"，都是直觉或感悟的成分比逻辑分析的理性成分更多一些。

总之，可以认为，直觉或感悟的方法在中国哲学中是主流性的。

西方哲学重理性，中国哲学重直觉，这是中西哲学认识论的又一重要区别。

本书第四章介绍冯友兰提出的"正的方法与负的方法"，也就是指理性方法与直觉方法的区别。

当然，现代以来，西方哲学（意志哲学、生命哲学等）也提出直觉方法的问题；在中国古代哲学中，也具有理性方法的内容。这个问题会在下一节中论述。

### 三、中西认识论的综合

从前文内容可知,中国哲学与西方哲学在认识论方面有明显的区别。然而,两者也有许多共同点。这就为中西哲学认识论的综合提供了有利条件。

应该说,中国哲学与西方哲学的认识论各有其独特的优点,如能将中西哲学在认识论方面的优点综合起来,将会产生一种新的认识论体系,而对人类文明、对哲学与科学的发展发挥积极的作用。

#### (一)求知与为人的结合

西方哲学在认识论上重视怎样"求知",中国哲学在认识论上重视怎样"为人"。

客观地说,"为人"比"求知"更为重要。西方和中国历史中都出现过一些很有知识,但人品与道德很差的人物。

古希腊时期的智者是公元前5—前4世纪时希腊的一批收徒取酬的业余教师。他们周游希腊各地,对青年进行修辞、论辩和演说等知识技能的训练。后来智者成为一批歪曲真理、图谋私利的人,为柏拉图和亚里士多德等哲学家所蔑视。智者的知识是有的,但是其"为人"是不被人赞许的。

中国南宋时期的秦桧是状元出身,博学多才,他在书法上很有造诣,受到宋徽宗的喜爱。他负责处理朝廷往来公文,创造出一种整齐统一的字体,是后来的宋体字的基础。但是,在宋辽战争中,他以"莫须有"的罪名陷害爱国将领岳飞,成为被后人唾骂的千古罪人。

因此,人不仅要有知识,更重要的要有好的人品和道德。

孔子说:"知者乐水,仁者乐山。"(《论语·雍也》)就有"求知"和"为人"两者并重的意思。"知者"重视求知;"仁者"重视为人。

有的哲学书在认识论方面只谈认识方法，而不谈认识目的，笔者认为这是不全面的。认识论应该首先研究认识目的问题，当然也要研究认识方法。

认识目的问题对于个人来说，关系到每个人的人生志向；对国家来说，关系到国家的教育方针。

国家在教育方针上，应该要求学生"德、智、体、美"的全面发展。使学生自幼年开始，在获得各种基本知识的同时，培育出友爱、诚信、自强、勤劳、奉献、勇敢等高尚品性，为社会造就一代有学识而又道德高尚的公民。

当然，追求知识是认识论的非常重要的目的。在现代社会，追求知识就要学习科学，发展科学。中国古代哲学在这方面是有缺陷的。中国古代哲学过分地偏重于"为人"，即使在"求知"方面，也偏重于学习经典、学习古人的教诲，而不重视对自然规律的探索。这是中国在明清以后，在认识论方面落后于西方国家的重要原因。

今天，中国在教育方针和学术环境方面依然存在着严重的不足：一是由于高考制度偏重于知识成绩，导致小学到中学在人文教育和道德教育方面的欠缺；加上社会上追求金钱、财富、权势的风气，导致社会道德水平的明显下滑；二是从小学到大学都是"分数至上"，使青年学生们的创新意识严重不足，使中国在科技创新能力方面与西方国家有较大差距，这个情况势必对中国在国际科技与经济竞争中造成不利影响。

因此，在认识目的的问题上，我们必须坚持"求知"与"为人"的结合。这是关系到国家进步的重大问题。

**（二）分析与综合的结合**

西方哲学在认识论方面的最大优点在于重视逻辑分析，包括形式逻辑和逻辑推理。这与西方哲学在本体论上的"本质论"是分不开的。

为了寻求客观世界的本质,西方哲学必须采用逻辑分析的方法。

现代全部自然科学与社会科学,都建立在逻辑分析方法之上。

中国哲学中,并不是没有分析的方法。孟子关于人性的学说就应用了逻辑分析的方法。他说:

无恻隐之心,非人也;无羞恶之心,非人也;无辞让之心,非人也;无是非之心,非人也。恻隐之心,仁之端也;羞恶之心,义之端也;辞让之心,礼之端也;是非之心,智之端也。人之有是四端也,犹其有四体也。(《孟子·公孙丑上》)

这一段论述,逻辑性相当严密。他对于人的四种天性,都有明确的定义;四种天性与人的四种基本道德——仁、义、礼、智——都有直接的因果关系;他最后的结论是:这四种天性是人与动物有所区别的本质原因。

然而,中国哲学中认识论的主要特点并不是逻辑分析,而是对综合方法的重视。中国哲学的综合方法主要体现于二元结构或多元结构。

自古至今,西方哲学始终重视单因分析的方法,寻求世界的某一种单一的本体,如:水、气、火、数、逻各斯、理念、实体、物质、精神等。单因分析对于西方哲学与科学的进步是有很大贡献的。

中国哲学重视二元结构与多元结构的综合方法,"天人合一"、"理气统一"、"心物同一"、"体用结合"、"仁义结合"、"知行合一"等学说,都体现着二元结构的思想方法。"三才"、"八卦"、"五行"等则体现着多元结构的思想方法。

在西方哲学中,虽然分析方法(单因分析与逻辑分析)是主导的,但是也应用综合方法,比较著名的是笛卡尔的思想与物质的二元论以及康德的先验综合判断论(将经验论与唯理论综合起来)。

在西方自然科学与社会科学研究中,能见到较多的二元结构与多元结构的思想方法。这是值得在中西哲学的比较与综合过程中重视的问题。

现代科学中相当普遍地存在着二元结构。例如,物理学的基本二元结构就是能量与质量。根据现代宇宙学家霍金的学说可知:宇宙的最早起源——黑洞只有能量与质量两种形态。

现代物理学普遍承认光的粒子性与波动性的两重性。

化学反应的基本二元结构是合成与分解。

生物学的二元结构是生物与环境、遗传性与变异性等。

经济学的基本二元结构是生产与消费。商品的二元结构是使用价值与交换价值。

现代科学中,也有三元结构的存在。

量子力学发现,原子外围电子的运动取决于三个量子数,即主量子数$(n)$、角量子数$(l)$、磁量子数$(m)$,而不是两个。

现代生物学认为生命的基本物质有三种:DNA,RNA 与蛋白质。

笔者著有《农业系统学基础》一书,用系统论观点研究农业问题。笔者观察了自古至今的国内外农业,提出农业是一个大系统,它由四个子系统构成,即农业环境子系统(包括气候、土壤、地形等)、农业生物子系统(包括农作物、森林树木、畜禽动物、鱼类等)、农业技术子系统(包括育种、栽培管理、病虫害防治、饲养与兽医等)、农业经济子系统(包括经济与人力投入、总收益、经济效益、市场营销等)。

笔者所采用的方法就是逻辑分析与系统综合相结合的方法,将农业看成是一个四元结构的整体。

再从当前世界宗教、世界文化来看,对多元结构的肯定有着重要的现实意义。从国际形势来看,对多元政治的肯定更是世界和平与合作的基本保障。

总之,在人类的认识方法上,必须坚持分析方法与综合方法的有机结合。既要坚持西方认识论的精华——分析方法(逻辑分析),又要善于运用中国认识论的精华——综合方法(二元结构与多元结构),同时在适当的场合(不是所有场合),运用辩证思维的方法。

这种将中西哲学的认识论综合起来的认识方法,必将对促进各种自然科学与社会科学的发展发挥出积极作用。

### (三)机理与经验的综合

如前文所述,西方哲学的认识论是把感觉与实验所得的经验提高到机理性的理论,中国哲学的认识论是把实际性的经验提高到经验性的理论。

机理性的理论就是科学(自然科学与社会科学)。人类历史已经证明:科学是人类最重要的文明成果之一,人类几千年来在物质生活与社会进步方面的巨大进步,都得益于科学。

科学无疑是西方文明与西方哲学的宝贵成果。在探讨中西哲学的比较时,我们不能否认这个事实。五四运动时,陈独秀等先驱者为中国引进科学与民主两个先进理念,是功不可没的。

现在的问题是:对于中国文明所产生的"经验性理论",我们应该怎样认识与对待?

笔者认为:对于中国劳动群众所积累的生产经验,中国历史上所形成的经验性理论,我们应给予充分的珍惜与重视。以下以"陈永康经验"与《黄帝内经》为例,予以说明:

#### 1. 中国的经验性理论有它自己完整的理论体系

笔者作为农业科学家,对中国农业科学的情况比较熟悉。

20世纪50—70年代,中国出现了几位全国著名的农业劳动模范,最著名的是水稻劳模陈永康。他是江苏松江(现属上海市)人。他在几十年的水稻生产实践中,依靠他本人刻苦钻研,提出一套水稻亩产500公斤以上的综合性经验,其中包括:落谷稀(秧田播种量,以培育壮苗),小株密植(减少单穴株数),掌握三黄三黑的叶色变化,适时封行(控制水稻整个生长周期的合理群体动态),看天看土看苗施肥等。

当时由江苏省农科院(笔者的工作单位)联合中科院上海植物生理研究所与南京土壤研究所的专家,展开水稻栽培学、土壤肥料学、作物生理学、农业气象学、植物病理学等多学科的综合研究,对于他的经验进行科学总结。经过多年努力,将他的经验上升到科学理论的高度,在 1964 年国际性的北京科学大会上向国外科学家作了介绍,引起国际农业科学界的广泛重视。他的水稻高产经验与理论,在中国长江流域得到大面积推广,对中国的稻作增产发挥了积极作用。

陈永康的水稻高产经验的最大特点是它的综合性与系统性,它将气象、土壤、病害与水稻生长发育完整地结合起来,掌握水稻自苗期、分蘖期、拔节孕穗期到灌浆成熟期的全过程中有利于高产稳产的最合理的群体动态及其营养动态,因此,在不同土壤、不同气象、不同品种条件下,都能有把握地获得高产。

当时,英国的植物生理学家提出以叶面积来表示作物群体大小的方法,但是他们并没有提出作物最佳叶面积动态的理论。而在陈永康的水稻高产经验中,是包含此理论的。

可以认为,陈永康的水稻高产经验与理论,达到了当时国际水稻栽培科学的最高水平。

2. 中国的经验性理论有它特有的优越性

在医学方面,值得再次提到《黄帝内经》。《黄帝内经》的首篇《上古天真论篇》中有黄帝与长者岐伯的对话。黄帝问岐伯:古人都能活到百岁,为什么今人只能活到五十岁?岐伯的回答是:

上古之人,其知道者,法于阴阳,知于术数,食饮有节,起居有常,不妄作劳,故能形与神俱,而尽终其天年,度百岁而去。

意思是:古人懂得养生之道,根据阴阳而生活,知道《易经》中的术数,饮食有节制,起居有规则,不过分劳作,身体与精神能协调,所以能

110

享受天年,活到一百岁。

因此,《黄帝内经》并不只是一部医书,准确地说,它是一本"长寿学"或"养生学"。《黄帝内经》已经超出了现代医学的范畴。现代医学(基本上来自西方)只是研究怎样治病。但是医学的根本目的并不是治病,而是保证健康长寿。中国哲学所引导的中国医学的目标不只是治病,而是人的健康长寿。笔者认为,从这个角度讲,中国哲学与中国传统医学要超越于西方哲学与西方医学。

中国传统医学对中国人来说,有巨大的实际效益。中国人几千年来,就是依靠中国哲学所引导的中医理论保持健康,医治疾病,延续着一代又一代中国人的生命。

当然,我们也应承认,中医理论还是经验性的理论,可以说它是"准科学",但还没有达到现代科学的水平。

同时也应该看到,中医理论的科学化是完全可能的。近几十年来,中医研究者在这方面已经取得许多重要成果。2013 年 7 月美国"今日医学"网站报道:从首届中西医血管病学大会上获悉,中药芪苈强心胶囊治疗慢性心衰的循证医学研究引起国际医学界的高度关注。论文刊登在国际心血管领域权威杂志——《美国心脏病学会杂志》,影响因子高达 14.156,编辑部高度评价"中医药让衰竭的心脏更加强劲,该研究开启了心力衰竭治疗的希望之门"。

从这个报道可以预见,中国医学还有许多宝贵的经验,将得到科学的验证和机理化,从而在国际上大放光彩。

因此,我们不应轻视中国传统的经验性理论,而要将经验性理论与机理性理论综合起来,认识到这些经验性理论中包含着非常有价值的内涵,值得中国科学家去将它们机理化,并将之提高为机理性的理论,即现代科学。

### (四)理性与直觉的综合

前文谈到,理性方法是从感性认识,通过逻辑分析,认识事物本质

111

的方法;而直觉方法是从感性认识,直接地感悟到事物本质的认识方法,也可以称为"非理性"的方法。

在中国古代哲学中,直觉方法应用得很多。老子的"道"、孔子的"仁"、慧能的"顿悟"、周敦颐的"太极"、张载的"气"、二程的"理"、王阳明的"心",在这些学说中,直觉的成分都多于理性的成分。

前文已经谈到,在中国哲学中,并不是没有理性的因素。孟子关于人性的学说,就是使用了理性分析的方法。

在西方哲学中,一般是以理性分析为主的。柏拉图、亚里士多德、洛克、孟德斯鸠、康德、黑格尔等主要哲学家的著作,篇幅都很长,说理性都很强,与《道德经》、《论语》等中国哲学著作的简短扼要,形成非常明显的对比。

但是,近现代以来,西方哲学中出现了肯定直觉的学说。

19世纪时,德国哲学家叔本华认为:人对事物的认识是依靠"直觉"的。他说:

人们在事物上考察的已不再是"何处"、"何地"、"何以"、"何用",而仅仅只是"什么"。…… 把人的全副精神能力献给直觉,浸沉于直觉,并且是全部意识为宁静地观审恰在眼前的自然对象所充满,不管这对象是风景,是树木,是岩石,是建筑物或其他什么。(《作为意志和表象的世界》)

20世纪前期,法国哲学家柏格森提出两种时间的学说:一是真正时间;二是科学时间,或度量时间。度量时间有间断的变化(时、分、秒);而真正时间是连续性、无间断的变化,就是"绵延"(Duration)。柏格森谈到"直觉"时说:"它使我们置身于对象的内部,以便与对象中的那个独一无二、不可言传的东西相契合。"(《形而上学引论》)

现象学的创始人、德国哲学家胡塞尔在人类认识问题上做出了最全面的汇总。

18—19世纪的认识论,是将主体(人)和客体(事物)分开,讨论人怎样认识事物。现象学却将两者结合起来,提出"意向性"的理论。

"意向性"(Intentionality),指的是意识的一种结构。它由意向活动和意向对象所组成。"意向活动"是指人的不同的思维方式;"意向对象"就是人的意识所面对的客观事物。例如我看到一只狗,这里,"我看"就是意向活动(知觉),"一只狗"就是意向对象。这两者的结合就构成了"意向性"。

根据现象学对人类"意向性"的归纳,可以大致地将人类的认识分为三大类:①理性认识(科学、哲学);②直觉认识(艺术、哲学);③想象认识(宗教、神话)。

哲学既可以应用理性认识,也可以应用直觉认识。

总之,虽然中国哲学以直觉认识为主体,但是也包含有理性认识。虽然西方哲学以理性认识为主体,但在19—20世纪,有的哲学家大力提倡直觉方法。胡塞尔的现象学将理性认识与直觉认识都包括在他的"意向性"活动之中。

中西哲学在认识论上的综合,应该是既承认理性方法的优越性,同时也承认直觉方法的必要性与合理性。

笔者认为,在对"真"(科学)的认识上,应该主要应用理性方法;而在对"善"(道德)、"美"(艺术)与"爱"(感情)的认识(或感悟)上,可能直觉方法更为重要。


四、本章小结

(一)认识论是西方哲学的核心问题。中国哲学对"学"(学习)一直很重视,而学习是认识的非常重要的方法,人的绝大部分知识都来自学习。

(二)在认识目的方面,西方哲学重"求知",中国哲学重"为人"。

中西哲学的综合，应是"求知"和"为人"并重。对于每个人来说，既要重视获取各种知识，也必须重视道德与人品。对于社会来说，既要不断地发展科学，探求客观世界与大自然的规律，又要培养与提高全民的道德水平。

（三）在认识方法方面，西方哲学重视分析方法（形式逻辑与逻辑推理）；中国哲学重视综合方法，探求世界的二元结合与多元结合的整体结构。在当代与今后的科学发展中，要善于将分析方法与综合方法有机地综合起来。既要不断地加深对客观事物的内在规律的认识，又要探求客观世界的整体性与系统性的结构与功能。为此，多学科的融合，应该是未来科学的发展方向。

（四）西方哲学认识世界的成果体现于机理性理论（即科学），中国哲学认识世界的成果体现于经验性理论（特别在农学与医学方面）。对于中国所特有的经验性理论（如《黄帝内经》、《齐民要术》等医书与农书），不应采取漠视或蔑视的态度，而应珍视其中所包含的宝贵经验与深刻哲理，用现代科学的方法加以机理化。这将形成中西结合的、完整的机理性的科学理论。

（五）西方哲学重视理性思维方法，从感性认识出发，通过逻辑分析，寻求事物的内在规律。中国哲学重视直觉思维方法，从感性认识，直接地感悟到事物的内在本质。应该说，理性方法与直觉方法都是人类认识世界的重要方法。可以认为，对于"真"（科学）的认识，理性思维方法是基本的方法；而对于"善"（道德）、"美"（艺术）和"爱"（感情）的认识，直觉思维方法更为重要。因此，中西哲学的综合，要求理性思维与直觉思维的有机结合。这是人类不断深化对世界认识的完整的方法。

## 第七章　中西道德哲学的比较与综合

### 一、道德哲学概述

中国哲学（特别是儒学）的核心就是道德哲学；西方哲学的核心是认识论，对道德哲学也有充分的重视。

谈论道德哲学，有必要澄清善、道德、伦理、伦理学、道德哲学这些概念之间的关系。

善（good）可以分为个人行为的善与国家行为的善。个人行为的善就是道德。

从词源来说，在古希腊与古罗马时期，ethic（伦理）与 moral（道德）是同一意思；前者来自希腊语，后者来自拉丁语。

在英语中，morals 或 morality（道德）和 ethics（伦理学）的意义有所不同。前者指的是善的行为；后者指的是善的理由、根据或准则。

道德哲学是探讨道德行为的哲学理论，因此道德哲学与伦理学的意义基本一致。

现代伦理学可以分为三个层次：

1. 实践伦理学：它探讨的是何种行为是"善"的，或是道德的。它因不同民族的风俗、习惯、宗教信仰而有差别；它可以被认为是应用伦理学。

2. 道德理论：它探讨的是"善"的根据。有的哲学家（如柏拉图和亚里士多德等）认为"善是德性"。有的哲学家（如霍布斯、洛克等）认为"善是快乐"。这就是道德理论问题。

3. 元伦理学：元伦理学是 20 世纪初兴起的一个伦理学学派，它探讨道德或伦理的语言和逻辑问题，例如，道德与不道德的含意为何？怎样区分道德与不道德？

中国哲学并不很重视语言上的逻辑分析，因此，中国的道德哲学（或伦理学）中，前两个层次是主要的，下文关于中西道德哲学的比较与综合，都以前两个层次为主。

笔者在《善哲学与共同价值》一书中，将道德哲学与政治哲学的结合称为"善哲学"，并且归纳出善哲学的若干基本问题如下：

1. 善的本质：德性论与快乐论
2. 人性与善：性善与性恶
3. 善的类别：个人与社会
4. 善的原则：利己与利他
5. 善的原因：内因与外因
6. 善的评价：动机与效果

这些问题都属于道德理论（第二层次）的范畴。有关问题在下文的讨论中会有涉及。

## 二、中西道德哲学的比较

### （一）总的比较

笔者的观点是：在道德哲学方面，中国哲学高于西方哲学，其理由是：

1. 道德哲学是中国哲学的核心，中国哲学对道德哲学的重视程度，明显高于西方哲学。中国哲学的主要著作——《论语》一书的基本内容就是道德哲学。孔子的继承人——孟子、荀子、韩愈、二程、朱熹、王阳明等的哲学，也都以道德哲学为主体。

2. 中国哲学在道德方面所提出的理念，特别是在道德行为（上述第一层次）上所提出的要求，比西方哲学多得多。

孔子的道德哲学，其核心是一个"仁"字。在《论语》一书中，孔子和他的学生们对于"仁"有许多阐述，其中包含了道德理论以及许多对人的道德行为的要求。

这许多论述中，有关于道德理论（或道德原则）的，如：

①樊迟问仁，子曰爱人。（《论语·颜渊》）

②夫仁者，己欲立而立人，己欲达而达人。（《论语·雍也》）

③仲弓问仁，子曰："己所不欲，勿施于人。"（《论语·卫灵公》）

④子曰："仁，远乎者？我欲仁，斯仁至矣。"（《论语·述而》）

⑤子曰："民之于仁也，甚于水火。"（《论语·卫灵公》）

"仁者爱人"是孔子道德哲学的核心理念。

孔子提出的"己所不欲，勿施于人"，被世界公认为是道德的黄金定律。

上面第四句话的意思是：仁，远吗？我愿意仁，仁就达到了。它表明：仁就来自你的内心和意愿。

第五句话反映了人民对仁的迫切期待，它表明了仁与政治的关系。

这几句话，都是中国哲学的道德理论。

《论语》中还有许多关于道德行为的要求，如：

①子张问仁于孔子。……孔子曰："恭、宽、信、敏、惠。"（《论语·阳货》）

②樊迟问仁。子曰:"居处恭,执事敬,与人忠。"(《论语·子路》)

③曾子曰:"夫子之道,忠恕而已矣。"(《论语·里仁》)

④子曰:"弟子入则孝,出则弟,谨而信,泛爱众,而亲仁。"(《论语·学而》)

⑤子曰:"道千乘之国,敬事而信,节用而爱人,使民以时。"(《论语·学而》)

⑥子路曰:"愿闻子之志。"子曰:"老者安之,朋友信之,少者怀之。"(《论语·公冶长》)

孔子在这些论述中提到人的多种美德,有恭、宽、信、敏、惠、敬、忠恕、爱护民众、关怀老人与青少年等。

恭、敬,即恭敬,是对长者的敬爱,例如对师长的爱。

宽、恕,即宽容。对待他人,能设身处地从他人的角度考虑,对他人的要求不过高、过严。

信,即诚信。诚信既是一种自爱的表现,也是对他人或社会的负责与关爱。一个爱护人民的政府必须有诚信,做出的许诺必须兑现。

敏,即勤敏。不论做任何事,都能勤奋而敏捷,体现着你对他人的爱心。

忠,即忠诚。孔子讲的忠,并不只指对君王的忠心,更多是指对他人、对民众的关爱;对他们尽心尽责,做好服务。

自古至今的西方哲学著作中,还没有对人的道德行为有如此详尽而具体的要求的著作。

3. 中国道德哲学比西方道德哲学更加强调道德实践问题,即"知行合一"问题。

孔子说:"知之者不如好之者,好之者不如乐之者。"(《论语·雍也》)。意思是:对于"仁爱",懂得它的道理,不如愿意去实行它;去实行它,不如以"仁爱"为乐。

孟子说:"得志,与民由之;不得志,独行其道。富贵不能淫、贫贱不能移、威武不能屈。"(《孟子·滕文公下》)这是孟子对于做一个正直的人的气节和行为的要求。

王阳明说:"知是行之始,行是知之成。""只说一个知,已自有行在;只说一个行,已自有知在。""真知即所以为行,不行不足谓之知。"(《王文成公全书》)这就是王阳明提出的"知行合一"的理论。

这几位哲学家都强调:人的道德必须与实践相结合。在这方面,西方道德哲学的论述并不多。

当然,应该承认,西方哲学在道德哲学的逻辑分析方面,例如分出伦理学的三个层次以及对各种道德理论的分类方面(情感论、社会契约论、功利主义、实用主义、理性主义等),比中国的道德哲学更强。在道德要求方面,西方强调的"自由"和"正义"等理念,特别值得中国重视和学习。

根据上述分析,笔者认为:从总体来说,中国道德哲学要高于西方道德哲学,但西方道德哲学也有一些值得中国重视和学习的方面。

**(二)中西道德哲学比较之一:德性论与快乐论**

道德的真谛就是"善"。根据亚里士多德的论述,善有个人的善与城邦的善。道德是属于个人的善。

究竟什么是"善"?"善"的英文是"good",也就是"好"。从这个字来理解,对于个人来说,"善"一般是用来评价某一个人的品性的好坏,或某一个行为的好坏。

但是,这个好坏的标准又是什么呢?这个问题在西方哲学界引起长期的争论。中国哲学界对于这个问题,看法比较一致。

西方哲学界对于"什么是善"这个问题,主要有两种观点:一是"德性论";一是"快乐论"。

这不是一个纯学术性的问题,而是关系到西方思想与中国思想的区别,关系到近现代文明与古代文明的区别。

## 1. 德性论

古希腊哲学家亚里士多德将善与德性直接联系起来。他说:"人的善就是灵魂的合德性的实现活动。"(《伦理学》)

基督教哲学家阿奎那提出:上帝是最高的善。他认为,基督教的善体现于三德:信德、望德和爱德。

善是德性,这是中国传统哲学的主导思想。中国传统的善哲学以及中国近现代的善哲学思想都是德性论,而不是快乐论。

孔子"仁者爱人"的思想、孟子的"恻隐之心,仁之端也"的思想、韩愈的"博爱之谓仁"的思想、张载的"民吾同胞"的思想、朱熹的"革尽人欲,复尽天理"的思想,都是善的德性论。

儒家经典著作《大学》的第一句话是:"大学之道,在明明德,在亲民,在止于至善。"

这句话明确地提出:最高的善(至善)在于显示光明的德性,在于使人们除旧革新("亲民"有"新民"的意思)。这里所强调的就是德性,而不是个人的快乐。

毛泽东在延安时期和新中国成立后的二十几年中,提倡学习张思德,学习雷锋,提倡"毫不利己,专门利人"的精神。这就是属于德性的范畴。

总之,在中国,自古至今都认为善或道德都是人的德性。

即使对当代中国人来说,善是德性的思想亦比较容易接受。中国人一般认为,有道德的人是善的,是好人。

## 2. 快乐论

"善是快乐"的思想,在古希腊时期,由伊壁鸠鲁(前341—前270年)提出。他认为:快乐是我们最高和天生的善。他将快乐分为两类:肉体的快乐和精神的快乐。他认为,精神的快乐高于肉体的快乐。

欧洲的快乐主义思想在中世纪时,被基督教的善哲学所淹没。

17世纪,欧洲启蒙运动开始,这时出现的几个思想家提出了对善

120

的新认识。

霍布斯将善与人性相联系,特别是与人的欲望相联系。他说:"任何人的欲望的对象就他本人说来,他都称为善,而憎恶或嫌恶的对象则称为恶。"(《利维坦》)

霍布斯的"欲望的对象就是善"的观点,实际上是与"快乐主义"相衔接了。

17世纪时,洛克进一步阐明"善是快乐"的思想。他说:

善、恶是什么——事物所以有善、恶之分,只是由于我们有苦、乐之感。所谓善,就是能引起(或增加)快乐或减少痛苦的东西。……所谓恶,就是能产生(或增加)痛苦或减少快乐的东西。(《人类理解论》)

洛克的"善是快乐"的思想与霍布斯的"善是欲望"的思想是一致的。因为每个人都会有寻求快乐的欲望。而洛克正是近代"自由"思想的开创性的理论家。"善是快乐"或"善是欲望"的思想,正是"自由"这个现代共同核心价值的理论根据。洛克的思想为近现代西方哲学家普遍接受。

因此,中国道德哲学与近代以来西方道德哲学的重要区别就在于中国道德哲学更重视"德性",而西方近现代道德哲学更重视"快乐"。

### (三)中西道德哲学比较之二:性善论与性恶论

道德与人性的关系,是道德哲学的基本问题。究竟道德(善)是来自人的天性,还是后天教育的产物? 这是中国传统哲学中一个重要的争议性问题。在西方哲学中,这也是一个争议性问题。

总的来讲,中国哲学以性善论为主,也有性恶论成分。西方哲学以性恶论为主,也有性善论成分。

1. 中国的性善论与性恶论

孔子哲学的核心是"仁",而仁的基本含义是"爱人"。在《论语》中可以见到,孔子积极地提倡仁爱。

但是,人的仁爱究竟是来自天性,还是来自后天的教育和实践,孔子并没有明确地回答这个问题。孔子只是说:"性相近也,习相远也。"(《论语·阳货》)

意思是:人的天性是相类似的,而人在后天的习性,可以差别很大。

孟子明确地提出"性善论"学说。孟子的著名论述是:

恻隐之心,仁之端也;羞恶之心,义之端也;辞让之心,礼之端也;是非之心,智之端也。人之有是四端也,犹其有四体也。(《孟子·公孙丑上》)

这里的"四端",就是孟子讲的"人性"。他讲的人的"恻隐之心",就是人的仁爱之心。他将人的仁爱心放在"四端"的首位,说明他对仁爱的重视。

"四端"就是人的天性,是人的本质属性。没有恻隐、羞恶、辞让、是非之心,就不能算人,就和禽兽没有差异了。

孟子并不是认为,后天的教养对于人的道德修养是没有作用的。他之所以将"四心"称为"四端",就是认为"四心"只是道德修养的开端,后天的教育和修养都是需要的。

孟子的性善论是中国两千多年来传统哲学的主流思想。唐代的韩愈、宋代的二程与朱熹、明代的王阳明等,尽管有不同学说,但是在性善论方面,观点是一致的。

中国古代哲学家中,明确提出性恶论的是荀子。在《荀子》一书中有专门的《性恶》一章。荀子说:"孟子曰:人之学者,其性善。曰:是不然,是不及知人之性,而不察乎人之性伪之分者也。""人之性恶,其善者伪也。"(《荀子·性恶》)

荀子的"伪",并不是虚伪的"伪",而是"人为"的"伪"。荀子的意思是:孟子没有分清人的天性和"人为"的区别。人的天性是恶的,人之所以有善（善心、善行）是后天"人为"的结果，也就是后天教育和修养的结果。

荀子又说："今人之性，生而有好利焉，顺是，故争夺生而辞让亡焉。"（同上）

意思是：人的天性是追求利益的，因此必然会互相争斗，而不会互相谦让。

在中国古代，赞同荀子的性恶论的人不多。宋代程颐对其批评："孟子言人性善是也。虽荀、扬也不知性。孟子能独出儒者，以能明性也。性无不善，而不善者才也。"（《程氏遗书》）

他的意思是：只有孟子的"性善论"是正确的。荀子、扬雄等都不真正懂得"性"。至于每个人在素质、品行上的差别，那不是"性"的差别，而是"才"或"气"的差别。

因此可以认为，性善论是中国道德哲学的主流性思想。

2. 西方的性恶论与性善论

基督教在西方文化与哲学中有很深的影响。在基督教的教义中，人是有原罪的（因为亚当、夏娃偷吃了禁果）。这里就有人性是恶的含意。正因为人有原罪，人性有恶，因此需要上帝或基督的救赎。

西方哲学史中，最明确地提出人性之恶的是 17 世纪英国著名哲学家霍布斯。

霍布斯说："任何两个人如果想取得同一东西而又不能同时享用时，彼此就会成为仇敌。……彼此都力图摧毁或征服对方。""这种战争是每一个人对每一个人的战争。"（《利维坦》）

这就是人们经常提起的"丛林法则"：人类如同丛林中的野兽，会互相争斗。

西方政治制度，如民主选举、三权分立、司法独立、舆论监督等，都是建立在性恶论基础之上的。因为肯定人性之恶，所以必须通过上述制度加以监督与防范。

在西方道德哲学中,也有性善论。

柏拉图说:"每一个灵魂都追求善,都把它作为自己全部行动的目标。"(《理想国》)

英国18世纪著名哲学家休谟提出:"这样一些语词如'友善的'、'性情善良的'、'人道的'、'仁慈的'、'感激的'、'友爱的'、'慷慨的'、'慈善的'……普遍地表达着人类本性所能及的最高价值。"(《道德原则研究》)

因此,在西方道德哲学中,性善论与性恶论是都有的。而从基督教对西方文明的影响及西方政治制度的设计考虑,可以认为,在西方道德哲学中,性恶论是主流。

3. 对性善论与性恶论的剖析

笔者在《善哲学与共同价值》一书中提出:关于性善论与性恶论,需要从人类的天性来理解。

在人类的天性中,有个体性和社会性两个方面。这是人类作为一种高等的社会性动物所决定的。

任何生物都有它们的个体性,它们都有求生存、求繁育的个体本性。在生存资源有限的环境中,个体与个体之间必然会有生存竞争。生物就是在生存竞争中得以进化。这是19世纪英国著名生物学家达尔文在《物种起源》一书中所阐述的生物进化原理。

荀子和霍布斯讲的"人与人之间会有竞争"的学说,从人的个体性来讲,是符合人类的本性的。

人类对于自由的追求,从其本质来说,也是人类个体性的觉醒。人类认识到:个人自由是人类最基本的欲望和快乐。因此,追求自由就是善的。而自由是现代社会共同价值的核心理念。

因此,人类的个体性,既有善的一面(个人自由),也有恶的一面(损人利己)。

除此之外,人类本性中还有社会性的一面。并不是所有的动物都有社会性,但是社会性动物(例如蜜蜂、蚂蚁等)都具有社会性的本性,同类之间会互相协同配合。

人类是一种高等的社会性动物。人类有高度发达的理智和情感,这两者都使人的本性中会有人与人之间的仁爱心、同情心等。人类的仁爱心,使人类能互相协调合作,使人类的生存能力大为加强,这是人类能成为地球主人的重要原因。人类的社会性构成了人性的善。

明确了人类同时具有个体性和社会性的本性,就能更好地理解中西哲学中的性善论和性恶论。性善与性恶,两者都来自人的本性。不能说何者正确、何者错误。

总体来说,中国的道德哲学以性善论为主体;而在西方的道德哲学中,性恶论的成分更多。这是中西道德哲学的区别之一。

### (四)中西道德哲学比较之三:仁爱与正义

上述两个问题:德性论与快乐论,性善论与性恶论,都属于道德理论问题(即伦理学的第二层次)。下文所谈的是道德行为问题(即伦理学的第一层次)。

有关人的道德行为的要求很多,在中国道德哲学和西方道德哲学中,究竟哪一种道德要求是最主要的?笔者纵览中西众多哲学原著后认为:中国道德哲学的核心理念是仁爱;西方道德哲学的核心理念是正义。

100多年前,梁启超说过类似的话:"大抵中国善言仁,泰西善言义。"

1. 中国道德哲学的"仁爱"

最早提出"仁爱"思想的是孔子。

孟子将孔子的思想归纳为"仁者爱人"。他说:"仁者爱人,有礼者敬人。爱人者,人恒爱之。"(《孟子·离娄下》)

孔子与孟子共同创立了中国道德哲学的最重要理念:仁爱。

后来的儒家都继承了"仁爱"思想，并且有一些发展。如：

唐代韩愈说："博爱之谓仁。"他将"仁爱"扩大为"博爱"，即对广大民众的爱。

宋代张载说："民吾同胞。"意思是：我将人民作为同胞。这与"仁爱"的含义是相同的。

宋代程颐说："性即是理。"意思是：人的仁爱天性是世界的法则（理）。

明代王阳明说："心即理也。"意思是：人的内心是仁爱的，这个世界的法则（理）就在人的内心之中。

现代思想家孙中山说："博爱，吾人无穷之希望，最伟大之思想。"

由此可见，在中国的道德哲学中，仁爱思想是一脉相承的。"仁爱"可以被认为是中国道德的核心理念。

中国道德哲学也强调"义"，"义"与"仁"相结合就是"仁义"。

孟子说："仁，人心也；义，人路也。"（《孟子·告之上》）

孟子的意思是：仁是人的善良的内心；义是人实现仁爱所必须走的道路。因此，孟子所说的"义"是要求将"仁爱"付于行为，"义"是"仁爱"理念的延续。孟子所讲的"义"与西方哲学所讲的"正义"有相同之处，但是并不完全相同。

2. 西方道德哲学的"正义"

西方道德哲学的理念中，也是重视"仁爱"的。柏拉图对于爱有高度的重视。他说："爱是人类幸福的来源。"（《会饮篇》）休谟在《道德原则研究》中有专门的"论仁爱"一章。

但是，从西方道德哲学的整体来说，"正义"是更重要的道德理念。

"正义"，既是一个道德哲学的理念，也是一个政治哲学的理念。事实上，道德哲学与政治哲学很难分开。亚里士多德说："善于个人和于城邦是同样的。"个人的善就是道德；城邦的善就是政治。"正义"这个理念跨越道德哲学与政治哲学。

古代西方哲学家将"正义"作为最高的道德。

柏拉图在《理想国》第 4 卷中详尽地论述了他关于人的善与四种德性问题。

他提出著名的灵魂三分论：人的灵魂由理智、情感（或激情）和欲望三部分组成。理智、情感、欲望三者的协调，会产生人的"四德"：智慧、勇敢、节制和正义。

柏拉图指出：如果一个人的理智、激情、欲望都各得其所，激情与欲望都能在理智指导之下，那他就是一个正义的人。

因此，柏拉图是将"正义"看作是智慧、勇敢、节制的综合，认为其是"四德"之首。

近代英国著名哲学家休谟对"正义"也给予高度重视。在他的《道德原则研究》的"论正义"一章中，他说："正义这一德性的用途和趋向是通过维护社会的秩序而达致幸福和安全。""正义就获得其对于公众的有用性，并单单由此而产生出其价值和道德责任。"（《道德原则研究》）

他指出"正义"对人类幸福的重要性，并将"正义"看作社会的价值和道德的出发点。

近代英国著名经济学家、哲学家亚当·斯密，在他的《道德情操论》一书中，有专门一篇"论正义与仁慈"，讨论正义与仁慈（"仁慈"与"仁爱"的意思相近）。他的观点大致是：

①仁慈出自人的内心，仁慈的行为应该得到社会的鼓励，但是不能强制地要求每个人都做仁慈的事。

②正义是对人的行为的约束；违反正义的行为，必然会对他人造成伤害，而应受到惩罚。因此，遵守正义的准则是每个人必须做到的。

20 世纪哲学家罗尔斯写出著名的《正义论》。他讲的正义，与人类的平等与公平不可分。他说"我的目的是要提出一种正义观。……这种看待正义原则的方式我将称之为'公平的正义'。"（《正义论》第一

章)

根据古代、近代、现代著名哲学家的论述,我们可知,西方哲学家对于"正义"有特别的重视。

综合他们的观点,可以认为:①"正义"是一个与实践性、社会性相联系的理念。它是一个关系到公共利益与人类幸福的理念。②对"正义"的维护,并不能只依靠人民的自觉,还需要依靠法律与法治。③"正义"是对人民大众有益的社会法则;"正义"是与社会的和谐相联系的理念。④"正义"是与社会的公平与平等直接联系的理念。

笔者的观点是:"仁爱"与"正义"都是有利于人类社会和谐的基本道德要求。"仁爱"所强调的是人与人之间互相关爱与帮助的感情与行为;"正义"所强调的是人与人之间的平等、自由与公正。"仁爱"出自人的内心;"正义"是有法律约束的。

中国道德哲学强调"仁爱",西方道德哲学强调"正义",这方面的区别关系到中国与西方的道德观、价值观和政治哲学等方面的区别。

**(五)中西道德哲学比较之四:追求自由与遵礼守法**

"自由"是西方道德哲学中的核心理念。中国道德哲学并不是不谈"自由",但与西方相比,要少得多。"自由"是西方道德哲学所强调的人的意愿与行为的法则。在中国道德哲学中,与"自由"相对应的是对于"礼"与"法"的重视;"遵礼守法"是中国道德哲学中人的意愿与行为的法则。

1. 西方道德哲学重视"追求自由"

自由虽然是人类的天性,但是,人类认识自由这个天性,却经历了一个较长的历史过程。

在古希腊时期和欧洲的中世纪,都没有强调自由这个理念。明确提出自由理念,是在 17—18 世纪欧洲启蒙运动时期。

自由理念是与资本主义的经济和政治发展有关的。资本主义的经济发展首先要求每个人都拥有财产的自由权;资本主义要求有经营自由,因为只有经营自由才能保障业主们发展自己的产业;资本主义要求有人身自由,因为只有每个人都有人身自由,业主才能有自身的安全,也能雇佣到所需要的职工。为了保证经济自由,人们必然要求有思想自由与政治自由,要求在政治上有表达自己思想的言论自由。

自由这个理念,一经提出,就不仅为业主们所欢迎,也为广大人民所欢迎与接受,成为广大人民争取自由权利的有力思想武器。

因此,自由这个理念是与近现代经济与政治发展分不开的。自由理念带动了广大人民的民主要求;带动了思想的大解放;社会也产生了思想自由、言论自由、舆论自由、学术自由、结社自由等一系列的自由要求。这是自由理念产生的时代背景。

近现代西方哲学家对于自由理念的阐述是:

①17世纪英国哲学家霍布斯关于自由的论述有开创性意义。他说:"自由就是用他自己的判断和理性认为最适合的手段去做任何事情的自由。"(《利维坦》)

②17世纪英国哲学家洛克是"自由"理念的重要开创者。他说:"自由是什么?一个人如果有一种能力,可以按照自己心理底选择和指导,来思想或不思想,来运动或不运动,则他可以说是自由的。"(《人类理解论》)

洛克是第一个将自由、民主与法治联系起来的哲学家。

③18世纪法国哲学家卢梭的贡献是提出自由是人类一种有别于其他动物的天性。他说:"在一切动物之中,区别人的主要特点的,与其说是人的知性,不如说是人的自由主动者的资格。"(《论人类不平等的起源和基础》)

他的名句是:"每个人都生而自由、平等。"(《社会契约论》)

这句话被写进了美国的《独立宣言》与法国的《人权宣言》。

④18世纪英国经济学家、哲学家亚当·斯密对于"自由"这个理念

做出了特殊的贡献。他发现了一个非常重要的社会法则：只要允许人们有从事经济活动的自由，就能够推动全社会的经济繁荣。

⑤19世纪德国哲学家康德在他《实践理性批判》中提到的"意志自律"，"为自己立法"，都包含着"自由"的理念。康德将人的自由提到哲学的高度，将自由看成是人类压倒一切的最高意向。

⑥笔者认为，对自由问题做出最完整阐述的是英国19世纪哲学家密尔（1806—1873）。他论述了自由的原则、自由的系列性内涵以及自由的重要性。

密尔提出，自由应以不妨碍他人的自由为基本原则。

这是一个极其简明而又非常科学的原则。它说明的是：

A. 自由并不是不受限制的。自由只接受一个限制：不侵害他人的自由。如果不遵守这个原则，那么谁也不可能有自由。

B. 只要不侵犯他人的自由，每个人都应有最充分的自由。

密尔论述的自由的内涵是系列性的，包括思想自由、意见自由、个性自由、实践自由、联合自由等，构成了当代世界各国制定宪法的依据。

⑦19世纪德国两位重要哲学家马克思、恩格斯所追求的社会目标是："代表那存在着阶级和阶级对立的资产阶级旧社会的，将是这样一个联合体，每个人的自由发展是一切人的自由发展的条件。"（《共产党宣言》）

简要地说，马、恩的目标是要建立一种人类的"自由人的联合体"。

⑧罗斯福（1882—1945）是在二战中做出巨大贡献的政治家，1941年他在总统就职演讲中提出四项自由：发表言论和表达意见的自由；信仰的自由；不虞匮乏的自由；免除恐惧的自由。

联合国1948年通过的《世界人权宣言》采纳了罗斯福提出的四大自由。

⑨20世纪哲学家哈耶克（1899—1992）提出：自由是社会繁荣（包

括政治民主、经济、科学和文化的繁荣)的保证。

⑩20世纪英国哲学家赛亚·伯林(1909—1997)在他的著名的《自由论》中,提出消极自由和积极自由的区别。他认为:消极自由是要求政府和社会为每个人提供发展机会,防止国家对个人意志的过度支配;而积极自由尽管鼓励人的主动性,体现人的意愿,但是它不限制国家权力,最终会使个人的真正的自由度越来越小。因此,他的观点是:消极自由比积极自由更重要。

从上述简要叙述可知,在西方道德哲学(当然也关系到政治哲学)中,"自由"是西方哲学家所共同强调的核心理念。

中国古代的老子和庄子是有朴素的自由思想的。

老子说:"道常无为,而无不为。侯王若能守之,万物将自化。"(《道德经》)

意思是:大道对自然与世界是不干预的(无为),而大道却什么都能做到(无不为)。官员(侯王)如果能够对自然和人民不去干预,自然和人民会自己有所发展(自化)。

老子哲学中的"无为",是"自由"理念的思想源泉。老子的"无为"思想,重点是要求政府或官员对人民的思想与生活减少干预,让他们自己发展、自由发展。

庄子继承老子的学说,是中国古代少数提倡自由的哲学家之一。

《庄子》内篇的第一篇文章,是《逍遥游》,描写了一种奇异的大鸟。它的背像泰山,翅膀像云彩一样自天上垂下,它借着龙卷风直上天空九万里。它超越了云层,背负着青天,然后向南飞,到达南海。

他写的就是人的一种自由意志,是人的思想和行动的自由。"逍遥游"这个篇名就包含有自由的思想和行动的含义。

魏晋时期的阮籍和嵇康也有摆脱礼教、遵循自然的自由思想的萌芽。

孔孟儒家重视礼仪(社会秩序),一般不重视自由,但有一种观点认为儒家也是重视自由的,如孔子说:"仁远乎哉,我欲仁斯仁至矣。"意思是:仁取决于你自己的意愿。孟子说:"虽千万人,吾往矣。"也是自由意志的表达。

对孔子与孟子的这种思想是应该给予肯定的,但是这并不代表儒家有真正的自由理念。儒家强调自己的意愿和勇气,都是有特定限制的,也就是在儒家的"仁义"道德的框架之内。儒家并不强调思想自由,在行为上,儒家更强调的是"礼"。

2. 中国道德哲学重视"遵礼守法"

"礼"是儒家学说的核心理念之一。台湾哲学家劳思光在他的《新编中国哲学史》中提出:孔子的基本理论是仁、义、礼。"孔子之学,由'礼'观念开始,进至'仁'、'义'诸观念。"笔者同意他的观点。孔子少年时就学礼,以通礼而闻名。周代时有职业性的司礼社群;孔子的先人和他本人都来自这个社群。孔子从礼开始,逐步地悟出"仁"与"义"等观念。

儒家的学说是,礼(而不是自由)是人的行为与道德的规范。为什么中国哲学更重视"礼",而近代以来西方哲学更重视"自由"呢?

这个问题在本书第二、第三两章中已经有了回答。西方近代以来,在经济上以工商业为主体,欧洲各国经过不同的历程,发展资本主义。资本主义的经济发展要求有不断的技术革新,要求人民(包括资本家)有充分的思想自由、言论自由、经营自由等。因此,"自由"成为西方道德哲学非常重要的理念。

中国从古代到近代,都以农业为主要经济基础,以自给性生产为主。国家的统一与社会的稳定,是农业得以持续发展的必要条件。为了实现国家统一与社会稳定,必须要求君臣与万民都能遵守一定的行为与道德规范,这就是"礼"的客观基础。

以下简要介绍中国哲学中对于"礼"的阐述:

(1)孔子论"礼":"礼"与"仁"的关系

《礼记》中记载："孔子曰：夫礼，先王以承天之道，以治人之情。故失之者，死；得之者，生。"

这句话表明：孔子认为，"礼"是遵循天道、管理人情的。"礼"关系到国家和社会的生死存亡。

孔子的"礼"的学说的要点是：他将"礼"与"仁"联系起来。

"颜渊问仁。子曰：'克己复礼为仁。一日克己复礼，天下归仁焉。'"（《论语·颜渊》）

孔子并不只将"礼"与"天道"相联系，还将其与"人道"（仁）相联系。这应该说是中国古代"礼"的学说的重要进步。

"仁"有许多含意，最主要的含意就是"仁者爱人"，即"仁爱"。

孔子的意思是：人必须对自己的意志、欲望有所克制，而恢复到"礼"的要求，这就达到了"仁"。大家都能克己复礼，就是仁爱的社会了。

由此可见，孔子的"礼"是实现"仁"的条件，而"仁"是"礼"的目的；仁是高于"礼"的。

(2)孟子论"礼"

孟子说："辞让之心，礼之端也。"（《孟子·公孙丑上》）

孟子说辞让是"礼"的开端，也表明他认为"礼"来自人的天性。

(3)荀子论"礼"："礼"的由来与"礼法"并用

荀子发展了"礼"的观点。

荀子将"礼"看成是"人道之极"。（《荀子·礼论》）说明他继承了孔子的"礼是人道"的观点，并且对"礼"高度重视。

荀子对于"礼"的来源有独创的观点："人生而有欲，欲而不得，则不能无求，求而无度量分界，则不能无争，争则乱，先王恶其乱，故制礼义以分之，以养人之欲，给人以求。"（同上）

他的意思是：人天生有欲望，欲望没有限制，就必然会有争斗与社会的混乱。先王因此而制定了"礼"，以满足人的合理欲望和要求。

这样的对"礼"的起源的解释与对"法"的起源的解释非常接近。在此基础上,他提出了"礼法并用"的学说。他说:"隆礼尊贤为王,重法爱民为霸。"(《荀子·大略》)

这句话非常重要,说明荀子既重视"礼",也重视"法";对"法"的重视甚至超过对"礼"的重视,因为在春秋时期,称霸比称王更为成功。

荀子对"法"的重视支持了法家的思想。关于法家的思想将在下一章(政治哲学)中较详细地介绍。

"礼"与"法"二者既是道德哲学的问题,也是政治哲学的问题。从道德哲学来说,荀子的"礼法并用"就要求人们具有"遵礼守法"的道德操守。

秦汉之后,中国各朝代实际上都是奉行荀子的"礼法并用"的主张。因此在对人的道德行为上都有"遵礼守法"的要求。

可以认为,"遵礼守法"是中国道德哲学的核心内容之一。

"遵礼守法"的理念与"自由"的理念是有明显区别的,但是两者是有关联的,是有可能综合的。这个问题将在下一节中论述。


## 三、中西道德哲学的综合

与本体论和认识论一样,中西道德哲学虽然有区别,但也有内在的相同之处,因此也有可能加以综合。

### (一)德性论与快乐论的综合

什么是善? 这是道德哲学的首要问题。西方哲学的主流思想是:善是快乐。中国哲学的主流思想是:善是德性。

善的德性论和快乐论,似乎是两种对立的思想。从德性论者的眼光来看,快乐论者的主张是低俗的。从快乐论者的眼光来看,德性论是保守的。

然而,德性论和快乐论并不是不能综合。

亚里士多德提出:"善是合德性的实践活动。"

亚里士多德又说:"幸福作为最高善。""幸福应当算作因其自身而不是因某种其他事物而值得欲求的实现活动。"(《伦理学》)

在英语中,幸福与快乐是同一个词"Happiness"。

亚里士多德的意思是:人类的幸福(快乐)是人类最高的善,是人们值得欲求的最终目的。

根据亚里士多德的论述,人的幸福是最高的善,幸福又是人所欲求的,而善又是符合德性的实践活动。因此,对于人的幸福来说,德性和欲望(快乐)是统一的。

18世纪著名哲学家康德对于自由的论述,也说明了德性和欲望的统一。他说:

自由与自由意识,作为以压倒一切的意向遵循道德法则的能力,乃是对于秉好的独立性。而这个秉好至少是决定我们欲求的动机。只要我在遵循我的道德准则时意识到它们,它们就是必然与之联结的……满足的唯一来源。并且这种满足能够称为理智的满足。(《实践理性批判》)

康德这一段话有多重意思:①他将"自由"作为人类"压倒一切的意向",意思是:自由是人类的最重要的欲望;②这种意向有遵循道德法则的能力;③当我们根据自己的自由意志遵循道德法则时,能够得到理智的满足。

康德将遵循道德和获得欲求的满足结合了起来,称之为"理智的满足"。

康德的论述达到了西方哲学中关于道德哲学的很高水平。

根据康德的学说,如果在道德法则的前提下实现人的自由,满足人的正当欲求,就应该是真正的善。

而在中国，也有类似的思想。孟子说："恻隐之心，仁之端也。"（《孟子·公孙丑上》）

恻隐之心是对他人的同情心与仁爱心，因此，孟子是善的德性论者。

而孟子又说："可欲之谓善。"（《孟子·尽心下》）

孟子的意思是：值得你喜爱的就是善。当然，孟子所说的"可欲"，首先是指仁爱之事；而这句话也将人的欲望与善（道德）联系起来。能满足人的欲望的事，当然能使人快乐。

总结先哲们的思想，可以知道，德性与快乐是不矛盾的，两者完全可以综合。

对此，合理而完整的认识是：人的最大快乐就是人的幸福，而人的最大德性（善）就是追求人的幸福。

在今天的中国，需要提倡这种德性与快乐相综合的善的观念。一个人的善，既要体现在关爱他人、关爱大众、乐于行善方面，也要体现在勇于追求自由、追求实现自己应有的权利与欲望、追求创造性地实现自我价值的快乐方面。

如果片面地强调"善是德性"，强调"毫不利己，专门利人"，而忽视人的自由与权利，是不利于社会进步的。同样，如果片面地强调"善是快乐"，强调个人利益与欲求，而忽视人应遵守的道德准则，也是不利于社会进步的。

人民关于善的观念的进步对于我国的现代化建设是有重要意义的。

### （二）性善论与性恶论的综合

在中国哲学中，性善论是主导性的。而在西方哲学中，性恶论是主导性的。

性善论与性恶论，看来是两种对立的观点。然而，两者又是可以综合的。因为，人具有社会性与个体性。人的社会性一般导致人性的善。人的个体性有两面性。在不侵犯他人利益的前提下，追求个人的自由、快乐与幸福，仍然是善的；如果损人利己，那就是恶的。因此，总的来讲，人的本性是有善有恶的。

笔者的归纳性观点是：人性有善有恶，人性的善是基本的，人性之恶是存在的。

为什么说人性的善是基本的？有如下理由：

1. 从人性看。因为人的社会性必然引导人性的善；而人的个体性可以引导人的善，也可以引导人的恶。从社会性与个体性综合地看，善的成分居多。

2. 从人类起源看。人类从古猿进化而来。人类原来也只是高等动物的一种，为什么人类能成为地球的主人，其生存能力大大超过其他动物？有两大原因：一是人类有高度发达的智慧能力；二是人类有高度发达的情感能力。这两者都决定了人类能成为一种高级的社会性动物。人类的智慧能力使人类认识到，只有人类的群体力量，才能战胜自然灾害与野兽的侵犯；人类的情感能力使人类自愿地组成互爱互助的群体。在人类群体之中，个体之间会有矛盾，也会有争斗，但是与人的社会性相比，是次要的。因此，从人类能成为地球主人的事实来看，人性之善（社会性）是主导性的。

3. 从人类的历史发展看。在人类发展史中，精神文明与物质文明两方面都在不断地取得进步。在世界历史上，人类有过多次大范围的争斗（如20世纪的两次世界大战），这些争斗反映出人性之恶。但是人类总是能从争斗中走向和平。二战之后，世界各国自愿地组成联合国，联合国的主要宗旨就是保证世界的和平。1945年之后，至今约70年，没有再发生世界性的战争。从当前的国际形势看，世界的主流是和平与发展。这个历史事实也证明：人性之善是主导性的。

4. 从世界的宗教来看。世界上各种宗教都以"爱"为共同宗旨：基督教的"爱人如己";伊斯兰教的"信主行善";佛教的"普度众生";道家的"尊道贵德"。当前,全世界信教者的人数占人类总数的80%以上。

因此,笔者认为:人性之中,性善是主导性的。人性基本上是善的。

但是,人性中确实存在着恶的一面。

在西方哲学中,有霍布斯的"任何两个人如果想取得同一东西而又不能同时享用时,彼此就会成为仇敌"的理论。

在中国哲学中,有荀子的"今人之性,生而有好利焉,顺是,故争夺生而辞让亡焉"的理论。

他们的理论都说明:人性之中,确实有为了争夺资源而互相争斗的恶的一面。

近代以来,性恶论是西方政治制度一个重要依据。西方政治强调权力的分立与制约,强调对政府的民主监督,都与对人性之恶的承认有关。中国古代政治体制中,对监察制度也很重视,这与对人性之恶的认识也是有关的。在现代社会,如果不承认人性有恶的存在,就不可能有合理的政治制度的设计。

因此,对于人性问题,比较合理的理解是:人性基本上是善的,而同时也应承认:人性之恶是存在的。

对于性善论与性恶论有一个综合的全面的认识,既有利于理解人类的本质,理解人类的历史,有利于维护当代世界的和平、合作与共赢,有利于对于各种宗教的尊重;同时也有利于各国政治制度的完善与政治体制的改革。

### (三)仁义与正义的综合

中国道德哲学特别重视"仁爱";西方道德哲学特别重视"正义"。实际上,"仁爱"与"正义"是两种相辅相成的道德准则。

为什么人应该有道德?道德的根本目的是要让人的行为有利于

每个人自身的合理的发展,同时有利于全社会的公正、互爱与和谐。根据这个要求,必须有"仁爱"与"正义"两者的兼顾或结合。

两者相比较,"仁爱"是出于人的内心的,是人类互爱的感情的表现;"正义"是要见之于行为的,要依据于法律的,是社会公平、公正的体现。

孟子说:"仁,人心也;义,人路也。"(《孟子·告之上》)

虽然孟子的"义"不包含西方哲学中"正义"的全部含义,但孟子已经指出:"仁"与"义"必须结合,否则就是不完整的。

英国 18 世纪著名哲学家休谟在他的《道德原则研究》中,在第一章阐述了道德的一般原则;第二章就是"论仁爱";第三章就是"论正义"。他的学说也说明"仁爱"与"正义"两者在道德原则中的重要性,同时,两者必须是结合的。

从人类的历史事实也能证明:"仁爱"与"正义",两者是结合的。

1945 年是二战中法西斯德国与日本先后投降的年份。德国投降后有纽伦堡审判;日本投降后有东京审判。

纽伦堡审判揭露的事实之一是:德国法西斯的盖世太保血洗华沙的一个犹太人区时,把数不清的犹太人赶到简陋的小屋子里和下水道里,然后实施爆炸。

东京审判时,揭露南京大屠杀的事实是:1937 年 12 月 13 日日军攻占南京后,开始了持续 6 周的大屠杀。在大屠杀中有 20 万以上中国平民和战俘被日军杀害,南京城被日军大肆纵火和抢劫,致使南京城被毁三分之一。

纽伦堡审判对德国主要战犯进行了判决,戈林等 12 人被判处绞刑。东京审判判处东条英机等 7 人绞刑。

纽伦堡审判与东京审判就是"正义"与"仁爱"的结合。

"仁爱"是"正义"的出发点,也是"正义"的目的。两次审判的出发点与目的,就是对全人类的"仁爱"。

"正义"是"仁爱"的保证。如果没有纽伦堡审判与东京审判的"正义"判决,就无法体现对无数被害人的"仁爱"。

正因为有纽伦堡审判与东京审判的"正义"判决,才能保证全世界人民不受法西斯的再次残害,这才是对世界人民的最大"仁爱"。

将中国道德哲学所强调的"仁爱"与西方道德哲学所强调的"正义"结合起来,是人类道德的完整的准则。

### (四)追求自由与遵礼守法的综合

战国时期,荀子是孔子学说的最重要的继承人之一。荀子的最重要贡献是提出"礼法并用"思想。

在秦汉之后的两千多年历史中,荀子提出的"礼法并用"、"隆礼重法"思想是中国主导性的国家治理思想。

前文已经介绍:中国古代的"礼"包含着许多做人的道德要求(仁慈、敬孝、友善、尊老、爱幼、诚信、和睦等)。因此,"遵礼"就有"遵守道德准则"的含意。中国在两千多年来,遵行荀子提出"礼法并举"的治国方针,对每个人的道德要求必然是:守礼遵法。

西方道德哲学的核心理念是"自由";中国道德哲学的核心理念就是"遵礼守法"。这两者是否能综合呢?

笔者的回答是肯定的。"遵礼守法"的理念并没有过时。当然,在现代社会,我们要讲究的"礼"与"法",应是符合现代社会要求的道德操守与法律体系。中国古代所提倡的"礼",有许多应该继续继承,例如上述的仁慈、敬孝、友善、尊老、爱幼、诚信、和睦等;还需要增添符合现代社会要求的新的道德精神,例如:对自由的热爱与追求,对平等、博爱、公平、公正的坚守,对于所在国家宪法与法律的尊重与遵守,以及事业发展与科学探索中的道德观念与创新精神等。在这里,西方道德哲学所强调的"自由"与中国道德哲学所强调的"遵礼守法",已经有了良好的综合。

西方哲学史上有两位著名哲学家早已指出：自由原则应该与道德原则相结合。首先是18世纪英国著名经济学家、哲学家亚当·斯密。

亚当·斯密是现代经济学的开山大师，又是一个杰出的伦理学家。他的主要作品是两部著作：一是《国富论》；一是《道德情操论》。这两部书都达到相当高的水平，对后世有深远的影响。

他在《国富论》一书中积极地肯定"自由"的理念。他认为，必须允许有财产权，有自由经营、自由交换的市场经济体制，才能使国民经济得到快速而健康的发展。而在市场经济体制中，又必须要求每个人都有高尚的道德情操。

斯密在他的《道德情操论》一书中提出人的美德是：谨慎、仁慈（与仁爱是同一含义）和正义。他也提出了道德与守法的关系。

斯密说："我们憎恨不义，一方面是源于其行为破坏了别人的幸福，另一方面则是因为其行为违反了法律的正义要求。"（《道德情操论》）

这段话表明，斯密的观点是：人的道德既是出于人的内心，同时也要受到法律的制约。因此，道德与守法是结合在一起的。

斯密的完整的思想是：在经济生活中必须坚持"自由"的理念，而同时，全社会都必须坚持谨慎、仁慈、正义和守法的道德原则，这样社会与经济才能得到快速而又健康的发展。

关于自由应与道德、守法相结合的问题，做出重大贡献的另一位哲学家是19世纪英国著名哲学家密尔。

密尔是西方哲学史中对于"自由"理念贡献最大的哲学家之一。

密尔给"自由"下了一个经典性的定义：

唯一实称其名的自由，乃是按照我们自己的道路去追求我们自己的好处的自由，只要我们不试图剥夺他人的这种自由。（《论自由》）

密尔提出自由以不侵害他人的自由为限制的原则，既规定了自由的界限,同时也指明:只要不超出这个界限,每个人都应有充分的自由度。

这是对"自由"这个现代共同价值的核心理念的经典性的论述,对现代社会的进步有非常重要的指导意义。

任何人的自由不能侵害他人的自由,这就是"自由"与"法治"相结合的原则。每个人都应有在法律允许范围内的充分的自由,而不能有超出法律允许范围的任何自由。

综上所述,斯密所肯定的是自由原则与道德原则的结合;密尔所肯定的是自由原则与守法原则的结合。

"自由"是西方道德哲学的核心理念之一;"遵礼守法"是中国道德哲学的核心理念之一。根据上述两位哲学家的学说,在现代社会中,这两种理念完全有可能,并且应该在符合现代社会要求的前提下综合起来。

现代社会既要求每个人充分地发挥自己的自由意志、思想与创造力,以推进社会、文化与科学的不断进步;同时也要求每个人遵循道德准则,遵守国家法律,以维护社会的和谐、有序与稳定。


## 四、本章小结

(一)在善(道德)的理论上,中国哲学坚持善的德性论;西方自近代以来,强调善的快乐论。

人类的幸福是人类最大的快乐,实现人类的幸福就是最大的德性,因此,道德的完整理论应该是德性论与快乐论的综合。

(二)中国道德哲学以性善论为主体,西方道德哲学更重视性恶论。应该说,在人类的本性中有善也有恶,性善是基本的,而性恶也是存在的。不承认性善是基本的,就无法解释人类在物质文明与精神文明方面不断进步的历史事实,无法理解当今世界和平与发展的总趋势，也无法解释如今全世界 80％以上的人有以"爱"为主体的宗教信仰的原因。同时，我们也应客观地认识到：人性之恶确实是存在的，在缺乏监督的条件下，人性之恶必然会膨胀。因此现代的政治制度必须要有对人性之恶的预防与监督。这也是当前中国政治体制改革的重要方向。

（三）中国道德哲学强调"仁爱"；西方道德哲学强调"正义"。"仁爱"与"正义"是密切地联系在一起的。没有对广大人民的"仁爱"，就不可能有"正义"；而没有对各种有害于人类的法西斯主义、军国主义、专制主义、恐怖主义等的正义性的斗争与打击，就不可能有对广大人民的"仁爱"。

（四）西方道德哲学强调"自由"；中国道德哲学强调"遵礼守法"。这两者应该是结合的。合理的社会应该保证鼓励每个人充分地发挥自己的聪明才智，在经济生活中应该允许所有参与者的自由经营。与此同时，也应要求每个人都能遵循做人的道德操守，遵守国家的宪法与法律，不能侵害他人的自由。

第八章　中西政治哲学的比较与综合

## 一、政治哲学概述

亚里士多德关于政治有一个著名的论点是："人类在本性上，也正是一个政治动物。"(《政治学》)

生物类群中，有一些社会性(群居性)的动物，如蜜蜂、蚂蚁等，而人类是最高等的社会性动物。按亚里士多德的解释，人类与其他动物的不同之处是：人类具有语言的机能，又有辨识善恶的能力。语言使人类之间能够交流；对善恶的辨识能力使人类能妥善地处理群居生活中的矛盾。

笔者认为，人类与其他动物的最大区别是：人类具有高度发达的理智与情感，这两者都使人类愿意并能够在群居中生活。

亚里士多德认为，人类的群居生活是从两性的结合开始的，从两性的同居发展到家庭，由若干家庭发展到村坊(村庄)，再由许多村坊聚合成城邦。

从世界史说，最早的国家从古埃及王国开始(公元前 3100 年)，中国从夏王朝开始(公元前 2037 年)。从此以后，人类逐步地生活在国家之中。

根据亚里士多德的学说,政治是人类的本质属性。任何人都无法脱离政治。

亚里士多德还说过:"善于个人和于城邦是同样的。"(《尼各马可伦理学》)道德哲学探讨个人的善,政治哲学探讨城邦或国家的善,亚里士多德的话表明:两者有本质性的内在联系。

道德哲学探讨的是善心与善行;政治哲学探讨的是善治与善政。

哲学的各领域中,本体论是哲学的基础理论;认识论关系到哲学与科学的发展;道德哲学关系到个人的道德操守;而政治哲学关系到每个人的权利与生活,关系到国家的发展与世界的和平。我们可以认为,政治哲学是哲学各领域中与所有人的切身利益、与人类的幸福关系最密切的一个学科领域。

政治哲学主要论述以下问题:

(1)国家政权的根据;

(2)国家政权的性质;

(3)国家治理的原则。

## 二、中西政治哲学的比较

### (一)天命论(民意论)与契约论

国家政权的根据,也就是国家政权的合理性或合法性,是政治哲学的首要问题。如果政权的取得没有合理、合法的根据,就不能得到人民大众的认同,人民就有理由不服从此政权,并且有理由推翻此政权。

#### 1. 中国传统政治哲学的天命论

中国自古以来,直到辛亥革命之前,政治制度都是君主专制。中国政治哲学对于政权根据问题的回答都是：天命论。特别是每一个朝代的开国皇帝，之所以能取得皇位，都是"天命"所决定的；因此在该朝代之内，皇位的继承也是"天命"所决定的。

天命论的思想由来已久。对于商朝取代夏朝，《尚书》中是这么记载的："有夏多罪，天命殛之。"（《尚书·汤誓》）

意思是：因为夏桀的罪恶太多，是天命使夏朝灭亡。

而对于周朝取代商朝，《尚书》中则写道："商罪贯盈，天命诛之。"（《尚书·泰誓上》）

意思是：商纣的罪恶太多，天命使商代灭亡。

汉代开国皇帝刘邦出身于下层官吏。他为什么能当皇帝？汉武帝向学者询问："三代受命，其符安在？"就是问这个依据。汉代哲学家董仲舒说，他找到一个理论依据："上承天之所为。"（《天人三策》）意思是：皇帝是根据"天"的意志而行事的，是"天"要刘邦与他的后代做皇帝的。

中国自周代至清代，帝王都自称为"天子"。历代皇帝都要到天坛或泰山祭天，这与皇帝受命于天的天命论有关。

中国传统哲学的天命论在发展之中，也增加了一些合理的因素，主要是与民意（人民的意愿）相结合。

孟子的学生万章问：尧以天下给予舜，是这样吗？孟子答："尧荐舜于天，而天受之；暴之于民，而民受之。……天与之，民与之。"（《孟子·万章上》）

意思是：舜的帝位，是尧向上天推荐，天接受了；尧向人民公示，人民接受了。因此帝位是上天与百姓共同授予的。

孟子又说："《泰誓》曰：'天视自我民视，天听自我民听。'"（《孟子·万章上》）

意思是：上天观察事物是通过人民的眼睛，上天听取声音是通过人民的耳朵。

146

孟子对于政权根据的论述,已经使天命论有所发展。他认为政权是由天命与民意相结合而取得的。他引用《泰誓》的话表明,天命是来自民意的。

天命来自民意,孟子的这个思想与西方的契约论接近了。

## 2. 西方政治哲学中的契约论

古希腊时,柏拉图与亚里士多德对于政权的根据问题没有明确的论述。欧洲中世纪时,基督教哲学家阿奎那的观点是明确的:政权来自上帝的授予。"享受上帝的快乐这一目标,并不是单靠人类的德性就能达到的,而是要依靠神的恩赐。"(《论君主政治》)

正由于此,他说:"只有神的统治而不是人类的政权才能指使我们达到这个目的。这样的统治只能属于既是人又是神的君主,即属于耶稣基督。""君王的神父身份就是从基督产生的。……王国的职务不是交给世界的统治者,而是交托给神父。"(同上)

欧洲中世纪时期,教皇的权力高于所有的国王。国王登基时,都必须由教皇来加冕。阿奎那的上述学说,就是中世纪的政治体制的理论依据。

阿奎那的政权神授论与中国古代的天命论有类似之处。

近现代以来,西方政治哲学的中心思想是"契约论",即政权是由人民共同的契约而形成的。

在希腊化时期,伊壁鸠鲁就提出了早期的契约论思想。基督教的《旧约》与《新约》,也被认为是上帝与信徒之间的信约。因此,在西方,契约论有它的历史渊源。

将契约思想最早明确地应用于近代政治的是霍布斯。

霍布斯的主要著作是《利维坦》(*Leviathan*)。利维坦是《圣经》中描述的一种水生怪物,它高大而骄傲,是水族之王。霍布斯用这个词来代表国家。因此,《利维坦》的主题就是他的国家学说。

他对于国家的产生及其定义的论述是:

一大群人相互订立信约，每人都对它（指国家）的行为授权，以便使它能按其认为有利于大家的和平与共同防卫的方式运用全体的力量和手段的一个人格。承当这一人格的人就称为主权者。

像这样统一在一个人格中的一群人就称为国家。……这就是伟大的利维坦的诞生。（《利维坦》）

他这段话的要点是：主权者和国家产生的原因是国民们相互订约后的授权。

他这个思想是建立在他关于人的平等、自由和自然法的基础之上的。因为人人都是平等和自由的，他们才可能互相订约并授权。

人们为什么要授权于主权者呢？因为只有授权于一个主权者（一个人或一个集体），人们才能摆脱"人人互战"的"自然状态"，而能够享受和平，防御外敌。也就是说，人们是为了自己的利益而同意授权的。

这是霍布斯在政治思想史上的划时代的贡献。他的理论从根本上否定了当时教会、君王和人民都相信的"君权神授"的信条。

根据霍布斯的理论，任何主权者的合法性就在于它被统治者同意和授权。这为后来卢梭"主权在民"的思想提供了理论基础。

霍布斯之后，西方最重要的政治哲学家是洛克。

霍布斯是王权（君王专制）的坚定支持者，洛克是君主立宪制和民主政治的坚定促成者与支持者。但在政治哲学上，洛克的许多思想受到霍布斯的影响。

洛克是从他的"自然状态"理论中推演出他的政治契约论的。他指出：虽然人们在自然状态中享有平等、自由等天赋的权利，但是，"这种享有是很不稳定的，有不断受别人侵犯的威胁"。"自然状态有着许多缺陷。"（《政府论》）

洛克指出自然状态的缺陷是：

①自然状态缺少确定的、为大家共同接受的法律。

②自然状态缺少一个依据法律的公正的裁判者。

③自然状态缺少权力来支持正确的判决。

自然状态使每个人都会受到别人的侵害，因此对每个人都是不利的。这种情况使人们自愿地放弃部分权利，交给被指定的人，来按照一致同意的规定专门地行使。这一致同意的规定就是政府与人民之间的契约。人民与政府间建立契约，就是政府和国家的开始。洛克说："这就是立法和行政权力的原始权利和这两者之所以产生的缘由。"（《政府论》）

洛克之后，契约论的提倡者是卢梭。

卢梭写出《社会契约论》，它为近代民主政治提供了理论基础。《社会契约论》中表达的基本思想是：

要寻找出一种结合的形式，使它能以全部共同的力量来维护和保障每个结合者的人身和财产，并且由于这一结合而使得每一个与全体相联合的个人又只不过是在服从其本人，并且仍然像以往一样地自由。这就是社会契约所要解决的根本问题。（《社会契约论》）

卢梭将全体个人的结合称为"共同体"，而共同体的意志，称为"公意"。应该指出，"公意"思想是有缺陷的，它为法国大革命的民主暴政提供了理论基础。

霍布斯、洛克与卢梭所奠定的契约论是西方政治哲学中的主流性思想。直到 20 世纪，美国著名政治哲学家罗尔斯还是肯定契约论思想的。

如果比较中国传统政治哲学的天命论与西方政治哲学的契约论，我们应当承认：契约论思想是更为理性与进步的。两者的差别主要体现于：①天命的观念不符合科学。从科学来理解，所谓"天"，就是大自然，但大自然不可能决定谁应该当皇帝。契约论中排除了"天命"，也排除了上帝。②契约论强调的是：政权的根据是人民的同意。这是现代民主政治的理论根据。

## （二）民本论与民主论

中国传统政治哲学的民本论的观点是：政权必须依靠人民，为了人民。西方政治哲学的民主论的观点是：政权的主人是人民。

表面上看，两者所讲的是不同的问题；而从实质上看，两者回答的是同一个问题：政权的性质与目的究竟是什么？

### 1. 中国传统政治哲学的民本论

民本论是中国传统政治哲学的中心思想。夏、商、周以来，直到清代，中国的政权体制都是君主专制；政权的主人都不是人民，而是君王或皇帝。但是，这样的政权能否巩固、能否延续，却取决于人民是否拥护。

民本论的思想是：政权必须以人民为依靠，以人民的利益为施政目的，政权才能巩固。

民本论思想的历史悠久。

《尚书》中说："民惟邦本，本固邦宁。"

《国语·周语上》中记载："宣王即位，不籍千亩。虢文公谏曰：'不可。夫民之大事在农，上帝之粢盛于是乎出，民之蕃庶于是乎生，事之供给于是乎在，和协辑睦于是乎兴，财用蕃殖于是乎始，敦庞纯固于是乎成。'"

大意是：周宣王继承王位后，不去示范性地耕田。虢文公劝谏说：农耕是人民的大事，祭祀的食物、人民的生活、国事的供给、社会的和睦、国家的财政、国力的强盛，都要依靠人民的农耕。

中国古代哲学家基本上都是民本论者。

孔子说："百姓足，君孰与不足？百姓不足，君孰与足？"（《论语·颜渊》）

孟子是表达民本论思想最为明确的哲学家。他说："治人者食于人。"(《孟子·滕文公上》)"乐民之乐者,民亦乐其乐;忧民之忧者,民亦忧其忧。乐以天下,忧以天下,然而不王者,未之有也。"(《孟子·梁惠王下》)"得天下有道,得其民,斯得天下矣;得其民有道,得其心,斯得民矣。"(《孟子·离娄上》)

他最大胆的对民本论的论述是:"民为贵,社稷次之,君为轻。"(《孟子·尽心下》)

明代开国皇帝对孟子这句话很不高兴,一度要将孟子"逐"出孔庙。

孔子学说的另一个继承人荀子是提倡以君权为本的,但是他十分重视人民的力量。他说:"传曰:'君者舟也,庶人者水也。水能载舟,水能覆舟。'"(《荀子·王制》)

明末清初的一些杰出的哲学家亦都是民本论者。黄宗羲说:"为天下之大害者,君而已矣。"(《明夷待访录》)"为天下,非为君也,为万民,非为一姓也。"(同上)

这几句话在明代提出,是非常了不起的。从汉代儒学到宋明新儒学,都将"忠"(忠于帝王)列为道德的首位。黄宗羲将天下的大害归于帝王,并且提出"天下为民"的思想,这是中国传统政治哲学的一个重大发展。

从以上简要的介绍可知:民本论是中国传统政治哲学的一贯思想。民本论的思想为中国古代一些贤明君王所采纳。各个朝代都有一些比较贤明的君王,如唐太宗、宋太祖、明孝宗、清康熙帝等,都比较重视民众的利益。

我们可以认为,虽然中国有长期的君主专制制度,然而由于古代哲学家们坚持民本论思想,一些开明的帝王也能采纳民本论思想。这是中国能够在两千多年的漫长历史中基本维持政局稳定、始终没有灭亡的重要原因。

## 2. 西方政治哲学的民主论

西方的民主思想与制度是从古希腊开始的。雅典民主政治的特征是全体公民作为统治者，集体掌握国家最高权力。但是雅典民主政治局限于奴隶主的范围，奴隶是没有民主权利的。

雅典的民主制有它特有的条件：城邦制。古希腊伯利克里时期雅典的公民只有 40 万人，相当于中国当前一个小县的人数。在这样的人口条件下，才可能有雅典式的直接民主。当然，古希腊的伟大政治家梭伦的改革（公元前 594 年）和伯利克里（前 495—前 429 年）的执政，对于雅典民主制的建立与巩固起了决定作用。

但是，古希腊哲学家并不认为民主制是最好的政治制度。

柏拉图对民主政体是否定的。他的老师苏格拉底就是在民主的票决中被处死的，因此他不可能赞成民主。

亚里士多德对各种政体有详尽的评价。他对君主政体、贵族政体和共和政体都有积极的评价，而对僭主政体、寡头政体和平民政体都有负面的评价。

六种政体中，他最推崇的是共和政体。他认为，共和政体是一种混合型政体；他主张以中产阶级作为政权的主体。因此，他实际上是赞成精英政治，而不是民主政治。

欧洲中世纪时，基督教哲学家的理论是神权高于王权，因此谈不上民主政治。

17 世纪的启蒙哲学家霍布斯是反对神权的，但是他支持王权，而并不支持民主。

开创民主政治学说的是 17 世纪英国哲学家洛克。他发展了霍布斯的"契约论"，提出了政府合法性与有限政府的理论。

①洛克认为，契约是人民与政府之间制定的。因此，一旦政府违背了契约，人们有权反对，甚至更换政府。契约并不是永恒不变的，契约的基础是人民的同意。按洛克的观点，政府的合法性只有一个，就

是多数人民的同意。这为"主权在民"思想提供了基础,成为现代民主政治的基本原则。

②霍布斯认为,在契约中,人民将全部权利交给了政府。洛克认为,在契约中,人民只是将部分权利交给政府。人民原有的生命权、自由权、财产权等基本权利,并没有交给政府。政府的主要职责就是保护人民的这些基本权利。政府一旦侵害了人民的基本权利,就是自动放弃统治资格。因此,洛克是坚定地反对专制政体的。

政府只拥有人民所同意交出的部分的权利,这就是洛克的"有限政府论"。洛克的政府合法性理论和有限政府的理论,后来成为世界上多数国家接受的民主理念。

可以认为,洛克为现代民主理念奠定了基础。

18 世纪法国哲学家卢梭为现代民主理念的确立做出了重要贡献。

洛克的观点是,人民将部分权利转让给了政府;而卢梭提出的观点是主权在民,国家的一切主权永远地属于人民。根据主权在民的理论,转让给政府的权利,人民当然有权限制或收回。

主权在民要求:①执政者(或政府领导人)应该根据人民的意愿而产生;②人民对执政者有监督和罢免的权利;③国家(或地区)的大事(方针、政策、决策等)都应该根据人民的意愿而决定;④执政者必须保障人民应有的权利。

因此,根据主权在民的原则,可以形成完整的民主政治的构想。

卢梭之后,为民主理念做出重要贡献的是 19 世纪英国哲学家密尔。他的《代议制政府》一书,对民主政治有深刻的论述。

洛克和卢梭虽然提出了应该有民主政治的理论,但是并没有充分阐明为什么必须有民主政治? 民主政治对人民有什么益处?

密尔回答了这个问题。他的意思是:

①因为"每个人是自己的权利和利益的唯一可靠保卫者"(《代议制政府》),所以只有民主政体,才能为人民提供最好的管理与服务。

②只有在民主政体下,人民才能发挥出最大的积极性、主动性和创造性,使民族精神能够有最好的发展。

由于以上原因,民主政体能够带给"全体人民的最大幸福"(《代议制政府》);因此,民主符合"正义"与"功利"原则。这是对"民主"的相当深刻的论述。

在现代世界,民主已经成为各国普遍接受的政治原则。2013年召开的中共十八大,也将"民主"列为社会主义核心价值之一。

### (三)德治论与法治论

天命论与契约论是论述政权的根据;民本论与民主论是论述政权的性质与目的。德治论与法治论则是论述政权的治理原则与方法。

#### 1. 中国传统政治哲学的德治与法治

在中国传统政治哲学中,儒家的主张是德治论,法家的主张是法治论。当然,法家的法治论与西方哲学的法治论是有区别的,两者不应混为一谈。

#### (1)儒家的德治论

儒家的德治论是与天命论与民本论直接联系的。按儒家的思想,天命与民意是结合的,而民本论认为,政权必须依靠人民,服务人民,因此,执政者必须以德来引导人民,以德来教育人民,以德来善待人民。这是德治论的立论根据。同时,德治论又以性善论为理论依据,儒家认为人性都是善的,因此,德治是最好的治理方法。

德治论主要体现于以下几方面:

①德治要求君王应是德行的典范,以引导人民的德行。

孔子说:"政者,正也。子帅以正,孰能不正。"(《论语·颜渊》)"其身正,不令而行;其身不正,虽令不从。"(《论语·子路》)

孟子说:"君仁莫不仁,君义莫不义,君正莫不正。一正君而天下定矣。"(《孟子·离娄上》)

他们的意思都是：只要君王为人正直、仁义，官员与百姓就都能正直、仁义。

②德治要求教化人民遵循家庭伦理与社会公德。

孟子对滕文公的建议是："教以人伦：父子有亲，君臣有义，夫妻有别，长幼有序，朋友有信。"（《孟子·滕文公上》）

儒家非常重视家庭伦理，认为先要有家庭伦理，然后才能治理好社会与国家。

宋代程颐说："治天下之道，盖治家之道也，推而行之而外耳。""夫王者之道，修身以齐家，家正而天下治矣。"（《二程集》）

③德治要求仁政。

仁政是儒家德治的最主要也是最有生命力的内涵。

仁政是儒家非常重要的政治主张。提倡仁政最积极的是孟子。孟子给予各国君王的主要建议就是要实行仁政。他说："以不忍人之心，行不忍人之政，治天下可运之掌上。"（《孟子·公孙丑上》）"老吾老以及人之老，幼吾幼以及人之幼，天下可运于掌。"（《孟子·梁惠王上》）

意思是：以仁爱之心，行仁爱之政；对待所有老人，就像对待自己家的父母；对待所有儿童，就像对待自己家的子女；那么，你就能治理好国家。

他对梁惠王建议说："王如施仁政于民，省刑罚，薄税敛，深耕易耨；壮者以暇日修其孝悌忠信，入以事其父兄，出以事其长上，可使制梃以挞秦楚之坚甲利兵矣！"（《孟子·梁惠王上》）

意思是：您如果施行仁政，减少刑罚，降低税赋，让人民能改良农业，年壮者在闲暇时能修养道德，在家能孝敬父兄，在外能为主管者办事，那么，您就能抵抗秦国、楚国的武力侵犯。

孟子总的意思是：君王的仁政会改善民生，安抚民心，从而使国家产生强大的力量，以抵御外国的侵略。

笔者认为，儒家的仁政思想，虽然是不全面的，但是有它合理的因素，即使在现代社会，也有它重要的现实意义。

（2）法家的法治论

在战国时期，受到君王欢迎并接受的，并不是儒家的德治论，而是法家的法治论。

法家是中国古代政治哲学的一个非常重要的学派。法家思想的最早提出者是春秋时期的伟大政治家、思想家管仲（前723—前645年）。他辅助齐桓公成为春秋五霸之一。孔子对管仲十分推崇，说："微管仲，吾其被发左衽矣。"（《论语·宪问篇》）意思是：如果没有管仲，我们都是披着长发、左边开襟的未开化的人。

《管子》一书是战国时期的著作，是管仲学说的继承人的集体创作，反映了管仲的思想体系。

《管子》中的《法法篇》说："不法法则事毋常，法不法则令不行。令而不行则令不法也……禁胜于身则令行于民矣。"

其大意是：不以法规的方法推行国法，国事就不能有常规，政令就不能贯彻；政令不能贯彻，政令就不能成为法规。……君王能对禁令以身作则，就能使政令在人民中执行。

因此，管仲的法治思想是：国家的治理必须有国法，国法必须用法令与法规来严格地执行；在执行中，君王应该以身作则。

荀子本人是儒家，但是他开创性地提出了"礼法并举"的思想。他说："国无礼则不正。"（《荀子·十一，王霸》）"法者，治之端也。"（《荀子·十二，君道》）

国家必须有礼，否则就没有规范。同时，国家也必须有法，法是国家治理的开端。礼是儒家的思想；法是法家的思想。因此可以说，荀子是结合了法家与儒家的思想。

法家的继承人有魏国的李悝、吴起和在秦国推行法治的商鞅等。荀子的学生韩非、李斯都是法家的重要学者或政治家。秦国的强大是依靠商鞅变法,秦始皇统一中国是依靠韩非与李斯的辅助。

韩非是法家思想的集大成者。他明确地提出:"以法治国。"(《韩非子·有度》)"法不阿贵。"(《韩非子·有度》)"刑过不避大臣,赏善不遗匹夫。"(《韩非子·有度》)

对于法家的评价,在现代中国有过反复。"文革"时期,一度是"尊法反儒",鼓吹法家是进步的,儒家是反动的。

"文革"结束之后直至现在,儒家受到充分的推崇,世界各地都建立了孔子学院,而对法家却很少提及。

笔者认为:"文革"时期的"尊法反儒"当然是错误的,但如果我们今天只重视儒家,也是有片面性的。应该承认,法家是中国传统哲学(特别是政治哲学)的宝贵的思想财富。法家思想在强调国家治理中法规的重要性以及执法的公正性方面,仍然有它积极的意义。法家在经济、军事等方面也有一些有益的思想。

2. 西方政治哲学的法治论

西方政治哲学中的"法治"是一个国家治理的原则,它是与"人治"相对应的。法治就是依据宪法与法律来治理国家。人治是依据某个人的意志来治理国家。

古希腊时期,柏拉图要求由哲学家来管理国家,就有人治的意思。

亚里士多德是主张法治的。他说:"法治应当优于一人之治。……即便有时国政仍须依仗某些人的智慧,这总得限制这些人们只能在应用法律上运用其智慧。"(《政治学》)

他的意思是:法治优于人治。领导人或政府,必须依据法律来执政。

欧洲中世纪时,神权高于一切,而代表神权的是罗马大主教,因此实质上还是人治。

17世纪英国哲学家洛克是近代法治理念的最主要的倡导者。他说:

谁握有国家的立法权或最高权力,谁就应该以既定的、向全国人民公布周知的、经常有效的法律,而不是以临时的命令来实行统治。……而这一切都没有别的目的,只是为了人民的和平、安全和公众福利。(《政府论》)

洛克关于"向全国人民公布周知的法律"来实行统治的思想,可以被认为是现代法治思想——"依法治国"的开始。

洛克对"自然法"的解释是:"自然法教导着有意遵从理性的全人类:人们既然都是平等和独立的,任何人都不得侵害他人的生命、健康、自由或财产。"(《政府论》)

因此,在他看来,自然法以及其他法律的根本目的是保障人民的生命权、健康权、自由权与财产权。

18世纪德国哲学家康德十分重视法治的原则。

康德认为,法律必须反映全体人民的共同意志,尊重每一个公民的意志。他认为契约论的含义是:每个人都同意法律所表达的共同意志。

由于法律和政府是由经过人民同意后的契约所产生的,因此,他认为,人民对法律和政府有服从的义务,否则,与人民的同意是自相矛盾的。

哈耶克是20世纪很重要的自由主义思想家,他对法治也较为重视。他说:

自发秩序或法治的极端重要性,基于这样一个事实:它扩大了人们为相互利益而和平共处的可能性。这种秩序是逐渐成长起来的,它超越了家庭、部落、种族、部族和小国,甚至超越了帝国和民族国家,至少为一个世界性社会创造了一个起点。(《自由社会的秩序原理》)

哈耶克的思想证明,自由主义者绝不反对法治;相反,他们是十分重视法治的。

现代法治既是自由与民主的保障，又是自由与民主的规范。

现代法治的主要意义是保障人民的各种自由权利和民主权利。现代各国的宪法（包括中国宪法）中，对人民的自由权利与民主权利都有明确的规定。任何政府违反这些规定，就是违法。

同时，法律对人民的自由与民主都有一定的规范和制约。

人的自由，尽管很重要，但是并不是没有约束的。

19世纪英国哲学家密尔提出：每个人的自由应以不侵犯他人的自由为限度。

那我们依靠什么来保证这条自由的原则呢？只能依靠法律。这就是法律的一大功效。

民主也是这样。民主不能脱离法律的轨道，否则只能给人们带来祸害。

必须指出，中国传统法家所提倡的法治，与现代社会的法治是有本质性区别的，其中主要包括三个方面：

①传统法家的法治是以维护君主专制为根本目的，而现代社会的法治的根本目的是保证人民当家做主的地位（人民的主权）。

②传统法家的法治主要是以刑罚为手段，管治违法行为。现代社会的法治是以法律为准则，管控违法行为，同时保障人民的合法权利。

③传统法家的法治不限制君主的权力。现代社会的法治要求限制政府的权力（政府不能侵犯人民的合法权利）。

因此，今天中国所实行的法治，只能是现代社会的法治，而不是传统法家的法治。但是如前文所说，传统法家在法治的规范性与公正性等方面，仍然有可取之处。"刑过不避大臣，赏善不遗匹夫。"也就是说，在法律面前是人人平等的。即使你地位再高，也必须遵守国家的法律。

### （四）集权论与分权论

任何国家的政治制度中都有集权与分权的问题。如果没有集权，权力分散，国家的治理不可能有效率；如果没有分权，国家的事务很多，或者国家的地域较大，国家也无法管理。

此外，国家权力体制有两大类，一类是专制型的，权力之间没有相互的制约；一类是民主型的，权力之间有相互的制约。

中国传统的政治哲学提倡的是中央集权的专制制度，其中也包含一定的分权与制约；西方近现代政治哲学都主张分权制约的民主制，其中也包含一定的集权。

两者在性质上有根本性的区别。

1. 中国传统政治哲学的集权论与专制论

周代实行的是封建型的君主体制。周代的君主对全国有最高权力，但是在地方上，诸侯有最高权力。这样的体制形成春秋五霸、战国七雄的纷争政局，不利于国家的统一与稳定。秦始皇时，在全国实行郡县制，实现了全国性的帝王专制。从汉代直到清代，都继承了秦汉的集权专制的体制。

从哲学上讲，孔子是支持君主专制的。

齐景公问政于孔子。孔子对曰：君君，臣臣，父父，子子。公曰：善哉！信如君不君，臣不臣，父不父，子不子，虽有粟，吾得而食诸？（《论语·颜渊》）

值得注意的是，这是孔子对于"问政"的回答，表明孔子对于政治制度的观点。孔子的意思是：在国家政治体制上必须维护君主的最高权力。齐景公对孔子的主张非常赞成，他说：如果不维护君主的最高权力，民间虽然有粮食，我能得到吗？

孔子的继承人荀子是明确主张君权论的。他说："君者，民之原也。"（《荀子·君道》）"使强大者不务强也，虑以王命。全其力，凝其德。力全，则诸侯不能弱也，德凝，则诸侯不能削也。"（《荀子·王制》）

第一句话表明：君主是国家与人民的根本。

第二句话说的是：强大的君主不要逞强，而要考虑自己的使命。国家必须有强大的国力，又要施行德政。国力强大了，德政施行了，诸侯就不能削弱君主的权力了。

由此可见，荀子的政治主张是以巩固君主的权力为出发点的。

中国古代的法家有更明确的加强君权的主张。商鞅提出"法"的理念，认为要有一套约束所有人的政治规章和刑罚制度；申不害提出"术"的理念，就是要有一套君主统治官员和人民的手段；慎到提出"势"的理念，就是要维护和壮大君主的权势。韩非将他们三人的学说综合了起来。

韩非说："因任而授官，循名而质实，操杀生之柄。"（《韩非子·定法》）"术者，藏之于胸中，以偶众端，而潜御群臣者也。"（《韩非子·难三》）

也就是说：君主为了巩固自己的统治，一定要有一套方法和手段。每个官员，都要给他明确的任务；要经常根据他的官位检查他的工作实绩；君主对官员们要掌握生死的把柄；君主要将自己的意图隐藏起来，再配合各种手段，在暗中操纵官员们。

他说："抱法处势则治，背法去势则乱。"（同上）

意思是：有权势而实行法治，国家就得到治理；没有权势又违背法治，国家非乱不可。

中国古代，自秦汉到清代，实行的都是君主专制。值得重视的是，在中国古代政治哲学中，虽然找不到现代政治的明确的三权分立的学说，但是有要求对君权有所限制与一定的分权政制的学说。

在这方面，孟子的观点最为鲜明而大胆。他说："民为贵，社稷次之，君为轻。"（《孟子·尽心下》）"君之视臣如手足，则臣视君如腹心……君之视臣如土芥，则臣视君如寇仇。"（《孟子·离娄下》）

汉武帝时，董仲舒提出："屈民而伸君，曲君而伸天。"（《春秋繁露·玉杯》）他既维护了君王的权威（"屈民而伸君"），又将天置于君王之上（"曲君而伸天"）。根据儒家的思想，天意是与民意结合的，也就是要求君王尊重民意。

董仲舒的思想可以代表儒家的主流性政治哲学。

中国传统政治制度并不是君主一个人的绝对专制的集权制，而有一套对君权有所限制的分权制。

中国古代政治制度中，在帝王专制前提下的分权制，主要体现于以下两方面：

①宰相制

中国古代是君主专制，但是君主一个人不可能掌管所有国家事务，因此出现了宰相，辅助君王处理行政事务。

在中国古代，有较大权势的宰相出现于春秋时期。齐桓公任用管仲为相，管仲在学识与能力上都是上乘，因此桓公才能称霸。汉代初期是宰相制，西汉中期到东汉是三公制：太尉掌军事，司徒掌行政，司空掌监察；隋代到宋代是三省制：中书协助帝王决策，门下审核，尚书执行；明代是内阁制；清代是内阁与军机处的双轨制。

②御史监察制

中国古代御史监察制的主要任务有二：一是对帝王进行谏言；二是对各级官员进行监督与弹劾。

先秦时期还没有完整的监察制度。秦汉时期设立御史大夫。隋唐时的监察制度分为两部分：一是御史监察系统；二是谏官谏言系统。历史学家认为，唐代是中国古代监察制度最完备的时期。唐太宗能虚心听取宰相魏徵的谏言，而成为一代明君。

宋代时，监察制度有所衰落。明代时建立都察院，地方上设立提刑按察使、督抚等。清代时，中央仍然有都察院，地方设立十五道。

总之，中国古代政治制度在君主专制的框架内，还是有一定的分权制的，有决策权、行政权与监察权的适当分离。这样的体制，既保证了君主专制体制的巩固，又让皇帝有听到谏言的可能，并且对违法贪婪的官员有一定监督作用。

2. 西方政治哲学的分权与集权

西方政治制度的发展与中国有很大的区别。

古希腊时期,实行的是城邦民主制。

从哲学上讲,亚里士多德最推崇的,并不是君主专制,也不是民主制,而是共和政体。他认为,共和政体是一种混合型政体,是一种最稳定的政体。

可贵的是:亚里士多德开创性地提出政权三要素的思想。他说:

一切政体都有三个要素,作为构成的基础。……三者之一为有关城邦一般公务的议事机能;其二为行政机能部分……其三为审判(司法)机能。(《政治学》)

这是后来西方三权分立思想的起源。

欧洲中世纪时,基督教哲学家阿奎那提倡的是君权神授论,因此,神权高于君权。这实际上是神权专制。

自由、平等思想的开创人霍布斯是反对神权、维护君权的。

现代政治哲学的开创人是英国哲学家洛克。天赋人权论、政府的合法性来自人民的同意、有限政府论等一系列现代民主政治的指导思想都是从洛克开始的。

洛克的政府理论中的一个重要内容就是政府分权论。

他提出,国家的权力应该分为三部分:立法权、行政权、对外权。立法权是制定和公布国家法律,并保证其实施的权力;行政权是执行国家法律的权力,包含司法权在内;对外权是与他国联盟,对外宣战、媾和、订立条约的权力。这三种权力应由不同的部门来掌握,绝不能集中在君主一个人手中。三权应该是互相监督、互相制约的。

这三种权力应该分立,而不是并立的。立法权是国家的最高权力。立法机构必须是民选的,以代表人民的利益与要求。

他认为,对立法机关(即民选的议会)的限制是:

①"它们应该以正式公布的既定的法律来进行统治。"(即以法治国)

②"这些法律除了为人民谋福利这一最终目的外,不应该有其他目的。"

③"未经人民自己或其代表同意,绝不应该对人民的财产课税。"

④"立法机关不应该也不能够把制定法律的权力让给任何其他人。"

⑤"人民发现立法行动与他们的委托相抵触时,人民仍然享有最高的权力来罢免或更换立法机关。"

从上述论述可见,洛克将人民作为最高权力拥有者。这是民主的真谛。

行政权(在洛克的时代,是指国王)有最高的执行权。但是,"如果他自己违反法律,他就没有要人服从的权利。他有的只是法律的意志,法律的权力"。(以上引文均出自《政府论》)

洛克的政府分权理论,虽然还不是很完善(例如司法权没有独立出来),却为后来的三权分立的民主政治原则建立了理论基础。

完整地提出三权分立论的是法国启蒙思想家、哲学家孟德斯鸠(1689—1755)。

三权分立论的主要内容是:立法权、行政权和司法权相互独立、互相制衡。这一学说的理论前提是:绝对的权力必然导致绝对的腐败,所以,国家权力应该分立,互相制衡。要建立一个民主、法治的国家,必须三权分立。英法资产阶级革命和美国独立战争以后,三权分立成为西方国家建立国家制度的根本原则。西方的政治家和思想家都认为,只有实行三权分立,才是民主和法治的标志;不实行这种制度,就是专制。

### 三、中西政治哲学的综合

如果说，在道德哲学方面，中国哲学高于西方哲学；那么，在政治哲学方面，可以明确地说，西方哲学高于中国哲学。

中西政治哲学的对比与历史发展是密切联系的。在欧洲启蒙运动之后，随着资本主义的兴起，自由、平等、民主、法治等现代社会共同性的政治理念开始在西方国家得到肯定与普及。而在中国，现代政治理念是在20世纪初，即清末民初时期，才开始在学术界传播，相比西方大约落后了二三百年。即使到今天，这些现代社会共同性的政治理念（或共同价值）在中国还有继续普及的很大空间。

以上事实是我们在讨论中西政治哲学的综合问题上必须承认的。如果我们认为，中国哲学在一切方面都比西方哲学强，或者认为，中国在一切方面都必须固守自己的哲学本体，这不仅不符合客观事实，也有碍于国家的进步。

当然，笔者认为，在承认西方政治哲学的先进性的同时，也应该认真地抽提出中国政治哲学中的积极、合理的因素，加以采纳与融合。也就是说，中西政治哲学是可能综合的。中西政治哲学的综合所形成的思想，不仅有利于中国的进步，并且也有利于世界的进步。

以下从四方面来论述中西政治哲学的综合问题。

#### （一）契约论与民意论的综合

西方政治哲学中的契约论，为政府的合法性提供了理论依据。契约论的理论，简要地说就是：政府的合法性来源于人民共同订立的契约，或者人民与政府签订的契约。契约论的基本要义是：政府的合法性是来自人民的同意与授权。

但是，有著名西方哲学家早就指出：历史上并没有发生过人民与政府签订契约的事实。

英国 18 世纪著名哲学家休谟在他的《论原始契约》一文中,对霍布斯和洛克提出的"契约论"思想作出批评(虽然他并不点名)。他说契约论不符合历史实际。

几乎所有现存的政府,或所有在历史上留有记录的政府开始总是通过篡夺或征伐建立起来的,或则二者同时并用,它们并不自称是经过公平的同意或人民的自愿服从。(《论原始契约》)

那么,从休谟的观点来看,政府是怎样起源的呢?他在《论政府的起源》一文中说:"人民全都意识到正义是维护安宁和秩序所必需的,人民也都意识到安宁和秩序是维护社会生存所必需的。""我们发现,社会秩序由于有政府维持而好多了。……人们发现支持他(指政府或长官)的权威可以立即获得显见的利益。……他们和其祖先一直在这条路上行走。"

休谟的意思是:人民需要政府,愿意服从政府,只是为着自身的利益,为了社会的安宁和秩序,或者说,是为了社会的正义,为了社会的普遍利益。这就是休谟的功利主义的政治哲学。

当代哲学家罗尔斯也承认休谟的观点:历史上并没有人民与政府订立契约的事实。但在他看来,洛克的契约论和休谟的功利主义,在实质上是一致的。因为只要能维护社会安宁和秩序,能够为人民实现普遍利益的政府,人民是会同意与它订立契约的,如制定宪法。如果政府不能维护人民的普遍利益,人民就不会同意订立契约。

中国传统政治哲学对于政权根据的看法,基本上是天命论,即政权归谁是由上天或天命所决定的。当然,天命论是不符合人类理性、不符合科学的。然而,在中国传统政治哲学的天命论中,也有合理的因素,即认为天命是与民意(人民的意愿)相结合的。

孟子引用《尚书·泰誓》说:"天视自我民视,天听自我民听。"(《孟子·万章上》)其意思是：天命是来自民意的。孟子的这个思想与西方的契约论基本上是一致的。

因此，不论是中国的天命论，或西方的契约论，政府的合法性只能来自人民的同意，即来自民意。

政府的合法性来自人民的同意，这就是"主权在民"原则的根据。

现代世界各国的宪法的制定，应该说，就是来源于契约论与功利论的结合。宪法是各国人民直接或间接（通过议会的表决）同意的。人民之所以同意宪法，是因为它符合人民的利益。

正因为政府的合法性的唯一根据是人民的同意与授权，所以政府的领导人应该由人民直接选举或间接选举产生，而不能由任何个人或某个组织所决定或指定。并且，政府的政策与政绩还应符合人民的利益，得到人民的认同。这是现代民主政治的基本原则，在世界上被广泛认可。

这也应该是中西政治哲学综合的首要论点。

### （二）民主论与民本论的综合

首先应该明确：民主论与民本论有本质性的区别。民本论是中国自古以来的传统政治哲学；民主论是 17—18 世纪欧洲启蒙运动后形成的、被现代世界普遍接受的政治哲学。

民本论的含意是：国家的主权属于君主，但君主应该将人民视作国家的根本，国家政权必须依靠人民，服务于人民，以人民的利益为施政的目的。只有以民为本，政权才能巩固。

民主论的含意是：国家的主权属于人民，政权的产生必须由人民通过民主的方式（直接或间接选举）来产生。政府必须接受人民的监督。政府或执政党的方针、政策必须符合人民的利益。

人类的历史已经证明，民主论是正确的，民主政治也是全世界的共同发展方向。

民本论从根本上说是为特定的君主服务的,其根本目的是巩固君主的统治地位。但是,怎样能保证君主真正地以民为本呢?民本论不可能回答这个问题。纵观中国的历史,每个朝代开始的几位皇帝,往往比较能重视人民的利益,使人民安居乐业;但是之后的几位皇帝,由于无能或贪婪、官员的严重腐败,都会将人民的利益抛到脑后,而使人民遭殃受难。

因此,今天的中国必须坚持民主论。中共十八大将"民主"列为社会主义核心价值之一,是完全正确的。

然而,如果我们冷静地、客观地考察世界历史,不能不注意到一个问题:民主并不是万能的。民主并不能保证国家的运行都符合人民的利益。

这方面的历史事实不少。例如:

1. 公元前 399 年,苏格拉底被人控告有罪。他被控的罪名是两条:一是不敬众神;二是蛊惑青年。这些罪名都不符合事实。但是在当时希腊的民主制度中,由多数人投票决定判决,结果以 281 票对 220 票,判处苏格拉底死刑。

2. 二战之前,德国独裁者希特勒上台,是符合民主程序的。1933 年 1 月 30 日,阿道夫·希特勒被任命为德国总理。半年以后,德国全民投票,希特勒得到 90% 德国人的支持,成为合法的德国总统。结果呢?希特勒给德国与世界人民带来了巨大灾难。

3. 2003 年,美国发动了伊拉克战争,是国会通过民主程序作出的决议(虽然没有得到联合国的同意)。当时美国的理由是:伊拉克拥有大规模杀伤性武器。但是到战争结束,也没有发现伊拉克有这样的武器。这场战争导致伊拉克士兵死亡 11 万人,造成难民 480 万人,而美军也阵亡 4366 人。

因此,笔者认为,中国传统的民本论不应该被否定。民主论应该与民本论相综合。对于任何国家来说,民主是完全必要的,应该让人民有充分的民主权利,政府领导人应该通过民主程序,由人民直接或间接选举而产生;政府应该接受人民与舆论的监督;政府的决策或政策应该更充分地听取人民的意见,通过代议机构(国会或人民代表大会)的民主程序而产生。

而另一方面,所有的民主决策或民选的政党领导人,都应该以人民的利益为根本(民本论)。如果国家的民主制度产生了不符合人民利益的政策或领导,那么,应该由此而检讨民主制度本身的缺陷,并坚决地改革和纠正。

民主决策的原则是少数服从多数,但是真理往往是在少数人手中,因此必须完善民主协商制度,保护并尊重少数人的意见。

多数人的意见有时会有民粹主义倾向(希特勒的上台就是民粹主义的结果)。负责任的政府与政党必须警惕并抵制民粹主义。

在这些方面,民本论的思想是必要的。民主的程序与决策都应有利于人民的根本利益。

这就是中西政治哲学的民主论与民本论的综合思想。

### (三)法治论与德治论的综合

毫无疑问,不论是在世界其他国家,还是在中国,法治原则都比德治原则更为合理。主要理由是:

1. 儒家的德治在实质上就是人治,而人治是一种不合理、不可靠的政治原则。

儒家的德治思想依靠的是君主的正直、公道、仁义,也就是要依靠君主这个"人"的道德品性。但是,怎样才能保证君主这个人的道德品性呢?从中国两千多年的历史来看,事实上无法保证。中国历史上不乏暴君或昏庸无能的皇帝。暴君如夏桀王、商纣王等;明代出现过不少昏庸的皇帝,如英宗、武宗、神宗、熹宗等。

2. 儒家的德治是很讲究等级的,不要求有公正的国家法规。儒家

169

主张"礼不下庶人，刑不上大夫"(《礼记·曲礼上》)，对官员(大夫)免于刑罚，对于百姓(庶人)不必讲礼仪。因此，就无法保证社会的公正与公平。

总结中国历史的经验教训，今天国家领导人突出地强调"依法治国"，是完全正确的。

只有依法治国，才能保证国家沿着正确的道路不断前进，而不会因为领导人的变动而走向错误道路。只有依法治国，才能保证国家法律对全社会所有人的公平与公正，这样才能抑制腐败，调动人民的积极性，使社会和谐而健康地发展。

然而，在中国儒家的德治思想中，是不是存在一定的合理因素呢？笔者的回答是：是的。

在儒家的德治学说中，有两个思想，即使在今天，仍然值得重视。一是领导人与各级官员的以身作则；二是孟子的"仁政"思想。

领导人与各级官员的以身作则，即使在今天，对于广大人民仍然具有重要的示范作用。对领导人与各级官员的监督与道德教育，对于国家的治理依然有重要意义。

"仁政"思想当然与德治是有联系的。按孟子的观点，君主的德治主要就体现于对人民实施仁政。

孟子说："老吾老以及人之老，幼吾幼以及人之幼。"(《孟子·梁惠王上》)

对待所有老人，就像对待自己家的父母；对待所有儿童，就像对待自己家的子女。这是非常高尚的，也是高水平的施政思想。

笔者认为，这样的政治思想与现代各国(包括中国)正在努力实施的社会公平思想与社会保障政策，在基本精神是一致的。

现代社会的社会保障政策的服务对象主要就是社会上的弱势群体，包括年老者、幼小者、残疾者、病患者、失业者等。

孟子提出的思想是：不仅要在政策上关怀弱者，还应该在感情上将他们看作自己的亲人；也就是说，对政府领导人或有关官员，应不只要求他们执行社会保障政策，还应要求他们树立对广大人民，特别是对弱势群体的仁爱的感情与道德。

当然，在现代社会，社会保障政策应被列入各国法律，现代法治必须包含社会保障。因此，中国传统政治哲学的德治论（仁政论）与西方政治哲学的法治论可以有机综合，从而形成更完整、更合理的政治哲学思想。

### （四）分权论与集权论的综合

三权分立的学说是英国哲学家洛克最早提出，而由法国哲学家孟德斯鸠完整提出的。

这两位哲学家提出三权分立学说都有一定的历史背景。

洛克生活于英国的斯图亚特王朝时期。英国在"大宪章"运动后，国会一直拥有与国王相抗衡的势力。国王代表封建贵族阶级利益，而当时的国会则掌握在工商业者的资产阶级代表手中。

1653—1658年，克伦威尔实行独裁统治，推行符合资产阶级利益的内外政策。克伦威尔死后，国会内部形成两派，辉格党代表资产阶级利益，托利党代表地主贵族阶级利益。1688年，辉格党发动宫廷政变，迎接詹姆斯二世在荷兰的信奉新教的女儿玛丽和她的丈夫威廉回国，担任王后和国王。国会通过了著名的《权利法案》，限制国王的权利，从此英国实行君主立宪制。这就是英国的"光荣革命"。

洛克是辉格党方面的重要理论家，"光荣革命"后担任法院院长。他看到，不论是国王的专制，或者是克伦威尔的专制，都是不利于国家与人民利益的，因此他提出立法权、行政权、对外权三权分立的理论，以形成三权互相制约的合理政治体制。

孟德斯鸠生活在17世纪末和18世纪前期。这时正值法国君主专制从发展高峰急剧走向没落的时期，统治阶级以极其残忍的手段压迫广大人民,农民起义此起彼伏,政治、经济危机愈演愈烈。工业革命在法国逐渐兴起,资产阶级革命的时机进一步成熟。在这样的历史背景下,孟德斯鸠提出行政权、立法权、司法权的三权分立。他的学说被后来的美国、法国等许多国家的宪法制定者所采纳。

三权分立学说的提出,完全是针对专制主义的。三权分立的理论依据是:行政、立法与司法中的任何一方,如果对权力不加以约束,都有可能形成专制,从而使国家陷入混乱。

三权分立学说是建立在性恶论的基础之上的。英国的阿克顿勋爵(1832—1902)说过一句名言:"权力导致腐败,绝对权力导致绝对腐败。"

从中国的当代历史来看,国家主要权力(行政、立法、司法)的分权制约是完全必要的。

2007年中共十七大报告中提出:"建立健全决策权、执行权、监督权既相互制约又相互协调的权力结构和运行机制。"

2013年中共十八大报告又提出:"要确保决策权、执行权、监督权既相互制约又相互协调,确保国家机关按照法定权限和程序行使权力。"

可见当代中国的国家领导人已经在原则上接受国家主要权力之间的相互制约的原则。现在的问题在于如何更好地在实践中加以落实。

需要探讨的问题是:在权力的分立与制约中,是否需要有保证权力适当集中的制度?也就是说:中国传统政治哲学中的集权论是否毫无价值,需要绝对地否定?

笔者的观点是:国家权力在分立与制约的基础之上,保证适当的集中是需要的。没有适当的集中,国家无法做出重大的决策,政府在运行中也会产生效率下降、长期拖延的弊端。

在当代,这样的例子也不少,例如美国的医疗改革计划。

美国是西方国家中还没有实行全民医疗保障的少数国家之一。

美国的医疗改革计划最早可以追溯到 1912 年,参加美国总统竞选的西奥多·罗斯福对德国前总理俾斯麦提出的医疗改革表示赞同,从而想要通过新的医疗保险政策。但这些政策由于其后任总统威尔逊的反对未能得以实施。

1945 年,当时的美国总统杜鲁门提议实行义务制的医疗保险,但没能在国会得到重视。1962 年,肯尼迪总统呼吁为老年人设立医疗保险,但仍未能获得国会通过。

1994 年,时任总统克林顿在他妻子希拉里·克林顿的支持下,提倡全民医保方案,也没有获得国会通过。

自 2009 年 1 月 20 日上任以来,奥巴马便力推医改。由于美国各利益集团意见不一,奥巴马的医改遇到很大困难。2010 年,美国国会终于通过了由奥巴马提出的医疗改革法案。

一项有利于大多数人民(特别是基层较贫困人民)的医疗改革计划,经过总统与国会长达一个世纪的争议,才获得通过。不能不认为,美国的三权分立的制度,使得政府的工作效率明显不佳;不能不说此制度是有缺陷的。

以上事例说明:权力分立与相互制约,应该说是现代民主政治正确而合理的原则,可以有效地防止专制政权的产生。但是,如果处理不当,也有可能造成政党之间的纷争与政府工作效率的低下,使国家与人民的利益遭受损失。

事实上,在西方国家的政治制度中,不只有权力的分割,也有适当集中权力的设计。西方国家的政治制度,主要有两大类型:内阁制(如英国)与总统制(如美国)。

内阁制:由选民在大选中选出国会代表,首相由多数党的领袖担任,因此内阁制的首相的各种施政方针能得到国会的支持,由此保持权力的集中。

总统制：总统由选民直接或间接选举产生；国会议员也由选民选举产生。因此虽然总统所属的政党与国会的多数党有时并不一致，但是总统拥有较大权力，可以独立做出许多决策，不完全受国会控制。例如美国总统兼有国家元首、党的领袖、武装部队总司令、政府首脑、外交决策人等多种权力，由此保证权力的适当集中。

1959年古巴革命成功以来，美国长期不承认古巴的新政权，在经济上给予封锁制裁。事实上这个政策既不利于古巴，也不利于美国本身。2014年12月，奥巴马总统决定调整对古巴的政策，两国同时宣布恢复外交关系。奥巴马就是运用了美国总统拥有的外交决策权。

这个事例说明，西方政治体制中一定的集权制是有利于国家与人民利益的。

根据本章的介绍，在中国古代，虽然以君主集权制为主，但是也有一定的分权制，如宰相制与监察御史制等。在西方的现代政治体制中，虽然以三权分立制为主，但是也有一定的集权制的设计。

任何国家都需要分权制与集权制的适当结合。如果只有集权制，就必然会形成专制独裁。如果只有分权制，就会导致政府执政效率的低下。

现代国家应该采纳西方政治哲学中的分权论，坚持三种权力的相互分立与制约。同时，对于中国传统政治哲学中的集权论，在排除它为君主专制服务的性质之后，也可以吸取它的合理性。这就将西方政治哲学的分权论与中国传统政治哲学的集权论进行了有机的综合。

中国当代的政治体制改革，需要认真地研究国家政权的分权与集权的最佳结合问题。中国当代领导人提出党的领导、依法治国与人民当家做主相结合的原则，是考虑到分权与集权适当结合的精神的。

### 四、本章小结

（一）西方政治哲学的契约论的要义是：政府的合法性来自人民的同意。

中国传统政治哲学的天命论，当然是缺乏科学性的学说；然而，儒家的思想是天命与民意相结合，孟子的思想是天命来自民意。从这个角度看，天命论在排除不合理的因素后，并非不能为当下所借鉴。天命论与契约论的思想是可以综合的，因为两者都承认：政权合法性的根据来自人民的同意并且为人民的根本利益服务。

（二）中国传统政治哲学的民本论是服从于君主专制体制的。其要义是：君主必须以人民的利益为重，才能巩固统治。现代西方政治哲学的民主论的要义是：国家的主权属于人民。

从世界历史的发展看，民主政治当然是进步的方向；但是也应看到，民主并不是万能的。民主也有可能激发民粹主义，产生使人民遭受灾难的后果。

因此，合理的政治思想是民主论与民本论的结合。坚持民主政治的原则，又在民主政治中保证人民的根本利益。如果民主制度有损人民利益，应该对民主制度做出相应改革与完善。

（三）中国传统政治哲学提倡德治论，近代以来，西方政治哲学肯定法治论。应当承认，法治（依法治国）是更合理的，是符合人民利益的政治原则。

中国传统的德治论中，包含有仁政论。仁政论的要义是：执政者必须善待人民，特别要关注人民中的弱者，如老人、儿童与残疾、贫困等群众；还应减轻人民的赋税与劳役的负担。这与现代社会的社会公平、社会保障以及消除贫富差距的思想是基本一致的。应该说，与马克思所主张的社会主义思想也是基本符合的。

因此,从这个角度讲,法治论与德治论(仁政论)是可以综合的。既要坚持依法治国的原则,也要认真执行社会公平与社会保障政策,减少贫富差距。中国当代要建设"有中国特色的社会主义",也应该坚持这两方面的原则,即依法治国与社会公平。这里既继承了中国传统的仁政思想,同时采纳了西方现代的法治原则与社会公平正义的思想。

(四)中国传统政治哲学强调集权论,但在中国古代的政治体制中,也有一定的分权的设计。西方政治哲学在近代以来,主张三权分立;同时在政治制度设计中,也注意适当的权力集中。

合理的现代政治体制,应该妥善地处理分权与集权的关系,是分权与集权的合理的综合。既要强调国家权力的必要分立与相互制约,以防止专制与腐败;又要使权力有适当的集中,以提高政府的工作效率,使之更有效地为人民的利益服务。

# 第九章 中西美哲学的比较与综合

## 一、美哲学概述

真、善、美、爱，是人类最高的精神追求。美给人以愉悦与快乐，给人巨大的精神动力，因此可以说，美是人类谋求生存与进步的力量源泉。

不论从人类整体看，还是从个人生活看，都离不开美与艺术。如果没有美与艺术（文学、音乐、舞蹈、绘画、戏剧、电影、电视剧、建筑、园林、服饰等），每个人都会感到生活索然乏味、毫无乐趣、没有意义。

因此，美对于人类极其重要。

要探讨美的问题，有必要先说明美哲学与美学的关系。

"美学"这个概念，是由德国哲学家鲍姆嘉腾（1714—1762）首先提出。到当代，美学已经是一门关于美与艺术的内容丰富、体系完备的科学。

美哲学是美学的理论部分；它又是哲学的一个分支。

但是，并不是所有的哲学体系都包含美哲学。康德的哲学体系是包含美哲学的，他的《判断力批评》就是一本探讨美哲学的专著。

笔者在《美哲学》一书中提出，美哲学的主要任务是：

1. 探讨美的本质，即什么是美？

2. 探讨美的来源。

3. 探讨人的本质与美的关系。

4. 探讨美与哲学其他分支（本体论、认识论、价值论、情感论等）的关系。

5. 探讨美与真、善、爱的关系。

6. 探讨美在人类生活中的重要性问题。


## 二、中西美哲学比较

中国与西方的美哲学有比较明显的区别。西方的美哲学着重探讨"什么是美"的问题，即美的本质问题。中国的美哲学着重探讨"怎样才能美"的问题，即美的基本方法问题。

本书并不是研究美哲学的专著，不准备详细介绍西方与中国美哲学的发展进程，有兴趣的读者可以阅读笔者的《美哲学》（武汉大学出版社 2014 年版）。本节主要论述中国与西方美哲学最主要的不同论点。

### （一）感性论与意象论

1. 西方美哲学的感性论

前文谈到，西方美哲学着重探讨美的本质问题。

古希腊哲学家毕达哥拉斯提出：美是和谐。柏拉图提出：美是美的理念（或美的相）。亚里士多德提出：美是完整性。欧洲中世纪时，神学哲学家奥古斯丁提出：美是神创造的。

17—18 世纪，西方哲学界分为经验论与唯理论两大学派；18—19 世纪，德国的康德与黑格尔是近代哲学的集大成者。

西方近代哲学家关于美的观点，都以"感性"为中心。笔者将其归纳为"感性论"。

（1）经验论论美：美是人的感受。

英国经验论哲学的主要代表是洛克。他提出："我们底一切知识都是建立在经验上的。"（《人类理解论》）

在美哲学方面，遵循经验论思想的哲学家主要是英国的沙甫慈伯利（Shaftesbury，1671—1713）、哈奇森（Francis Hutchson，1694—1747）等。

沙甫慈伯利从洛克的经验论出发，提出美也是一种人的感觉，是由人的"内在的眼睛"所感受的。他说：

眼睛一看到形状，耳朵一听到声音，就立刻认识到美、秀雅与和谐。……一种内在的眼睛分辨出什么是美化端正的、可爱可赏的；什么是丑陋恶劣的，可恶可鄙的。……那分辨的能力本身也应是自然的，而且只能来自自然。（《道德家们》）

（2）唯理论论美：美是感性认识的完善

鲍姆嘉腾是德国唯理论哲学家。他提出："美学的目的是感性认识本身的完善（完善感性认识）。而这完善就是美。据此，感性认识的不完善就是丑。"（《理论美学》）

因此，鲍姆嘉腾认为，美的本质就是"感性认识的完善"。

需要讨论的是：经验论提出的"美是人的感受"，与唯理论提出的"美是感性认识的完善"，有什么区别？

笔者的理解是："感受"与"感性认识"是不同的概念。沙甫慈伯利说的眼睛看到的形状，耳朵听到的声音，这是"感受"，还不是"感性认识"。"感性认识"要求在"感受"的基础上前进一步，有一定的抽提与认知。例如，我们看到了梅花的形状——红色或粉红色，有 5 片花瓣等，这只是"感受"；而我们知道它是梅花，这就是感性认识的第一步；

我们还知道梅花在冬天开放,有不畏寒冷的品性,这是感性认识又前进了一步。

因此,感性认识是在感觉或感受的基础上有一定的理性的抽提。鲍姆嘉腾认为:人的感性认识,如果达到完善的程度,就是"美"。这个关于美的定义,可以概括各种高水平的绘画、音乐、诗歌、戏剧等。

根据鲍姆嘉腾的理论,理性认识的完善就是科学,感性认识的完善就是美或艺术。

(3)黑格尔论美:美是理性的感性体现

黑格尔是近代西方理性哲学的主要哲学家。他的哲学的核心概念是绝对理念,而他讲的"理念"是以人的理性思维为主体的。

关于美,他的观点是:美是理性的感性显现。他这句话的含意是:美的前提是要有"理性"。"理性"指的是人的某种思想或理想。黑格尔的意思是:能将人的理性(思想或理想)用感性(看得到,听得见)的形式表达出来,就是"美"。

黑格尔的观点与鲍姆嘉腾的观点是有区别的。鲍姆嘉腾的美,并不要求一定以某种"理性"为前提,而黑格尔有此要求。

应该说,这两种观点都有一定的合理性。鲍姆嘉腾关于美的定义适用的范围更广,包括自然美与艺术美,只要求它们体现感性认识的完善。如鲜花或鸟鸣之美,是没有"理性"前提的,但是它们也能使人感到美,而有些艺术,如诗歌、戏剧等,是以一定的"理性"为前提的。在这方面,黑格尔是对的。

(4)西方现代美哲学

生命主义哲学家柏格森提出:直觉是领悟"美"的唯一方法。"直觉"并不是理性的认识方法,而是感性的认识方法:通过感性直接地领悟到美。

德国哲学家胡塞尔提出现象学理论。现象学理论是人类认识论的重大突破。胡塞尔提出"意向性"的概念。"意向性"是"意向活动"

与"意向对象"的结合。他认为：人类有各种不同的意向性活动。对于"求真"的意向性活动，人类采用的方法是通过知觉、分析、判断而获得对事物本质的认识。对于"求美"的意向性活动，人类是通过感觉、感性而领悟到客观事物的美好。

综上所述，西方哲学家对于美的理解的一个共同点是强调"感性"。

如果我们对比科学与艺术，可以理解西方哲学家的观点有它的合理性。科学的方法是通过观察、实验与理论抽提，达到对于真的认识；而艺术是人们通过感性或直觉的方法，达到对于美的认识。

### 2. 中国美哲学的意象论

中国美哲学的核心理念是"意象"。这也是中国古今学者比较一致的看法。"意象"理念与"感性"理念是不同的。

中国的"意象"理念从《周易》开始就确立了。《周易》包括《易经》与《易传》。《易经》是周代初期的一部著作（主要用于预测命运）；《易传》成书于战国时期，是解释《易经》的。

《易经》由三者组成：象、言、意。以"乾卦"为例，"乾卦"的"象"，即它的"卦象"，乾上，乾下。"乾卦"的"言"，即它的"卦辞"，是："元亨，利贞。""乾卦"的"意"，如《易传·文言传》中《乾文言》记载："大哉乾乎！刚健中正。"

魏晋时期为王弼是很有才华的哲学家，他认为"乾卦"的"意"，即它的含义，就是"刚健"或"刚健中正"。王弼的著名理论是："得意而忘象。"

王弼的意思，并不是否定"象"，而是要透过"象"而领悟"象"中之"意"。这就是中国的"意象"理念。

中国古代的诗歌、绘画、书法、音乐、雕塑等艺术，都包含有"意象"的理念，就是要通过形象，表达出内在的意念。

"意象"理念后来有进一步的发展，但都没有离开"意象"的基本含义。

唐代时著名诗人王昌龄说"物有三境"，即物境、情境、意境。

"意境"比"意象"有更深一层的含意。"象"通常是指某物的形象；而"境"可以指更广阔的景象。

唐代中期著名诗人刘禹锡说："境生于象外。"

唐代中期著名诗人司空图对于"意境"的概念做出了深刻的阐述。他在《与王驾评诗书》中，论述了唐诗的发展历程，并提出"思与境偕"是"诗家之所尚者"。在《与极浦书》中，他论述了"象外之象，景外之景"。在《与李生论诗书》中，他论述了"味外之旨"、"韵外之致"。

明清时期，哲学家王夫之提出："情景妙合。"王士禛提出"神韵说"，认为诗歌的最高水平，是达到"神韵"。

民国时期，著名哲学家王国维提出"境界说"。他说："词以境界为最上。有境界则自成高格，自有名句。五代北宋之词所以独绝者在。"（《人间词话》）

王国维提出的"境界"是一种高水平的审美原则，它包含有"意境"的理念，而又高于"意境"；它要求能表达出"真景物、真感情"，能达到"优美"或"弘壮"。

从上述可见：在中国的美哲学中，"意象"理念是一脉相承的。

中国美哲学的"意象"理念与西方美哲学的"感性"理念，有联系又有区别。西方的"感性"理念，着重于人可以直接感受的美的形象；而中国的"意象"理念，要求在美的形象之中包含有内在的"意念"——思想、感情、情操等。

"意象"与"感性"的美哲学理念的区别，对于中国与西方各自艺术（特别在诗歌、绘画方面）特色的形成，产生了极为深刻的影响。

### （二）愉悦论与仁美论

中西美哲学的另一个重要的区别是：西方美哲学强调美给人愉

悦,可以名之为"愉悦论";而中国美哲学强调美应与仁相结合,可以名之为"仁美论"。

1. 西方美哲学的愉悦论

并不是所有的西方哲学家都强调"美给人愉悦"的观点,但笔者认为,"美给人愉悦"是西方美哲学的最重要的观点之一。

古希腊时期,毕达哥拉斯提出"美是和谐"的观点,实际上就包含有"美给人愉悦"的含意。

在音乐中,对于优雅而动听的旋律,对于音调、音色的谐和变化,对于多种乐器的协调合奏,人们会感到美。

在绘画中,对于画面布局的宽密协调,对于色彩的浓淡搭配,对于形象与意境的密切结合,人们会感到美。

在诗歌中,对于诗句与诗情的融洽结合,对于诗意的起伏激荡、音律的抑扬顿挫,人们会感到美。

这是为什么? 因为在音乐、绘画与诗歌中所体现的和谐,都使人感到愉悦。

在理论上明确地提出"美使人愉悦"观点的是英国著名哲学家休谟。

他在《人性论》中有一段非常重要的话:

美是(对象)各部分之间的这样一种秩序和结构,由于人性的本来构造,由于习俗,或者由于偶然的心情,这种秩序和结构适宜于使心灵感到快乐和满足,这就是美的特征。……所以,快感与痛感不只是美与丑的必有的随从,而且也是美与丑的真正的本质。(《人性论》)

笔者认为,这段话中最重要的是,他提出了美需要人的本性与对象的配合,这种配合产生快感。这是一个突破性的见解。休谟认为,快感虽然是产生美的基本原因,但是快感并不等于美。他说:"一个对象只是因为有快乐作为中介才可以刺激起骄傲。"(同上)

休谟这里所谓的"骄傲"有美感的意思,因此休谟对美的解释是:对象引起快乐,快乐引起美感。这是对美感的产生颇为深入的剖析。

西方近代最重要的哲学家之一康德在美哲学方面的突出贡献,是肯定地指出"美给人以愉悦"的观点。

康德说:"鉴赏是通过不带任何利害的愉悦或不悦而对一个对象或一个表象方式作评判的能力。一个这样的愉悦的对象就叫作美。"(《判断力批判》)

这句话的要点是:①美能引起愉悦;②美不带功利性。

康德的观点给我们的启示是:美能给人以愉悦,是美与真、善有所区别的主要特征,也是美具有重要性的主要原因。正因为美使人愉悦,美才能使人感到幸福,才能使人类具有战胜各种困难的力量。

2. 中国美哲学的"仁美论"

关于美,中国自古以来的哲学家所强调的,除了"意象"理念外,主要是美与仁的结合。笔者称之为"仁美论"。

孔子是"仁美论"的最早提出者。他说:"据于德,依于仁,游于艺。"(《论语·述而》)

中国古代有六艺,是礼、乐、射、御、书、数。其中,礼(礼仪)、乐(音乐)、书(文学)都属于美的范畴。

孔子说"依于仁,游于艺",意思就是:"美"是以"仁"为依据的。这是儒家的美哲学的基本观点。

孟子对于"美",也有相关的论述:"可欲之谓善,有诸己之谓信,充实之谓美,充实而有光辉之谓大。"(《孟子·尽心下》)

孟子讲的"可欲",是指人性的欲求。而他对于人性的解释是:人天生有恻隐、羞恶、辞让、是非之心("四端")。这就是他的性善论,即人的本性是善的。一个人自己能坚持善心,就是"信"。因此"善"与"信"都符合孔子的"仁"的要求。

孟子说"充实之谓美",意思是:人的仁爱得到完满和充分的表达,就是"美"。如果仁爱不但完满，而且表达中具有光辉，就是"大"。这里的"大"有高度的美的含义。

董仲舒是汉代儒家思想的主要继承者。他对于"美"的观点与儒家思想是紧密结合的。他说："仁之美者，在于天。天，仁也。"(《春秋繁露》)

这句话将美与仁直接联系起来。它的基本意思是：天就是"仁"的，大自然对于人类是仁爱的。"仁"为什么是美的？就因为它来自于天。

董仲舒又说："中者，天地之美达理也。""和者，天之功也，举天地之道而美于和。"(同上)

这两句话，将美与"中"、"和"直接地联系起来。他认为：世界的中庸(不偏激)与和谐就是世界的美，而中庸、和谐都是与仁爱相联系的。

现代著名教育家蔡元培对于美有他自己独特的见解。他说："人人都有感情，而并非都有伟大而高尚的行为，这是由于感情推动力的薄弱。要转弱而为强，转薄而为厚，有待于陶养。陶养之工具，为美的对象，陶养的作用，叫作美育。"(《美育与人生》)

可见，他也将美育与培养人的高尚道德联系起来。

西方美哲学强调"美使人愉悦"，中国美哲学强调美与仁义道德的联系。不同的美哲学思想对西方与中国的文学与艺术实践产生了深刻的影响。

## 三、中西美哲学的综合

### (一)美的感性论与意象论的综合

西方美哲学强调感性论，认为美是感性认识的完善，或者美是理性的感性显现。因为强调美的感性，所以西方的绘画与雕塑特别强调形象逼真。西方的人物画使人感到与真人一样,甚至将皮肤与肌肉的细节都描绘出来。西方的风景画也与大自然的真实景象非常相像。

中国的绘画则很不一样,中国的人物画重点是描绘人的神态风貌,却不是很重视皮肤、肌肉的细节。中国山水画的要求是"画中有诗",包含有大自然的诗意,并不是很重视一草一木的逼真。

美是具有民族特色的,不同民族、不同国家的人民对于美的欣赏都有历史传统的沉积,没有必要将不同国家的人民对于美的欣赏完全统一起来。

中国当代学者费孝通有一句话,笔者非常赞同。他说:"各美其美,美人之美,美美与共,天下大同。"(《费孝通先生 80 寿辰会上的发言》)

因此,没有必要一定要将西方的感性论与中国的意象论结合起来。

然而,中国当代有几位著名艺术家,他们既有在西方留学、学习西方艺术的经历,同时也有中国传统美学的深厚根底,他们的艺术作品中包含有西方的感性论与中国的意象论的有机结合。

徐悲鸿是一个例子。他以画马而著称。他画的马,形象非常逼真,马的皮肤、肌肉的细节都能表现出来;同时,他画的马充分地表现出马的雄伟、坚毅、不畏险阻、奔腾如飞的精神气质。

他的绘马即将西方的感性论与中国的意象论各自的优点综合了起来。

当然,除徐悲鸿外,中国现代还有多位美术家,如刘海粟、傅抱石、林风眠、吴作人等都有将西方美学与中国美学相结合的绘画风格。

### (二)美的愉悦论与仁美论的综合

虽然,"美给人愉悦"的学说,不论在西方,还是在中国,都没有为所有的哲学家所接受或强调,但笔者的观点是:美给人愉悦,是一切美

（自然美与艺术美）的最主要的特征。

为什么每个人都喜爱美（美的人、美的景色、美的艺术）？就是因为美能使人愉悦。美为什么能与真、善、爱并列为人类的最高精神追求，也是因为美能给人愉悦，美能使人感到幸福，给人带来生活的勇气。

按康德的观点，美除了使人愉悦之外，并没有其他功利性的目的。（见前文的介绍）。因此，康德认为：美具有无目的的合目的性。

康德的原话是："美是一个对象的合目的性形式，如果这形式是没有一个目的的表象而在对象身上被知觉的话。"（《判断力批评》）

什么是目的？按康德的解释，目的是产生某一对象的原因。

例如，米饭的目的是供人充饥，供人充饥是人要准备米饭的原因。衣服的目的是使人保暖，使人保暖是人要制作衣服的原因。

但是，一朵自然界的美丽的花，至少对于人来说，它并没有什么目的。所以对于人来说，花朵的美是无目的的。

但是，花朵的美，对于人来讲，又有合目的性。因为它的色彩、它的形态、它的香味，都会使人感到愉悦。

总的来说，花卉的形式符合使人愉悦的目的。它具有无目的的合目的性，这就是花卉之美的本质属性。

康德的美哲学还有一个重要论点：美本身并不是一种道德准则或道德规范，但是美是认识与道德的中介。他的意思是：美能使人从认识出发，引向道德。

如果我们研究中国美哲学，就会发现中国古代的美哲学特别强调美与仁的结合。这给我们的启发是：美在使人愉悦的同时，能够有启迪人性、认识社会、引导道德的作用。

所谓"启迪人性"，是指美能使人更多地理解并回归自己的人性。人性之中，仁爱是最重要的。

仁爱是人性的最高理念，这是中国与西方哲学家的共同认识。仁爱包括爱自己与爱他人，孔子的"己所不欲，勿施于人"，是仁爱的最好表达。

美与各种艺术都能使人更好地理解仁爱的重要性。

康德区分出纯粹美与依存美。他的"美是无目的"的理论，主要适用于纯粹美；而戏剧、电影、电视剧、小说、诗歌等艺术，都属于依存美。依存美在给人快感的同时给人以教益，能提高人的精神境界，使每个人都能提高仁爱的本性。

因此，愉悦论与仁美论的综合可能是对于美的最适用且最完整的理论。


## 四、本章小结

（一）西方美哲学强调美的感性论；中国美哲学强调美的意象论。美哲学的区别对西方与中国的艺术实践具有深刻的影响。

在美与艺术的问题上，没有必要推进不同国家、不同民族的统一。费孝通提倡的"各美其美，美人之美，美美与共，天下大同"是合理的。

当然，如果将西方的感性论与中国的意象论在艺术实践中有机地综合起来，必然能产生优秀的艺术作品。

（二）西方美哲学强调愉悦论：美给人愉悦。中国美哲学强调仁美论：美与仁的结合。

笔者的观点是：美给人愉悦，这是美的最主要的特征，也是美作为人类主要精神追求之一的主要原因。然而对于艺术美来说，美可以提升人的道德品性，因此愉悦论与仁美论是可以综合的。

# 第十章 中西爱哲学的比较与综合

## 一、爱哲学综述

在哲学体系中,是否应有"爱哲学"(或情感哲学)的部分,学术界是有争议的。一般的哲学书籍中,基本都不包含"爱哲学"或"情感哲学"。

笔者阅读了古今中外 300 部以上的著作(多数是原著)后,写出《爱的哲学》一书。笔者认为:全部哲学体系中应该有"爱哲学"或"情感哲学"的位置。其理由是:

(一) 中国与西方自古至今的著名哲学家对于爱都有高度的重视。

中国孔子提出的"仁者爱人"的思想,是中国传统哲学的核心思想。

西方古希腊时期与中世纪的哲学家对于人类的爱都非常重视。

柏拉图说:"爱是最古老的,是伟大的,爱是最高的幸福。"(《会饮篇》)

中世纪哲学家奥古斯丁说:"比信和望更大的恩赐是爱,是圣灵将

爱浇灌到我们心中。"(《论信望爱手册》)

近现代西方哲学家中,有的哲学家(并不是所有哲学家)对于爱也给予高度重视。这在下一节中将有介绍。

(二)爱是人类一种高尚的情感。情感是人类有别于动物的本性。"爱哲学"的主题,就是探讨人类的情感问题。

在西方哲学史中,从古希腊到中世纪,情感问题一直是哲学所探讨的重要问题。

毕达哥拉斯认为灵魂分三部分,即理性、智慧和情欲。

柏拉图将人类心灵分为知性、情感、意志三部分。

他们都将人类的感情作为人类心灵或灵魂的组成部分之一。

休谟基本上遵循柏拉图的"知、情、意"的分类。休谟于 1739 年发表《人性论》。《人性论》包括三卷:第一卷是《论知性》,第二卷是《论情感》,第三卷是《道德学》。

休谟将人类的心灵活动区分为知性和情感两种,而人类的道德则由知性和情感两者结合而决定。

在《人性论》中,他以整整一卷来论述"情感",说明他对人类情感问题的充分重视。

康德的《判断力批评》一书着重论述了"Asthetik"(英语是"aesthetics")的问题。

"Asthetik"究竟是什么意思? 黑格尔在他的《美学》中说:"Asthetik 的比较精确的意义是研究感觉和情感的科学。"

因此,"Asthetik"有审美的意思,也有情感的意思。康德在《判断力批评》中,既探讨美的问题,也探讨人类的情感问题。

20 世纪的弗洛伊德学派(弗洛伊德、马尔库塞、弗罗姆等)也对人类的情感问题给予高度重视。

根据以上两个理由,可以认为,在哲学体系中,如果没有关于爱或情感问题的哲学探讨,那就是不完整的。

## 二、中西爱哲学的比较

### （一）中西哲学都重视"仁爱"

中国哲学与西方哲学所强调的理念，许多是不同的（见本书前面几章），而对于"仁爱"这个理念，却有高度的一致性。这是值得我们在中西哲学的比较与综合中充分注意的问题。

1. 中国哲学家论仁爱

中国古代哲学家在阐述仁爱理念方面做出了最重要的贡献。

孔子是最早阐述仁爱理念的中国古代哲学家。《论语》中记载："樊迟问仁，子曰爱人。"（《论语·颜渊》）

"仁者爱人"是孔子对于"仁"的基本解释。在《论语》中，"仁"有多种解释，而从以上这句话，可以认为，"仁爱"是"仁"的主要解释。

孔子将仁爱作为人的最重要的道德准则。

孟子是孔子仁爱思想的继承者，他的人性"四端"学说认为："恻隐之心，仁之端也。"（《孟子·公孙丑上》）

恻隐之心，就是对他人的同情心，是一种爱心。孟子将仁爱作为人的本性之首。这是仁爱学说的重要发展。

墨子说："兼相爱，交相利。"（《墨子·兼爱下》）

儒家的仁爱是讲究亲别的，对于家人和朋友，仁爱多些；对于其他人，仁爱少些。墨子主张对任何人都应该有仁爱。这种思想有相当的超前性，与欧洲启蒙运动时期的"博爱"接近了。

唐代时，韩愈说："博爱之谓仁，行而宜之之谓义，由是而之焉之谓道。足乎己无待于外之谓德。"（《原道》）

其大意是说："仁"就是博爱，是儒学的最高原则；"义"是将"仁"付于适当的行动；"道"是由"仁"、"义"出发去做人；"德"是指"仁"、"义"

出于自己的内心,而不依赖外因。

韩愈明确地提出了"博爱"的理念,将孔孟的仁爱思想向前发展了一大步。他以博爱为出发点,提出了"仁、义、道、德",成就了儒家伦理哲学的完整体系。

宋代程颐说:"性即是理。"意思是:人的仁爱天性是世界的法则(理)。宋代理学家将仁爱提升到本体论的高度。

明代王阳明说:"心即理也。"意思是:人的内心是仁爱的;仁爱,这个世界的法则(理)就在人的内心之中。王阳明将仁爱归于人类的心灵,即良心。

从以上简要的介绍可知:中国古代哲学家对于仁爱问题的认识是不断深化、不断提高的。从孔子的道德论,到孟子的人性论,到程颐的本体论,再到王阳明的良心论。

2. 西方哲学家论仁爱

可能有人认为,西方哲学家谈论自由、民主的多,谈论仁爱的少。其实不然。

古希腊哲学家对仁爱或爱都给予高度的重视。

柏拉图说:

爱神的威力是多方面的、巨大的、普遍的;但是只有当他以公正和和平的精神在人间成就善事的时候,才显示他的最大的威力,使我们得到最高的幸福,使我们不但彼此友好相处,而且与高高在上的诸神维持着敬爱的关系。

爱是一切神祇中最爱护人类的,他援助人类,给人类医治一切疾病,治好了,人就能得到最高的幸福。(《会饮篇》)

亚里士多德说:

友爱还是城邦联系起来的纽带。立法者们重视友爱胜过公正。……若人们都是朋友,便不会需要公正;而若他们仅只公正,就还需要友爱。

……

每个人都希望自己好。……他对待朋友也正如对待自身。(《尼各马科伦理学》)

亚里士多德的上述思想，一方面突出地强调了爱(他说的"友爱"就是人间的爱)的重要性；另一方面，他的思想和孔子的"己所不欲，勿施于人"的思想，基本精神是一致的。"己所不欲，勿施于人"，可以被认为就是仁爱的原则。这个原则被现代伦理学者认为是人类道德的"黄金定律"。

奥古斯丁是欧洲中世纪哲学的先驱性人物。他的论点是："上帝就是爱。"(《论信望爱手册》)"人若没有爱，他所信的即便是真理，他所望的即便是真正的幸福，也是枉然。"(《论信望爱手册》)

在西方哲学史中，近现代哲学与中世纪哲学有相当大的区别，但是令人惊奇的是，在仁爱这个理念上，近现代哲学家与古代和中世纪哲学家有基本一致的认识。

18世纪英国哲学家休谟是仁爱理念的积极支持者。在他的著名的《道德原则研究》一书中，有专门一章"论仁爱"。他说：

仁爱或较温柔的感情是有价值的，它们不论出现在哪里都博得人类的赞许和善意……这样一些语词如"友善的"、"性情善良的"、"人道的"、"仁慈的"、"感激的"、"友爱的"、"慷慨的"、"慈善的"，或与它们意义相同的那些词……普遍地表达着人类本性所能表达的最高价值。(《道德原则研究》)

他将仁爱看作人类本性的最高价值。

19世纪德国哲学家费尔巴哈说："一个完善的人，必定具有思维力、意志力和心力。思维力是认识的光，意志力是品性之能量，心力是爱。理性、爱、意志力，这就是完善性，这就是人的绝对本质。""最高和

最首要的基则，必须是人对人的爱。"(《费尔巴哈哲学著作选集》)

中国哲学与西方哲学，自古至今都重视仁爱这一个理念。这是中西哲学比较之中一个少有的特例。

这个特例不能不让我们承认仁爱对于人类的特殊性与重要性。

当然，中国哲学与西方哲学对于仁爱的理解与阐述，也有一定的区别。如上所述，中国哲学对于仁爱的理解，从孔子的道德论，到孟子的人性论，到程颐的本体论，再到王阳明的良心论，有一个不断深化的过程。

西方哲学对于仁爱的理解，从古希腊到中世纪时期，基本上是从神学出发的(奥古斯丁："上帝是爱。")；18世纪的休谟，将仁爱与功利及价值相联系(休谟："仁爱是有价值的。")；到了19世纪，哲学家将仁爱与理性、意志相结合，提高到人的本质的位置。(费尔巴哈："人的绝对本质。")

### (二)神爱(博爱)论与孝爱论

#### 1. 西方哲学的神爱论与博爱论

从古代到近现代，西方哲学关于爱的学说都与神(上帝)相联系。

柏拉图说："爱神是一个伟大的神，为人类和诸神所景仰。"(《会饮篇》)

中世纪神学哲学家奥古斯丁说："上帝要我们以信、望、爱敬拜他。"(《信望爱手册》)

奥古斯丁对于信、望、爱三者的关系有所阐述："信、望、爱这三种恩赐究竟是什么？信是相信上帝，望和爱则是向上帝祈求。"(同上)

即使到了近代，哲学家关于爱的论述也往往与神或上帝相联系。

斯宾诺莎(1632—1677)在《伦理学·论心灵》中说："假如我们想象着某物具有与平常引起心灵快乐或痛苦的对象相似的性质……(我们)会对那物发生爱和恨的情感。""思想是上帝的属性，上帝是思想

的。"(《伦理学》)

人类的爱当然是人心的观念，因此，在斯宾诺莎看来，爱必然是来自于神。

当然，斯宾诺莎对神的认识与奥古斯丁是不同的。他认为神就是自然。上面的话表明：人的心灵和思想都是自然的本性所形成的。因此，人类的爱也是自然或人类的本性所产生的。这个观点跟孟子的观点是相似的。

19世纪哲学家费尔巴哈说："爱就是上帝本身，除了爱以外，就没有上帝。爱使人成为上帝，使上帝成为人。……爱，是上帝与人，精神与自然之真正的统一。"(《费尔巴哈哲学著作选集》)

费尔巴哈是唯物主义者，他将上帝与人类的爱等同起来。这个论点实际上是强调了人类的爱，而不是强调上帝。

因此，在西方哲学中，爱是从神学逐步地向人学的方向发展。

下面我们来讨论西方哲学中的"博爱"理念。

"博爱"是法国大革命时与"自由"、"平等"并立的口号。

有的学者提出：博爱思想来源于基督教。笔者认为，博爱思想最早来自于古希腊。当然，博爱思想在西方世界得到广泛传播，与基督教文明是分不开的。

博爱的含意是对所有人的爱，而不限于自己的亲人。

柏拉图说："爱神的威力伟大得不可思议，支配着全部神的事情和人的事情。""不仅医学完全受爱神统治……就是体育和农业也是如此。至于音乐受爱神统治更为明显。""一般说来爱神的威力是多方面的，巨大的，普遍的。"(《会饮篇》)

柏拉图这里表达的观点是：所谓"爱"并不只是指男女间的爱情，而是多方面的，是普遍的，例如对医学、体育、农业、音乐等，都可以有爱。这就是博爱的思想。

亚里士多德在《尼各马科伦理学》一书中论述"友爱"。他提出：友爱首先是指朋友之间的爱,但并不限于此,它还包括男女或夫妻之间的爱情,也包括"父母对儿女、老年人对年轻人,领袖对属民、领导者和被领导者"的关系,甚至如他所说:"一切匠人都热爱自己的作品……诗人对自己的作品有着过度的爱,把它们当作孩子来抚爱。"

因此,亚里士多德对"友爱"的论述,实际上就有博爱的含意。

博爱是基督教的教义。"爱主你的上帝"和"爱人如己"这两条,是基督教"一切道理的总纲"。

基督教的"爱人如己",包括爱所有的人,甚至包括爱自己的敌人。

"你的仇敌若饿了,就给他吃;若渴了,就给他喝。因为你这样行,就是把炭火堆在他的头上,你不可为恶所胜,反要以善胜恶。"[《圣经·罗马书》(12:20,21)]

基督教的爱自己的仇敌的思想,在各种宗教或哲学中是非常少见的。从上面这句话看,基督教的爱仇敌,也是有前提的,就是仇敌已经处在又饿又渴的虚弱的状态,在这时候,你帮助他,目的是要他弃恶从善。这样的思想是符合现代人道主义的。

20 世纪德国哲学家埃里希·弗罗姆(1900—1980)著有《爱的艺术》一书。他提出:"对人类存在的问题的真正全面的回答是要在于人际和谐,在于彼此之间的融合,在于爱。"

他这句话包含的意思也是博爱,因为只有博爱才能促进全社会的人际和谐。

2. 中国哲学的孝爱论与兼爱论

在中国春秋战国时期,学术界有过关于爱的问题的激烈争论。争论的一方是儒家,另一方是墨家。墨家主张兼爱论,批评儒家的别爱论。

墨家提出:"兼以易别。"(《墨子·兼爱下》)"儒者曰:亲亲有术(差),尊贤有等。"(《墨子·非儒下》)

这句话的意思是:要将"兼爱"和"别爱"区别开来。所谓"别爱"是针对儒家学说而讲的。儒家的"爱"是有差别和等级的。墨子举例说，在儒家的观点里，亲人死后守孝的年份就因关系的亲疏而有很大差别。而墨子的主张是对所有的人应该同样地爱。

因此，墨子的兼爱论与西方的博爱论类似。

中国儒家确实是主张爱有差别的，认为首先应该有对自己亲人（父母、子女）的爱，然后再爱及他人。

孟子对墨子的兼爱论有严厉的批评。他说："杨氏为我，是无君也；墨氏兼爱，是无父也；无君无父，是禽兽也。"（《孟子·滕文公下》）

孟子的意思是：杨朱主张"为我"，是目中没有君王；墨子主张"兼爱"，是目中没有父亲。目中无君无父，与禽兽没有差别。

儒家在爱的方面最积极提倡的是"孝"或"孝道"。

孔子说："为人子，止于孝；为人父，止于慈。"（《大学》）

孟子说："人人亲其亲，长其长而天下平。"（《孟子·离娄上》）

孟子说："老吾老，以及人之老；幼吾幼，以及人之幼。"（《孟子·梁惠王上》）

从上面几句儒家的经典论述来看，儒家的孝道或孝爱，首先是对父母之孝爱，也包括对子女的慈爱，兄弟姐妹之间的友爱，并且也包括对人民大众的爱。

儒家的孝道或孝爱流传两千多年，直至当代，在全中国人民和全世界的华人之中，依然有极深远的影响。在家庭中，应该孝爱父母，应该慈爱子女，是中国人普遍接受的道德和情感理念。


### 三、中西爱哲学的综合

根据上面的介绍，我们可以知道，中国与西方在爱哲学（情感哲学）方面，是完全可以综合的。

### (一)中国与西方仁爱思想的综合

仁爱是中国儒家的主导性思想。孔子、曾子、孟子、董仲舒、韩愈、周敦颐、二程、朱熹、王阳明等儒家最主要的哲学家都以仁爱作为他们哲学的核心。

西方哲学史中,并不是所有哲学家都很重视仁爱,但是,古希腊的柏拉图、亚里士多德,中世纪的奥古斯丁、阿奎那,近现代的休谟、康德、叔本华、费尔巴哈、弗洛伊德一直到当代美国哲学家辛格等,都将仁爱作为他们哲学的重要内容。

不同哲学家对于仁爱有不同的阐述角度与重点。简要地归纳,大致如下:

孔子论述仁爱的道德论:"仁者爱人。"

孟子论述仁爱的人性论:"恻隐之心,仁之端也。"

程颐论述仁爱的本体论:"性即理。"

王阳明论述仁爱的良心论:"心即理。"

休谟论述仁爱的功利论:"仁爱是有价值的。"

费尔巴哈论述仁爱的"人类本质论":"爱是人的绝对本质。"

将中国与西方哲学家关于仁爱的各种学说综合起来,可以构成相当完整的仁爱理论。

正如柏拉图所说:有了爱,"人就能得到最高的幸福"。(《会饮篇》)

而人类的最高幸福正是全世界人类的最高追求。

### (二)孝爱论与博爱论的综合

中国儒家哲学积极提倡孝道或孝爱。孝爱首先是子女对父母的敬爱、父母对子女的慈爱、兄弟姐妹之间的友爱,同时也包括对年老者和年幼者的关爱。

在西方哲学家中,也有与儒家的孝爱类似的思想,如亚里士多德对亲属之间的爱也有分析和论述。他说："生育者把子女作为自身的一部分,照拂备至。子女则把双亲当作自己存在的来源。""兄弟们相互地爱,由于是自然地出于双亲。这种与他们相关的同一性,就造成他们的同一性。""存在着后代对先辈的爱和人对神的爱,这是对善和尊长的爱,因为他们恩泽长流,是后代的存在和哺养的原因。"(《尼各马科伦理学》)

亚里士多德的这些论述,与中国儒家关于孝的教导非常接近,说明东西方文化在源头上是相近的。

西方哲学家多数都提倡博爱,即对人民大众的普遍的爱。基督教从"上帝是爱"的教义出发,也提倡"爱人如己"的博爱。

中国古代墨子的兼爱论与西方的博爱论是类似的。

应该说,孝爱论与博爱论并没有根本性的区别。

笔者的观点是:人类的爱来自人类的本性,首先会从对自己的亲人(父母、子女、兄弟姐妹)开始;同时,从人类的本质来看,人类是高级的社会性动物,人类天生具有关爱人类其他成员的本性;因此,博爱也是人类的一种天性。

每个人、每个家庭都能生活在孝爱、慈爱、友爱之中;同时,每个人都能关爱邻里乡亲,关爱社会上的老者、幼者、弱者和残疾者;具有较高知识与道德修养者,能够关爱自己国家的同胞,关爱全人类。这是建设人类理想世界的必要的情感基础。

这就是孝爱论与博爱论的综合。


四、本章小结

(一)在"仁爱"这个理念上,中国哲学与西方哲学具有高度的一致性。这是中西哲学比较与综合中一个十分值得重视的问题。

中国哲学的仁爱论与西方哲学的仁爱论,在学说上有不同的侧重点,但它们的根本含义是一致的。因此,将中西哲学关于仁爱的学说综合起来,可以构成相当完整的仁爱理论。

(二)西方哲学与基督教都提倡博爱;中国儒家提倡孝道或孝爱。同时,西方著名哲学家中也有人提倡与中国儒家的孝爱十分类似的思想,如亚里士多德。而中国古代墨子的兼爱论与西方的博爱论是很类似的。

博爱与孝爱,并没有根本矛盾。比较合理的观点是:从人类的人性出发,首先应该是有孝爱(对家庭亲人的爱),而从人类的社会性的本质属性考虑,人类具有关爱人民大众的博爱精神。因此,孝爱与博爱是完全可以综合的。两者的综合是全人类幸福的依托。

## 第十一章　中西生死哲学的比较与综合

### 一、生死哲学综述

　　一般哲学通论的著作中没有"生死哲学"的部分。然而，如果我们阅读古今中外的哲学原著，我们会发现中外哲学家们有很多有关人类生死问题的论述。例如对于灵魂问题，西方与中国哲学家都有较多的论述；而灵魂问题就是生死问题之一。

　　对于普通人来说，在哲学各领域中，他们可能对本体论、认识论没有多少兴趣，有的人也不愿意谈论政治哲学。但是，每个人都会面对生死问题，都会对生死问题有一定的思考。有人会从不同的宗教信仰中寻求生死问题的答案，而没有宗教信仰的人会关心哲学家对于生死问题的见解。

　　对生死与灵魂问题有兴趣的读者，可以阅读笔者的《人有灵魂吗——灵魂哲学与科学的理性信仰》(浙江大学出版社 2014 年版)。

　　纵览中外哲学家关于生死问题的论述，可以认为：生死哲学主要是探讨以下两个问题：

　　1. 灵魂问题，即人死后有灵魂的存在吗？

2. 长生问题，即人有可能长生吗？

对于这两个问题，中西哲学家曾做出回答，不同宗教也曾做出回答。

本章将客观地、不带偏见地介绍他们的观点，同时也加入笔者自己的理性的观点。


## 二、中西生死哲学的比较

西方哲学，特别在古代与中世纪，十分重视灵魂论；而中国哲学则从不同的角度提倡长生论。

### （一）西方哲学的灵魂论

西方哲学中，"灵魂"或"心灵"（soul）的概念与"精神"（spirit）的概念是相通的，但不是完全相同。它们都表达人的思想、理智、情感、意志、信仰与业绩等，是与肉体活动相区别的精神能力。许多哲学家认为，肉体死亡后，人的灵魂或精神并不随之而死亡。这就是"灵魂不朽"的观点。

柏拉图是灵魂不朽学说的积极提倡者。他说："死就是灵魂和肉体的分离，死亡就是……灵魂离开肉体而独立存在。"（《裴洞篇》）

柏拉图关于灵魂的几个基本观点是：

（1）人是肉体与灵魂的结合体。人活着时，两者是结合的；人死亡后，两者是分离的。死亡的只是肉体，而灵魂能独立存在，而且是不朽的。这就是柏拉图著名的"魂身二元论"。

（2）灵魂会到另一个世界，在那里得到最大的福祉。因此，人应该勇敢而快乐地面对死亡。

（3）由于肉体的干扰，活着的人不能真正地认识真理；当灵魂脱离了肉体，人才可以真正认识真理。柏拉图认为，只有灵魂才能真正地达到真、善、美，实现人的最高追求。

亚里士多德写出《论灵魂》这一专著，可见他对灵魂问题的重视。

亚里士多德在哲学上的一个重要创见是将事物分为质料与形式两部分。他说的形式，有事物的内在本质或规律的含义。关于人的肉体与灵魂，他说："灵魂，在最首要的意义上乃是我们赖以生存、赖以感觉和思维的东西，所以灵魂是定义或形式，而非质料或载体。"（《论灵魂》）

他认为，对于人来说，灵魂是人的形式，或人的本质，比肉体更重要。

西方中世纪的神学哲学家对灵魂更为重视。基督教哲学家奥古斯丁说："灵魂是某种具有理性的实体，它的存在就是为了统治肉体。"（《论灵魂之大》）

经院哲学家阿奎那首先提出"灵魂是一种不依赖于肉体而存在的、非物质性的精神实体"的重要观点。

笔者认为，"精神实体"是关于灵魂的一种很好的表述。在以后的讨论中，笔者将会应用这个概念。

17—18世纪是欧洲的启蒙运动时期。值得注意的是，近代西方哲学家虽然运用理性思维，但对灵魂问题依然给予高度关注。他们有时用"灵魂"一词，有时用"心灵"或"精神"等词汇，而其含义与"灵魂"基本一致。

近代法国著名的启蒙哲学家笛卡尔说："这个我，也就是说我的灵魂，也就是我之所以为我的那个东西，是完全、真正跟我的肉体有分别的，灵魂可以没有肉体而存在。"（《第一哲学沉思集》）

近代德国最重要的启蒙哲学家康德则说："至善只有以灵魂不朽为先决条件在实践上才是可能的。""与道德法则不可分离的联结在一起的这种不朽（指'灵魂不朽'），是纯粹理性的一个公设。"（《实践理性批判》）

康德认为：只有承认灵魂不朽的学说，才能使"德"与"福"两者相统一。他的意思是：在你活着时，你的道德不一定给你带来幸福，但是你的灵魂是不朽的，你的灵魂会使你的道德带给你幸福。

近代德国另一位重要哲学家黑格尔关于灵魂观点是："生命的概念是灵魂，这个概念以肉体为其存在。"（《逻辑学》）

黑格尔所说的"概念"有事物的本质的含意。"生命的概念是灵魂"的意思是：灵魂是人的本质。

他指出：灵魂是生命的观念性与实体性两者统一的存在。这个认识与古代哲学家所说的"灵魂是精神实体"是一致的。它有实体性的存在，因此，它不是虚妄的，它是确实存在的；但是，它又与肉体不一样，它是一种精神性的（观念性的）存在。

以上简要的介绍可知：自古代到近代，"灵魂不朽"一直是西方哲学的主流性观念。

### （二）中国哲学的长生论

中国传统哲学中也有灵魂的观念，一般称为"神"或"精神"。

《淮南子》是西汉时期一本著名的哲学著作。它是西汉初期淮南王刘安招徕的一群门客集体编写的。

关于人的形神关系，《淮南子》的主要论点是："夫精神者，所受于天也，而形体者，所禀于地也。"（《淮南子·精神》）

这句话的意思是：人有精神和身体，精神来自于天，身体来自于地。

汉代以后，形神关系引起学术界的激烈争论。恒谭（前23—56年）是西汉与东汉之交时期的著名学者。他提出"烛火"的比喻。他说："精神居形体，犹火之然烛矣。……烛无，火也不能独行于虚空。"（《新论·形神》）

意思是：身体像烛，精神像火；离开了身体，精神也不能继续存在。

慧远（334—416 年）是南北朝时期东晋的著名佛教高僧。他用"薪火论"来驳斥恒谭的"烛火论"。他说："火之传于薪，犹神之传于形；火之传异薪，犹神之传异形。"（《沙门不敬王者论》）

意思是：火在薪与薪之间是可以传递的，因此，火并不随着薪而消亡；精神在人与人之间也是能传递的，因此，神也不会随着某人的死亡而消亡。

本书不准备过多地论述中国传统哲学中关于"灵魂"或"神"的学说。笔者的观点是：中国传统哲学关于人的生死问题，重点不在于"灵魂"的有或无，而在于提出了"长生论"的各种理论。

长生论，并不讨论人死之后是否有灵魂的问题，而是认为人的生命是永恒的。

中国传统哲学中的长生论，主要有三种学说：

(1)《周易》的"天行健"

在《易传》的"象辞上传"中，对于"乾卦"的解释是："天行健，君子以自强不息。"中国现代哲学家熊十力指出，这是一种"刚强、日新的宇宙观、人生观"。

熊十力认为，这种"刚强、日新"的精神是中国哲学最重要的理念。

熊十力精通中国传统哲学，阅读过中国传统哲学的许多著作，他没有突出强调老子、孔子、孟子、荀子、朱熹、王阳明等最著名的中国哲学家的思想，而独独突出强调《周易》中的"天行健"这句话，并且将这句话提升为"刚强、日新的宇宙观、人生观"。

笔者认为，这是熊十力对中国传统哲学的精华的提炼。

请注意，熊十力首先提出的是"刚强、日新的宇宙观"，这句话概括了整个宇宙与大自然的本质性的规律，即"刚强、日新"。

《周易·系辞上》中说："生生之谓易。"宋代周敦颐的《太极图说》中说："二气交感，化生万物，万物生生而变化无穷焉。"

这里的"生生"两字，有"生生不息"的含意。它与"天行健"以及熊十力讲的"刚强、日新"的意思是一致的。

现代天文学证明：宇宙诞生于近 140 亿年前的一次大爆炸。在这 140 亿年的漫长时间中，宇宙是不断变化、不断发展的。太阳系形成的时间约在 90 亿年前。人类的猿人阶段大约开始于距今 200 万—300 万年以前；晚期智人阶段大约开始于 5 万年以前。

我们回顾人类文明的发展史，从最早的渔猎时代，到农业时代，到工业时代，到信息时代，直到今天的互联网时代，不正是生生不息吗？

如果我们走出城市，到野外去观察大自然，会见到郁郁葱葱的草木花卉，会见到天上的飞鸟、地上的走兽。植物与动物都在世世代代、生生不息地繁育滋生。

2014 年 8 月在南京召开了世界青年奥运会。当你看到欢腾跳跃的各国男女青年，你会体会到人类的生生不息！

即使在自己家中，如果你已进入老年，当你见到自己的子女都已事业有成，当你见到自己的孙子、孙女背着书包欢快地去上学，你不是也能感受到生命的生生不息吗？

这就是熊十力所说的：宇宙与人生的"刚强、日新"。

因此，笔者十分同意熊十力的主张："天行健"，"刚强、日新"。

这就是中国哲学的宇宙观与人生观。

个人的生命确实是很短暂的，每个人都有死亡的一天，但是宇宙与人类是永恒的、长生的。只要你将自己的生命融合于大自然与人类之中，你会感到自己也是长生的、永恒的。

这是中国传统哲学中的第一种"长生论"，与西方的"灵魂论"是不一样的。

（2）儒家的"三立论"

《左传》中说："大上有立德，其次是立功，其次是立言，虽久不废。"（《左传·襄王二十四年》）

孔子说："立身行道，扬名于后世。"（《孝经·开宗明义章》）可见，

206

孔子是支持"三立"思想的。

立德、立功、立言，是儒家的重要的人生观，也可以说是生死观。

孔子是不谈鬼神、不谈生死的。《论语》中记载："季路问事鬼神。子曰：'未能事人，焉能事鬼？'敢问死。曰：'未知生，焉知死？'"（《论语·先进第十一》）

鬼神与灵魂是有联系的。因此，孔子是不谈灵魂问题的，而支持"三立论"。

儒家要求人们在世时应该在三方面（至少其中之一）有所建树：一是为人的道德操守，值得人们的尊敬（立德）；二是为国家、为人民做贡献，在事业上有所建树（立功）；三是著书立说，为后人留下学说或思想（立言）。

"三立"的思想，实际上也是儒家的灵魂观。人的一生是短暂的，但人的身后影响是长久的，在身后影响中，德、功、言，就是三个最重要的方面。这三方面，确实可以让他在身后留下久远的影响。例如孔子本人，他的为人道德、他创立儒学的贡献、他的学说思想，是永垂不朽的。

"立德、立功、立言"既是指人在世之时的贡献，也是指人身后的影响。每个人在世时的贡献（不论大小），在他身后都会留下长久的影响。这就是孔子与儒家对于"长生论"的观点。

"三立"思想并不只适用于一些名人，任何一个普通人，他的为人道德、他的劳动成果或工作成绩、他的思想和言谈，都会在他的子女与晚辈中，也会在社会的一定范围内，留下较长久的影响。这些影响并不随他的死亡而消亡。

中国人对于家庭中父母对子女的慈爱与子女对父母的孝爱特别重视。慈爱与孝爱都与"三立"思想有关。事实上，父母对子女的养育与教育，就是将父母的爱心（德）、父母的生育养育（功）、父母的教诲（言），传递给子女；子女又会将之传递给他们的子女。父母会在子女与孙辈身上，理解自己生命的永恒。

（3）道教哲学的"长寿论"

在道教早期文献《太平经》中，就有"长生不死"的内容。东晋葛洪对于"长生不死"提出详尽的论证，并且提出完整的方法，即内修外养。内修就是要休养身心；外养就是要服用丹药。从此，"长生不死"成为道教最吸引人的教义。从皇帝到大众，他们信仰道教，就是为了追求"长生不死"。

但是，丹药的方法久试不灵。历代皇帝或其他人，因服用丹药而死亡的不少。因此五代之后，"外养"的学说已经式微。

其实排除不合理的丹药方法，可见到道教的长生不死的教义包含着一种以生为乐、以生为贵的积极人生观。

葛洪在《抱朴子内篇·黄白篇》说："我命在我不在天。"意思是：生命的存亡、年寿的长短，取决于人的自我保护和自我修养，而不取决于天命。

《道德经》中说："是以万物莫不尊道而贵德。"（《道德经》）

道教主张的养生活动是："形神并重、性命双修"（"性"是精神或心灵，"命"是身体），强调身体健康与道德修养并重，将心理修养与生理健康相结合，将德行与长寿相结合，这种思想构成中国传统哲学中又一种"长生论"。应该说，这种"长生论"，即使在今天，仍然有它积极的意义。


## 三、中西生死哲学的综合

西方哲学强调"灵魂论"，中国哲学强调"长生论"，这两种哲学思想有可能综合吗？

笔者的观点是：灵魂论与长生论是可以综合的。

西方哲学的灵魂论其最重要的论点是：灵魂是人的精神实体。

什么是"人的精神实体"？

在人的肉体死亡后,能够保留下来的精神产物主要是：

（一）人的道德和爱心；

（二）人的贡献和影响；

（三）人的思想和创作；

（四）人的形象和神态。

凡是人的不随着肉体死亡而消失的精神产物、精神影响等,都可以归结为人的精神实体。

儒家提出的"立德、立功、立言",实际上就表达了前三方面。除此之外,人的精神实体或灵魂还可以包括人的形象、人的气质与神态；运用现代的信息技术（如摄影、录像等）更有此可能。这些也是精神性的,而不是肉体性的。

因此,西方的灵魂论与儒家的"三立论"的基本含意是一致的。

笔者认为：《周易》中的"天行健"和熊十力提出的"刚强、日新"以及"生生不息"的理论是一种关于宇宙观与人生观的高于灵魂论的学说。

一般来说,灵魂论着重于从个人的角度看待人生；而"生生不息"或"刚强、日新"的学说,是从宇宙、大自然与人类的角度看待人生。它将个人的生命与大自然的生命,与人类的生命结合起来。个人的生命固然是短暂的,但大自然与人类的生命是永恒的。如果你将自己的生命与大自然及人类的生命融合在一起,那么,你个人的生命也就是永恒的。


## 四、本章小结

综上所述,西方的灵魂论与儒家的"三立论"是可以综合的,两者都是强调人的精神实体的永恒价值。而中国哲学的"刚强、日新"和"生生不息"的理论高出西方的灵魂论,它提倡将个人生命与自然以及人类的生命结合在一起,从而实现生命的永恒。

# 第十二章　中西哲学综合的意义

—— 推动世界与中国进步

在中国近现代,关于中西哲学比较方面的书籍较多,但全面地论述中西哲学综合的书籍还未见到。本书即是为弥补此不足。

笔者认为:中西哲学的综合,不仅是一个值得深入探讨的学术问题,还具有推动世界与中国进步的重要意义。

## 一、中西哲学综合对哲学的意义

在本书第四章中,已经介绍了中国多位著名哲学家对于中西哲学融合或综合的期望。

梁启超是主张"中西文化融合论"的。他说:"要之,舍西学而言中学者,其中学必为无用,舍中学而言西学者,其西学必为无本。皆不足以治天下。"(《西学书目表后序》)

熊十力并不主张只重视中国哲学,排斥西方哲学。他是主张中西哲学的融合的。

对于中国哲学,他是不主张"反知"的。他说:"哲学不当反知,而当超知。反知则有返于浑噩无知之病,是逆本体流行之效用也。超知者谓超越知识的境界而达于智慧之域。直得本体，游于无待，体神居灵，其用不匮也。"

意思是：哲学不能反对知识（科学），而应超越知识，这样就既掌握了智慧的本体，又能使知识得到充分的应用。

胡适期望在中西哲学融合后，能在中国出现新哲学。

他说："我们今日的学术思想，有两个大源头：一方面是汉学家传给我们的古书；一方面是西洋的新旧学说。这两大潮流汇合以后，中国若不能产生中国的新哲学，那就真是辜负了这个好机会了。"（《中国哲学史大纲·导言》）

胡适当年提出的期望，今天似乎还没有完全实现。这也是本书所关注的问题。

梁漱溟在《中西文化与哲学》中提出：对待这三种文化（印度文化、西方文化与中国文化）应持的态度是："第一，要排斥印度的态度，丝毫不能容留；第二，对于西方文化是全盘承受，而根本改过，就是对其态度要改一改；第三，批评地把中国原来的态度重新拿出来。"

当然，我们不必完全同意梁漱溟的观点，但是对于他融合中西文化的本意应该给予尊重。

冯友兰认为：西方哲学重视"正的方法"，中国哲学重视"负的方法"。

另外张岱年也提出"综合创新"的思想。

他们几位的观点对于我们思考中西哲学的综合问题，都是有启发的。

西方思想家与哲学家，如莱布尼兹、伏尔泰、罗素、雅斯贝尔斯、海德格尔等，对中国哲学都有很高的评价。西方科学家，如波尔、普利高津、惠勒、霍金等，对老子的"道法自然"的宇宙观都非常推崇。

以上所述说明：中西哲学的融合或综合问题是中国与西方思想家、哲学家、科学家共同关注的问题。这个事实也可以使我们理解，中西哲学的综合是一个具有深远意义的学术问题与哲学问题。

通过本书的论述，我们可以概括地说：中国哲学与西方哲学是各有长处的。中国哲学的长处在于它的本体论与道德哲学；西方哲学的长处在于它的认识论与政治哲学。在美哲学方面，我们不能要求不同民族、不同国家具有统一的美的观念，应该是"各美其美"。在生死哲学方面，西方哲学的"灵魂论"与中国哲学的"三立论"的基本精神是一致的，而中国哲学的"生生不息"的思想是一种高层次的学说。值得重视的是：中国哲学与西方哲学在爱哲学（情感哲学）方面，关于"仁爱"的理念具有高度的一致性。

总体来说，中国哲学与西方哲学的综合，可能将这两种哲学的长处综合起来，而形成一种新的有助于世界和中国进步的哲学思想体系。


## 二、中西哲学综合对科学的意义

哲学中认识论的进步对于科学的发展具有非常重要的意义。

在认识方法方面，西方哲学重视分析方法（形式逻辑与逻辑推理）；中国哲学重视综合方法，探求世界的二元结构或多元结构的整体性与系统性。

在科学进步方面，我们应该承认：西方的成就超过中国。西方科学的进步与西方哲学在认识论方面的进步是分不开的。特别是培根的实验论思想、笛卡尔的逻辑分析思想、康德的"先验综合论"思想以及现代科学哲学的发展，对于科学的进步都有重要的指导意义。在未来的科学发展中，我们仍然应该坚持实验、实践与逻辑分析相结合的正确的科学方法。

在今天，许多科学领域也认识到整体性与系统性的重要性，出现了许多新的科学理论，如系统论、信息论、控制论、耗散结构论、协同论等,这些都是研究客观世界的整体性与系统性的。所有这些新理论都表明综合方法与系统方法对于现代科学发展的重要性。

在当代与今后的科学发展中,我们要善于将西方哲学所强调的分析方法与中国哲学所强调的综合方法有机地综合起来。既要不断地加深对客观事物的内在规律的认识,又要探求客观世界的整体性与系统性。这应该是未来科学的方向。

中国哲学认识世界的成果体现于经验性理论(特别在医学与农学方面)。对于中国所特有的经验性理论(如《黄帝内经》等医书与一些突出的农业经验),不应采取漠视或蔑视的态度,而应珍视其中所包含的宝贵经验与深刻哲理,并用现代科学的方法加以机理化。这将形成中西结合的完整的机理性的医学科学与农业科学理论。


### 三、中西哲学综合有利于世界的进步

直到今天,世界各国对于中国哲学特有的长处和优点,还缺乏足够的认识。这也是今天中国在世界范围内的软实力还不够强大的重要原因。

笔者认为,中国哲学在以下方面特有的长处,值得我们向全世界作出广泛而有效的实事求是的介绍,以提高中国的软实力。

(一)中国的自然论(或"道生论")的宇宙论与"道法自然"的本体论。老子的"道生论"是具有世界水平的关于宇宙起源的学说,得到当代顶级科学家(如著名科学家波尔、惠勒、霍金等)的高度评价。这个事实在中国,知道的人还不多。笔者认为,这是值得在中国的中学、大学与社会上广泛宣传的,以提高中国人对于中国文化的信心与自豪感。

老子在两千多年前提出"道法自然"的学说,是非常了不起的。他的学说,完全符合现代科学基本原理。自然以自然本身为依据,在今

天与未来，都不会被其他学说所替代。

（二）中国的道德哲学建立在仁爱的思想基础之上，这是儒家学说的精华所在。中国哲学有非常丰富的关于人的道德行为的内容：

孔子不仅说"仁者爱人"，还提到多种人的美德，包括"恭、宽、信、敏、惠、敬、忠恕"等。用现代语言说就是对父母的敬孝、对子女的慈爱、兄弟间的友善、对老人的尊敬、对儿童的爱护、对朋友的宽容、人际关系中的诚信与和睦、对于工作与事业的勤奋、执政者对人民的仁爱，等等。

孔子的主要继承人孟子说："老吾老，以及人之老；幼吾幼，以及人之幼。"

这是提倡将全社会的老人看作自己的长辈；将全社会的儿童看作自己的子女。这是很高水平的道德理念。

笔者认为，这些中国自古至今倡导的道德准则，是具有普遍意义的，在世界各国都是适用的。

（三）在政治哲学方面，中国哲学提倡的民本论，虽然不能替代西方所提倡的民主论，但是民主论与民本论应该有所综合。民主是一种很好的政治制度，但是民主并不是万能的。笔者的观点是：民主论应与民本论相结合。当民主的方法或程序所产生的结果并不符合人民利益时，应该以人民利益为根本，对民主的方法与程序加以不断的改革。这个问题，不论在今天的发展中国家，还是在今天的发达国家，都是值得重视的。

（四）中国传统哲学中的"和谐"思想。笔者认为，是一个对于全世界都有重大意义的哲学理念。"和谐"不只是中国政治哲学的理念，它也是中国本体论的理念。

《周易·象传》中有一句话："保合大和。"

"大和"就是"太和"。后来的学者如王弼、孔颖达都认为，"太和"就是高度的和谐。张载的解释是，阴阳二气处于最高的和谐状态就是

"太和"。

这就是"和谐"思想的本体论含义。笔者在《综合哲学随笔》一书中，对这个问题有详尽的阐述。

在当代世界，"和谐"这个理念有多重的含义。它包括：

1. 不同国家、不同民族之间的和谐；

2. 发达国家和发展中国家之间的和谐；

3. 国内不同阶层、不同阶级之间的和谐；

4. 世界上不同文明、不同文化之间的和谐；

5. 不同思想、不同学派之间的和谐；

6. 不同宗教、不同信仰之间的和谐；

......

因此，"和谐"这个理念是具有普遍性的，有非常广泛的意义，涉及人类社会的方方面面。

## 四、中西哲学综合有利于中国的进步

中西哲学的综合，对于中国也有十分重要的意义，特别是在以下几方面：

（一）在认识论方面，西方哲学是强于中国哲学的。五四运动以来，中国引进了西方的科学思想。但是，西方哲学中关于理性思维与科学哲学的一些优秀思想，在中国还不是很普及。

中国在科学创新方面，至今还没有达到西方发达国家的水平，在科技方面的创新成就还不是很多。

所谓"钱学森之问"（即钱学森向温家宝提出问题：为什么我们的学校总是培养不出杰出的人才？）也反映出这个问题。

笔者认为，中国今天缺乏杰出的创新人才的原因之一是：西方哲学在认识论方面的一些优秀思想在中国还没有得到普及。

一是怀疑主义思想。近现代的怀疑主义思想是法国哲学家笛卡尔(1596—1650)与英国哲学家休谟(1711—1776)提出的。

笛卡尔说"凡是我没有明确地认识到的东西,我决不把它当成真的接受。也就是说,要小心地避免轻率的判断和先入之见,除了清楚明白地呈现在我心里,使我根本无法怀疑的东西以外,不要多放一点别的东西到我的判断里。"(《谈谈方法》)

休谟说:"一切合理的推理者在一切考察和断言中应该永久保有某种程度的怀疑、谨慎和谦恭才是。"(《人类理解研究》)

二是否证论思想。它是由 20 世纪哲学家波普尔提出的。

波普尔说:"甚至像牛顿的万有引力理论这样得到充分证实的科学理论,正如爱因斯坦所表明的那样,可以被推翻或纠正。所以即使是那些得到充分证实的科学理论总归还是一种假设、一种猜测。"(《爱因斯坦对我思想影响》)

波普尔认为科学发展的规律并不是假设—证实,而是假设—否证—再假设,是在不断的猜测和反驳中得到发展。即使是爱因斯坦的相对论,虽然是先进的物理学理论,但它建立在"光速不变"的基础之上,一旦新的物理学证明光速是可变的,相对论就要做出修正。

正因为西方哲学有怀疑主义和否证论思想,西方科学才能得到不断的修正与发展。

而这一类思想,在现代中国的青年学生与科研人员中的宣传与普及是很不够的。中国当代的教育(小学到大学)崇尚分数第一,高考的录取标准也是以分数为主,而分数的高低,都是以标准答案为根据的,所谓的标准答案,就是现有的、既定的知识。在这样的教育制度下,很难培养出有突出创新精神的年轻人。

因此,西方的认识论哲学有必要在中国得到更广泛的普及,以全面地提高中国年轻人与科研人员的创新意识。

(二)应该承认,西方近现代的政治哲学比中国传统政治哲学要高

216

出一个时代。西方政治哲学中,最需要在中国普及的是自由、民主与法治这三个理念。

1. 自由理念。中国古代,并不是完全没有自由理念。在先秦时期的老子、庄子,在魏晋时期的阮籍、嵇康等人的思想中,是有自由的因素的;但是"自由"没有成为中国传统哲学的主流思想。

西方国家的理论与实践证明,"自由"对于国家和人民的进步有极大的重要性。概括地说:

(1)自由是人类的首要特性

人类之所以能在智力和技能上不断地超越其他一切动物,并且能充分利用自然资源、克服自然灾害,以至于成为地球的主人,都与人类的自由意志有关。

(2)人的经济自由是人类社会走向经济富裕的基本保证

英国杰出的经济学家亚当·斯密的理论是:只要给予人们充分的经济自由,经济一定能发展起来。

世界各国的经验,包括中国改革开放以来的经验都证明:斯密的理论是正确的。当然,经济发展还需要一些其他因素(例如科技的进步,政府的调节等),但经济自由始终是一个基本的条件。

(3)人的政治自由是人类社会走向民主与法治的基本保证

世界各国(包括中国)的经验都证明,民主与法治是一个国家的合理的政治制度的基本要求,而如果人民没有政治自由,民主和法治都不能得到保证。

(4)人的思想与学术自由是科学进步与文化繁荣的基本保证

英国哲学家密尔说:"迫使一个意见不能发表的特殊罪恶乃是在它是对整个人类的掠夺。"

全世界的自然科学、社会科学和哲学发展的历史都证明,思想和学术自由是科学与思想进步的最重要的保证。

2. 民主理念

民主政治对于任何国家都有非常重要的意义,概括地说,其理由是:

(1)民主是政府合法性的最重要依据。

(2)只有民主才能保证人民的各种自由权利,而人民的自由是国家进步的基本条件。

(3)只有民主才能保证政府尽力为人民的利益服务。

(4)只有民主才能保证国家领导人和政府工作人员的廉洁。

3. 法治理念

法治的理念与体制对于任何国家,以至全人类都有重大意义。因为:

(1)只有法治才能保证人民的财产权与经济经营的自由权,而人民的经济自由是国家经济繁荣的基本保证。

(2)只有法治才能保证人民的各种民主权利,而人民的民主权利是国家政治进步的基本力量。

(3)只有法治才能保证人民的思想自由、学术自由、创作自由、出版自由,而这些自由是国家科学与文化进步的基本动力。

法治与当代中国的关系特别重大。2014 年中共十八大四中全会提出"依法治国"的指导思想与方案。中央领导人也发展多次讲话,提倡重视宪法与法治。笔者认为,这是中国进步的最大希望之所在。


## 五、中西哲学综合对人生的意义

### (一)爱哲学方面

在中西哲学的综合中,一个值得重视的问题是中西哲学在"仁爱"理念上的高度一致;而"爱"也是世界主要宗教的共同理念。

"仁爱"的理念在中国哲学（特别是儒家哲学）中占据最高的位置。

孔子是在中国古代创导"仁爱"理念的主要哲学家，柏拉图是在西方古代强调"爱"的主要哲学家。而孔子的生卒时间是公元前551—前479年，柏拉图的生卒时间是公元前427—前347年。孔子比柏拉图要早100多年。

因此，可以认为，中国是"仁爱"这个世界共同的哲学理念的首创国家。

爱（或仁爱）理念对于每个人都有极为重要的意义。

人对自己的爱、对情侣的爱、对妻子或丈夫的爱、对父母的爱、对子女的爱、对朋友的爱，是每个人人生中最大的幸福。

人对人民的爱、对家乡的爱、对祖国的爱、对自己所从事工作的爱，是每个人人生的高尚志向。

人对科学的爱、对艺术的爱、对自由的爱、对正义的爱，是每个人人生的崇高目标。

正如柏拉图所说：有了爱，"人就能得到最高的幸福"。

而人类的最高幸福正是全世界人类的最高追求。

### （二）生死哲学方面

每个人都会面临生死的问题。德国现代著名哲学家海德格尔有一句名言："为死而在。"（《存在与时间》）他的意思是：每个人的生都面向着死，他的生命价值与他对死亡的认识是直接联系的。

生死哲学就是关于人生的哲学。

西方的生死哲学强调"灵魂论"，中国的生死哲学强调"长生论"。

两种学说的综合，可以构成完整的人生观。

西方哲学家阿奎那首先提出："灵魂是一种不依赖于肉体而存在的、非物质性的精神实体。"

德国重要哲学家黑格尔提出："生命的概念是灵魂，这个概念以肉

体为其存在。"(《逻辑学》)

灵魂是"生命的概念"与"灵魂是人的精神实体"的含义基本上是一致的。

什么是"人的精神实体"?

在人的肉体死亡后,能够保留下来的精神产物主要是:

1. 人的道德和爱心;

2. 人的贡献和影响;

3. 人的思想和创作;

4. 人的形象和神态。

凡是人的不随着肉体死亡而消失的精神产物,如精神影响等,都可以归结为人的精神实体。

儒家提倡"立德、立功、立言"的"三立论"思想。儒家要求人们,在世时应该在三方面(至少其中之一)有所建树:一是为人的道德操守,值得人们的尊敬(立德);二是为国家、为人民做贡献,在事业上有所建树(立功);三是著书立说,为后人留下学说或思想(立言)。

可见,"灵魂论"与"三立论"的思想,其基本精神是一致的。它们都认为每个人都会死亡,但是,人在世时的道德和爱心(立德)、人的贡献和影响(立功)、人的思想和创作(立言),对于后世会有长远的影响,是不会消亡的。

值得一提的是,并不是只有杰出的人物才有可能"三立",任何人都可能有"三立"。即使你是一个普通人,你为人的道德品性、你的言谈与思想,都会影响你的晚辈;你的劳动成果,对于社会与国家都是贡献。这些方面的影响都会在你的身后,在你的子女与晚辈的人生与心灵之中,在一定的社会范围之中,长久地留存下来。

这是一种积极的人生观,是对待死亡的一种积极、乐观的心态。

中国传统哲学在生死问题上还提出了更高水平的思想:"生生不息"与"刚健日新"。它将个人生命与自然以及人类的生命结合在一起,而实现生命的永恒。这是中国传统哲学中最宝贵的宇宙观与人生观。

### (三)美哲学方面

美能使人愉悦。由于不同民族、国家的文化传统不同,人们对于美的理解差别比较大。这是美与真、善的不同之处。

在美哲学方面,西方美哲学强调"感性论",重视对对象的逼真的描绘;中国美哲学强调"意象论",重视透过形象表达内在的情感与意境。不同的美哲学在各种艺术(特别是绘画)中都有体现。

中西哲学的综合并不要求在美哲学方面的统一。然而,将西方美哲学的理念与中国美哲学的理念融合,会创作出具有两者优点的杰出的艺术作品。在中国,一些学习过西方艺术的著名画家,如徐悲鸿、刘海粟、傅抱石、林风眠、吴作人等人的作品,就是很好的范例。

笔者认为,这个问题也值得西方艺术家的重视。

总之,中西哲学综合的重要意义在于:

1. 它综合了几千年来的东方智慧与西方智慧,从而形成一个世界性的较为完整的哲学思想体系。

2. 它将推动各种科学(自然科学、社会科学)向专业性与系统性相结合的方向进一步发展。

3. 它将有利于形成较为完整的人类道德准则。

4. 它将帮助世界各国的政治体制的改革与完善,并推动世界各国的和平、合作与共赢。

5. 它支持不同文明"各美其美、美美与共"的原则,同时又提倡中西艺术风格的融合,以推动各种艺术的发展。

6. 它将更加明确地把爱(或仁爱)作为人类共同的感情纽带。

7. 它将使每个人感受到:虽然人的生命会终止,然而人的精神、贡献(不论大小)将与人类与大自然一起,永远地生生不息。

由此可知,中西哲学的综合是一个具有重要意义的学术问题。本书只能说是提供了一个框架,它还需要更多学者,特别是年轻学者,不断地加以充实、深化与提高。

# 附录:高亮之哲学思想介绍

应克复

高亮之先生是我在新世纪学术交往中认识的新朋友。在晤面之前我们都读过对方的著作。高先生一生献给农业科学事业,是一位优秀的自然科学家,曾出任过江苏省农科院院长、院党委书记、中国农业气象研究会理事长等职。我是江苏省社会科学院的一名研究人员,一生不参与政治事务(虽偏重于政治学研究),按理说我们不可能走到一起的。高先生自 70 岁(1999 年)离休后潜心于哲学的研究与著述,从 2005 年至 2007 年先后出版了《综合哲学随笔》、《浅谈中国哲学》与《漫游西方哲学》;2011 年出版了《爱的哲学》,紧接着,2012 年又完成了《善哲学与共同价值》书稿。很难想象,一位自然科学家,在古稀之年以后能写出如此量多质好的哲学著作,感叹之余,不免钦佩不已。

也因此,我感到有责任向学术界、教育界介绍高亮之先生的哲学思想。

## 综合哲学思想

《综合哲学随笔》全书仅 18 万字,但新颖、宝贵的思想俯拾皆是,充盈全书。

综合哲学的"综合"概念,是指"世界万物都是由不同组分所组成的综合体;都是多中有一,一中有多;世界万物既有多样性,又有统一性"。(凡引文均摘自《综合哲学随笔》。)综合哲学观念揭示了世界万物的一种客观状态:即事物的不同组分之间的协调与汇合。

作者指出,综合"是一种哲学观念,也是一种思想方法",它揭示了

223

宇宙中、地球上、人类世界中的普遍现象：即事物都是综合体，有综合才有发展，综合各种合理观念，才有认识的进步。

作者运用综合的观念和方法，对哲学中的许多重大问题，做出了新的解释。可以毫不夸张地说，综合哲学使传统哲学的内容为之一新。

列举如下

——世界的本原是什么？是精神还是物质？"哲学家依照他们如何回答这个问题而分成了两大阵营。凡是断定精神对自然来说是本原的……组成唯心主义阵营。凡是认为自然是本原的，则属于唯物主义的各种学派。"（恩格斯《费尔巴哈与德国古典哲学的终结》）在人类出现之前，宇宙早已存在约 200 亿年，从这个意义上说，自然界（物质）是本原，是第一性。但那时没有人类，没有意识，自然也就不存在物质和精神的关系这个哲学的基本问题。

作者认为，可以把我们的世界分为自然世界与人为世界。自然世界由多种自然物质（包括能量）组成，大至宇宙星球，小至分子原子。自然世界也就是自然物质世界。

人为世界，是人所创造的世界。它包括：（1）人为物质世界，人类利用自然界的物质所创造的各种物质，涉及衣、食、住、行、战、通信、娱乐等。（2）人为社会世界，包括人类所创造的历史、经济、政治、社会、家庭、国家等。（3）人为文化世界，包括人类所创造的宗教、文学、美术、音乐、戏剧等。

作者在阐述自然世界和人为世界的理论后指出，自然的本原是物质（及其本质）与运动的综合。这一概括比以往所说的"自然界的本原是物质"更科学全面，更能反映自然科学几百年来艰苦而卓越的成就。

在人为世界，"对于人为物质来说，物质与理念两者，很难说'谁先谁后'的问题。只能说：物质与理念是共同起作用的；或者说，物质与精神是综合地起作用的。但是应当说，对人为物质世界来说，人的精神作用,即人的智慧、人的创造发明,包括人类的各种科学研究,是起主导作用的"。至于人为社会世界和人为文化世界,"精神因素起了主导的作用,物质因素是次要的"。

总的来说,在人为世界,人的精神起着能动的、主导的作用,是人类的实践创造了人为世界。

——矛盾的法则,即对立统一法则,它是辩证法的核心。这一法则的内容是:事物内部矛盾双方既互相渗透、互相依存;又互相排斥、互相对立。前者称为矛盾的同一性,后者称为矛盾的斗争性。同一性是相对的,斗争性是绝对的。事物内部矛盾双方既统一又斗争,构成了事物的矛盾运动,推动了事物的发展。列宁和毛泽东都强调事物内部矛盾的斗争性。后来,毛泽东干脆将矛盾法则定名为"一分为二",并批判"合二为一"的命题。

作者认为,宇宙和人世间,确实存在许多"一分为二"的事物和概念。如阴与阳、虚与实、刚与柔、君与民、夫与妻、真与假、善与恶、主观与客观、精神与物质、内容与形式、遗传与变异、上层建筑与经济基础等。但事物不只是"一分为二",还有"一分为三"、"一分为四"与"一分为多"。量子力学发现,原子外围电子的运动取决于三个量子数,即主量子数($n$)、角量子数($1$)、磁量子数($m$),而不是两种。新生物学认为地球上全部生物应分为五个界,即植物界、动物界、原生物界、细菌界、真菌界,而不是只有动物与植物界。社会由多个阶级或阶层组成,而不是只有两个。如此等等。

针对对立面的统一是暂时的,而对立面的斗争是绝对的这一观点,作者认为,有的事物内部各方的互相协调、互相渗透、互相合作是基本状况,不能认为斗争是绝对的。在元素的原子(氢原子除外)里的原子核中,有质子和中子两种粒子。质子带正电,中子是中性,不带电。因此,中子与质子并不互相排斥,而是互相协调、互相配合的关系,形成原子的自旋,并形成不同的同位素。生命基本的遗传物质是

225

DNA,DNA 有两个链;细胞分裂时,两个链会拆开,并迅速复制自己。分裂后细胞中会形成一对完全相同的 DNA 序列,它们进入受精卵的细胞中,使子女的 DNA 带有双亲的全部遗传信息,发育成带双亲性状的后代。这就是生物遗传的规律。可见 DNA 的两个链结构完全对应,功能完全相同,不存在相互对立和互相排斥的状况。许多家庭虽然会有矛盾,但夫妻间的和睦、互爱、谅解是主要的,不存在斗争是绝对的情况。在一个国家中,不同阶级、阶层之间会有矛盾,也会有阶级矛盾特别激烈的时期。这时候,阶级斗争或革命便难以避免。但这种状况毕竟是短暂的,在更多的历史时期,各阶级阶层之间完全可以互相合作,其矛盾可以通过调节求得解决。如果根据"斗争绝对论"的观念,人为制造"阶级斗争","不断革命",只会给国家和人民带来重大损失。

——毛泽东在《矛盾论》中指出,内因是事物发展的根据,外因是事物发展的条件,外因通过内因而起作用。对此论点从未有人表示过怀疑。作者认为,这一说法与有的事物是相符的,如鸡蛋可以孵出小鸡,石头则不能孵出小鸡;但对有的事物却不能作这样的解释。宇宙间天体运转,或地球上物体下落,完全受万有引力的影响。前者是天体与天体之间的相互作用,后者是物体与地球之间的相互作用,无法分出外因与内因。原子的活动由原子核与外围电子之间相互作用而推动,也无法分出外因与内因。有的事物变化,外因是主导因子。牛顿的运动定律告诉我们,物体如果没有外力,其运动速度不变;运动速度的改变(加速),必须有外力的推动,因此,外力(外因)是运动速度变化的主因。有的事物的变化发展,有外因,也有内因,但在其运行中,完全是外因与内因共同的作用,不能分出哪个是根据,哪个是条件。生物的进化就是如此。生物进化的原理是自然选择。自然选择是生物自身的变化(内因)与环境变化(外因)共同作用的结果。简言之,变异与选择两者是共同起作用的。

——事物的量变与质变法则认为，事物的运动表现为两种状态，相对静止的状态和显著变动的状态。当事物内部的对立面处于均势、相对状态时，就是事物发展的量变阶段；当对立面处于斗争状态时，就是事物发展的质变阶段。这一法则，从黑格尔以来，无论唯物辩证论者或唯心辩证论者，都是承认的。那么，是否一切事物的发展都呈现量变与质变两个阶段呢？作者认为，可能有三种情况。第一，确实存在量变与质变两个阶段、两种状态的变化。如水从气体到液体到固体的转变。第二，只有量变，没有质变的情况。也就是说，事物的发展是渐进的，不存在激烈变化的质变阶段。生物进化表明，不论自身的变异和自然选择都是渐进的，需要无数代的极其缓慢的积累。社会进步、经济的发展也只能是渐进的，大跃进、非常规式的发展只能导致生产力的破坏和社会进步的延缓。第三，有的事物的变化有渐进与急进两种状态、两个阶段。但急进是相比较渐进而言的。生物的进化在寒武纪（5.44 亿—5.05 亿年之前）出现了物种大爆发，有人因此对达尔文的进化论提出了质疑。事实上，寒武纪延续时间约 3900 万年，是一个漫长的时段，只是对于生物进化 35 亿年的历史长河来说，成了一个显著变化的时期，总的来说，生物是渐进式地进化的。

——经济基础决定上层建筑是历史唯物主义关于社会发展的一个重要观点。但是，近代以来科学技术的重大发明创造，如 19 世纪电力与 20 世纪电子计算的运用，推动了人类社会的巨大进步。科学技术的这些重大成果应当是科学与文化进步的产物，上层建筑中的某些重要因素推动了近代以来社会的巨大进步。问题是科学技术转化为生产力之后又成了经济基础的重要因素，推动了社会的重大进步。作者认为："不能说，一定是经济基础决定上层建筑，上层建筑也可能决定经济基础。事实上，上层建筑与经济基础两者是相互起作用的。"作者还认为："从世界与中国许多历史事实来看，政治、思想、文化等因素，对于历史发展的决定作用（包括进步作用、延缓作用与倒退作用——笔者注），往往与经济因素并没有一定的联系。"

关于历史发展的多因素综合作用，作者有以下精辟的论述：

"历史发展的机制是科技、经济、政治、思想、文化的多因素的综合作用。科技与经济的进步是基础性决定作用；政治变革或斗争是直接性的决定作用；而思想、文化的变革，往往起着先导性的决定作用。从历史的长期来说，科技、经济因素的作用更为重要；从历史的短期来说，政治因素的作用更重要；从历史的变化来说，思想、文化因素的作用是先导的。"

"经济基础与上层建筑是互相制约、互相促进的。社会存在与社会意识也是互相决定、互相作用的。"

"总之，人类历史发展是有大致的规律性的。古今中外各种历史事实大体都可以用上述规律来解释。"

这是高先生对历史唯物主义的重要创新，也可以说，是对历史唯物主义重要的新贡献。

——马克思认为，在阶级社会"都是阶级斗争的历史"。"阶级斗争是历史发展的直接动力。"作者指出，阶级斗争"不能说是历史发展的唯一动力或主要动力。科技、经济、思想、文化，都是历史发展的动力。它们对于历史发展的重要性，绝不比阶级斗争小"。即使在马克思生活的 19 世纪，无产阶级与资产阶级之间存在着明显的阶级斗争，"但也不能不看到：历史进程中并不是只有阶级斗争。当时科学技术的迅速发展，生产力的空前提高，政治制度的不断改善等，都是对于17—19 世纪欧洲历史的巨大推动"。美国建国二百多年的历史，在科技、经济与政治改革等方面有非常大的进展，"这些进展，不能说是阶级斗争的结果"。作者的结论是："将历史全部归之于阶级斗争是不合理的。"

毛泽东认为："在中国封建社会里，只有这种农民的阶级斗争、农民的起义和农民的战争，才是历史发展的真正动力。"（《中国革命和中国共产党》)作者则认为:"农民运动在中国朝代的更替中是有一定作用的,但朝代更替的情况相当复杂。"多数是统治阶级内部的斗争,如秦、汉、唐、宋的创建人都是贵族、军阀、军官或官员;至于元与清的建立,则是民族矛盾的结果。农民起义只是新统治者可资利用的力量。"因此,王朝的更替可以说是统治阶级内部斗争与农民斗争的综合结果。"作者还进一步指出:"仅仅依靠农民斗争本身,不能建立成功的帝国。李自成与太平天国的历史都说明这个事实。从推动历史进步的角度看,李自成远远不及康熙,洪秀全也不及开创洋务运动的曾国藩。对于农民运动或农民的阶级斗争在中国历史中的作用,需要有所估计,但不能估计过高。"至于中国几千年古代社会在经济、科技和文化上所取得的进步和成就,"很难与农民运动相联系"。

——关于人类的未来以及人类社会的发展有没有"终极目标",一直是思想家思考的问题。作者十分推崇康德的观点:"人类一直是在朝着改善前进的,并且继续向前。"需要补充的是,顾准在思想荒芜年代说过照亮黑暗的警言:"地上不可能建立天国,天国是彻底的幻想;矛盾永远存在。所以,没有什么终极目的,有的,只是进步。"康德和顾准可称是持进步的历史观的思想家。

黑格尔持历史终极论,认为日耳曼世界已经达到了人类历史的终极。马克思认为,人类的历史进程最终将达到共产主义社会的目标。波普尔认为,历史的复杂性使人无法预测未来的发展,因此,谈不上历史的目标。黑格尔和马克思的观点,可以说是历史的决定论,即认为历史有一个由客观规律决定的道路和目标。波普尔的观点可以说是历史的非决定论,认为历史没有最终目标。

作者认为,根据自古至今,特别是当代的世界历史来看,"历史发展的决定论与非决定论的综合观点可能是比较符合实际的。即:人类历史有一个不断改善的发展方向,但很难说一定要经历一个预定的道路。人类历史向不断改善的方向是决定的,而具体的发展途径则是非决定的"。作者还认为："从人类的本质特征出发,可以认为:人类必然会向更完善的真、善、美、爱的综合目标前进。"

——对于世界多元文化及其价值趋向应取何种态度?作者认为,世界文化是多元的,又是不断地趋向融合的。"正是这种多元文化的融合促进了人类的进步。"不同文化不应该互相排斥,"应是互相学习、取长补短,共同形成全球性的和谐多彩的人类文化"。作者还指出,在多元文化中,"存在着进步(文化)与落后(文化)的区别"。欧洲自文艺复兴以来形成的以自由、科学、民主、法治为内涵的文化,"无疑是人类文化中的主流性的进步方向";而中国的传统文化中"是缺乏这种文化(元素)的",因此很需要发扬五四新文化运动的传统。对于中西文化关系这个长期争论的问题,作者主张"中西综合",即"在体用两个方面,将中国文化与西方文化的优秀部分综合起来,从而创造出充分吸取世界优秀文化的具有中国特色的文化体系"。

——社会主义与资本主义的关系。作者在阐述 20 世纪资本主义与社会主义发展的基础上指出,对于中国来说,"应当也需要向西方资本主义国家学习各种有益的经验",建设"一个民主的、法治的、人民享有充分自由的、共同富裕的、与世界各国人民友好相处的社会主义国家"。

上述若干摘引,已足以说明,此著不是在某个问题、某个方面刷新了传统哲学,而是全方位地推陈出新,这在 60 多年来的中国哲学界尚属首次。96 岁高龄的李锐先生对其高度评价:"形成了'综合'为核心的新的理论体系",读后"大开眼界","使我十分钦佩"。李锐先生还将此书赠予中共中央六位领导。笔者需要补充的是,综合哲学是对 20世纪自然科学、社会科学和历史发展经验的新的全面的哲学概括,必将推动我国哲学的重大更新。

# 爱的哲学

2011 年,高亮之先生又出版《爱的哲学》,全书 33 万字。阐述爱的著作,外国早有问世(多阐述性爱),中国则没有。

然而爱是人的本性。婴儿不能没有母爱,青年人不能没有情爱,夫妻间不能没有恩爱,朋友、同事间不能没有友爱,对父母、长辈不能没有孝爱,对弱势者不能没有关爱,对祖国、对人类不能没有博爱。我们要唤醒爱,理解爱,弘扬爱,奉献爱,只要人人都献出一点爱,世界就会变成美好的人间。这就是作者撰写《爱的哲学》的初衷。

《爱的哲学》即"爱学",在中国可称是奠基之作。它带你跨入爱的乐园。那么,它作为"爱学"的专著在学术上做了哪些铺垫呢?

1. 确立了爱的地位,提出爱是与真、善、美相并立的人类崇高目标。

虽然每个人的一生都沐浴于爱的怀抱,并会追求爱,享受爱,但在国内的学术殿堂里尚不见"爱"的席位。作者认为,应该把爱确立为与真、善、美相并立的人类崇高目标。作者指出,爱与真、善、美,都是人类的本质,是人类的根本属性。爱,也是追求真、善、美的强大动力。人类探索自然与世界的客观规律(求真),是因为对真理的热爱;人类遵循道德准则(善),是因为对亲朋好友和大众的热爱;人类创造美好的文学艺术作品(美),是因为对美的热爱。

作者还指出,爱与真、善、美相比,有它的独特性。真、善、美三者,主要存在于客观世界,同时也与主观意识相结合。"真"是人的认识与客观事物规律的符合;"善"在客观上要符合社会利益,在主观上要使人满意;"美"在客观上有匀称、鲜明、活泼等特性,主观上要使人愉快。"符合真、善、美的事物,主要存在于客观世界,它们本身,并不是人的一种感情。""而爱并不来自于客观世界,而是来自人的内心,或者说,来自人的感情。"总之,爱与人类生活息息相关,如同空气和阳光,须臾不可分离。

## 2. 揭示了爱的概念的含义

作者选辑了古今中外哲学家有关爱的名句,仍不见一个确切的定义。经研究,作者概括出爱的含义。(1)爱是人的本性与本质。(2)爱是人发自内心的感情。(3)爱是具有理性的情感,是人类的高级心灵活动。理智的爱对夫妻之间、男女之间、母子之间维持长久、健康的爱十分重要。(4)爱与所爱的对象的关系是:喜爱、关切、爱护、奉献、融合。(5)爱是一种生命力,是具有创造性的生命力。人的生命力有多种表现,如运动、思考、内脏器官的生理机能、对欲望的追求等,但只有爱这种创造性的生命力才能创造出新的生命、新的事物,可以说,人为世界一切美好的事物都是由爱创造的。科学家的发现、艺术家的创作、理论家的创新以及每个人的成长等,无不有爱倾注其中。

## 3. 列举和概括了爱的类别

对研究对象的内容分类是建立一门科学的奠基工作。作者列举了十六种爱:自我之爱,男女情爱,夫妻之爱,对子女之爱,对父母之爱,手足之爱,师生之爱,朋友之爱,事业之爱,祖国之爱,大众之爱,科学之爱,文艺之爱,自由之爱,自然之爱,人类之爱。

对十六种爱,作者又综合为六类:(1)自我之爱;(2)家庭范围之爱;(3)小社会范围之爱;(4)大社会范围之爱;(5)自然之爱;(6)文化之爱。

笔者认为:家庭范围之爱实质是以血缘为纽带的亲情之爱;小社会范围之爱(朋友、师生、同事、乡亲等)是以交往为纽带的友情之爱;超越亲情与友情之爱为大爱、博爱(爱祖国、爱大众、爱人类、爱自然等)。此外,人之自爱与男女、夫妻之爱又是与以上几类爱相区别的有特殊价值的爱。所以,人之爱也可分为四类。

男女与夫妻之爱在人的一生中其价值不亚于人的生命。"生命诚可贵,爱情价更高",此名句的形容很恰当。男女之爱是最原始、最珍贵的爱。与其他的爱相比,情爱有以下一些特点:(1)情爱含有身体和精神双重的爱,它能给人以最大的愉悦;(2)爱情是人间最浓烈的爱,往往达到生死与共的程度;(3)爱情是不能强制的,婚姻自由是神圣的;(4)爱情有幸福,也有痛苦;(5)爱情能导致婚姻,但不一定导致婚姻。

对于夫妻之爱的价值与特点,作者有以下概括:(1)夫妻关系是人的一生中维持时间最长、相处最密切的关系;(2)夫妻共同享受生活中一切成功和快乐,也承担生活中一切艰辛和痛苦;(3)共同的子女是夫妻的纽带;(4)老年夫妻之爱是老年幸福最大的保证。夫妻之间发生矛盾在所难免,要靠双方互相尊重、宽容和谅解。

博爱。作者所论述的对大众之爱、祖国之爱、科学之爱、人类之爱、自然之爱等,都属于博爱的范畴。这些爱共同的特点是超越亲情和友情的狭小范围,所爱的范围博大恢宏,爱的恩惠远远超越家庭、家属和亲朋好友的圈子,而是造福于社会与全人类,谱写出无数可歌可泣的诗篇。所以,博爱是人类崇高的爱,永恒的爱。所谓永恒的爱,是指所爱的对象是永恒的。亲情和友情之爱,就所爱的具体对象而言其存在是有限的,随着爱者和被爱者双方的消逝,这个爱也就不再存在了;尽管亲情与友情之爱这种现象生生不息,与人类共存。永恒的爱,还指这种爱所凝成的结果将使人类受益无穷,世代不绝。思想家为人们指点迷津,科学家为人类揭示奥秘,政治家为国家创立宪政民主,文学艺术家为民众创造精美的作品,如此等等。这并不是说,只有那些出类拔萃的精英才能施展博爱。其实,每个人只要有博爱之心,都可以为博爱的方方面面添砖加瓦,尽一份绵薄之力。可以想象,当博爱成为一种风尚,必定能营造出天堂般的美好人间。所以,孙中山说:"博爱,吾人无穷之希望,最伟大之思想。"

### 4. 宗教之爱

宗教作为一种文化,对全世界有着巨大的影响。至 2009 年 3 月,世界人口已近 67.7 亿,宗教信仰者竟达 54 亿之多,约占全球人口的 80%。17 世纪以来,科学进步日新月异,而信教者并不因此有所减少。

爱因斯坦认为："宗教情感是科学研究的最强有力、最高尚的动机。"

世界各大宗教（基督教、伊斯兰教、佛教等）起源的原因是相同的：众生遭受着各种苦难（战乱、饥荒、自然灾害、外族入侵、奴役压迫），处于水深火热之中，又找不到出路，看不到希望，就期盼救世主的出现，从苦难中获得解救。这时先知先觉者（如耶稣、穆罕默德、释迦牟尼等）提出了神示性、预言性的经典（如《圣经》、《古兰经》以及各种佛经等），就产生了宗教。可见，创立宗教的推动力是关爱受苦大众，热爱人类，其使命就是拯救人类。

所以，宗教共同的根基是爱。

基督教提倡"神爱"，就是上帝对人类的爱。耶稣所做的牺牲（被钉上十字架），体现着上帝对人类的爱。基督还提倡"爱上帝"，提倡"爱他人"，即"爱人如己"。基督教宣扬关爱他人，特别是关爱最需要帮助的贫困人群，很有积极意义。西方国家兴起的慈善事业，很多是由教会或信徒所推动的。

伊斯兰教反复强调"信主行善"。"信主"，就是要信任真主，热爱真主；"行善"，就是要热爱他人、热爱大众。它还积极提倡"仁爱"，告诫信徒：对父母要孝敬，对近亲要友善，对邻居要和睦，对贫困者要富有同情，给予救济，即使对于奴仆，也要宽厚。

佛教提倡"自觉、觉他"、"普度众生"。自觉，是对自己的爱。觉他，是对他人的爱。普度众生是佛教的根本宗旨，就是对大众的热爱与解救。佛教的道德戒规也都体现爱。如"十善"，即：不杀生、不偷盗、不邪淫、不妄语、不两舌、不恶口、不绮语、不贪、不嗔、不痴。如"四无量"：慈，无量地对大众给予慈爱；悲，无量地消除大众的悲痛；喜，无量地为大众的功德而欢喜；舍，无量地舍去自身利益，为大众谋利益。佛教的"不杀生"，是将人类之爱扩大到自然界，扩大到其他生命，这是佛教对人类之爱的独特贡献。

总之，宗教有着丰富的博爱思想，对于提高社会的道德风尚、构建和谐社会,是有积极意义的。

5. 爱的价值论与东西方文化中的爱

爱是人类文化中的"一个核心的内涵"。孔子作为东方文化的代表,他所创立的儒学其核心思想便是"仁者爱人"。柏拉图作为西方文化的代表,认为"爱是人类幸福的源泉"。东西方文化尽管有很大差别,但在对爱的价值认知上却有惊人的相同之处,都将爱视为最高价值。这只能说明,仁爱是人类的本质属性,因此,一切蔑视、摧残人类之爱的行为,如战争、侵略、屠杀、专制奴役、残酷斗争,都是反人类、反人性、反文明的行为。

爱有三个层次。一是自爱。西方自近代以来,随着"人"的发现、自由民主的发扬,越来越重视个人的权利与幸福,即重视自爱、维护自爱。中国自古以来对自爱有所轻视,误认自爱、自利为自私,甚至号召"毫不利己,专门利人"。专制主义文化是贬斥自爱的。二是互爱。人与人之间的爱应该是平等、双向互动的,不能只索取爱,而不愿奉献爱。墨子提出的"兼相爱,交相利"是十分正确的。三是博爱。博爱是人类高尚的理想与崇高的情操。人类之爱,应该不分国家,不分民族,不分贫富,不分信仰。还有,男女之性爱,为任何人所热衷。但东方国家多视其为秘事,一直处于封闭状态。无论是文学作品还是学术研究的成果,多将之打入冷宫,使之难登大雅之堂。西方国家相对比较开放,能坦然对待。这是东西方文化的一个差异。

笔者在读了《爱的哲学》书稿后,写了简短的读书心得(后来作者将之推为"序"),现转录于下。

爱,作为人类生活中普遍和永恒的现象,是各类文艺作品中不衰的主题。但从哲学层面(即从情感提升到理性)作出系统的概括和阐述,《爱的哲学》一书是一个创举。两千余年来,各种流派的哲学家,讨论本体论、认识论、方法论,讨论真、善、美,却很少专门讨论"爱"。爱,这个与人类生活休戚相关的话题,在哲学殿堂里至今没有应有的席位。《爱的哲学》开一代新风,填补一个空白,弥补了传统哲学的缺陷。该书概述爱的含义,细说爱的类别,从西方与中国思想家以及宗教教义浩瀚的思想资料中提炼出爱的思想精粹,汇集于读者面前,这对爱曾经遭到严重创伤的民族,如甘露滋润心田。该书还论证爱的科学依据、爱在哲学体系中的地位,以及爱与人类生活的关系;全书文字简明、流畅、朴实、通俗,是我国第一部体系完整、雅俗共赏的关于"爱"的开山之作。作者撰写此书时年已八十有余,不为功利,引航跨入哲学新领域,"老骥伏枥,志在千里",令人钦佩。

关于本书的意义,还要提及的是,20世纪,人类在苦难中经历了战争、革命和残酷的斗争。这是爱受到蹂躏和践踏的世纪。人类在新世纪要开创美好的前景,必须吸取20世纪血的教训,在全球化的历史进程中,弘扬爱的崇高主题,使人类生活在爱的大家庭里。

## 善哲学与共同价值

《善哲学与共同价值》开辟了哲学的新领域。虽然中外哲学家特别是各类宗教都论述过善这个主题,但将善作为一个独立的哲学主题,全面地加以论述,高先生还是第一人。

共同价值(世界共同接受的价值观)是作者在书中重点论述的一个主题。促使作者撰写此书的一个原因,是直到今天,国内的思想舆论界仍有人对共同价值持质疑、排斥,甚至反对的态度(尽管国家的宪法、中共中央的文件以及领导人的讲话中都是确认与弘扬民主、自由、法治等共同价值的)。这确实是一个严肃重大的理论问题与实际问题。为了弄清这个问题,即到底要不要奉行共同价值,应当联系百年的中国史乃至17世纪以来的世界史中所积淀的基本历史教训来深加思考,才能明辨是非。

### （一）世界文明发展的基本经验

西方社会自 17 至 19 世纪的三百年中,经历了三大变革。第一是工业革命。经过这次革命,西方由农业社会转变为工业社会。第二是科学革命。由于一系列重大的科学发现与技术发明,西方由愚昧黑暗的中世纪社会转变为科学昌明的现代社会。第三是思想政治革命。经过这次革命,自由、民主、平等、人权,成为西方普遍认同的价值,以此为基础,民主共和制度脱颖问世。由此开始,人类迈向一个崭新的民主时代。

这三大变革中最为重要的是思想政治革命。因为没有这次革命,不可能实现人的解放,人不可能跨入现代社会的门槛。

亚里士多德说:"人类在本性上,也正是一个政治动物。"人的生存,必须依赖自然。大自然是人类之母,人类再强大,也必须依赖自然才能生存、繁衍与发展。人的生存,还必须依赖社会。人类早期生活在以血缘为纽带的氏族、部落之中,之后出现了以地域为疆界的国家,人们便都在这种国家制度下生活。直到今天,每个人都不可能游离于国家制度之外独立生存。这就是亚氏所说的,每个人都是"一个政治动物"。问题是,人作为政治动物在国家制度面前,是被动、消极的客体,还是能动、积极的主体?是国家制度的主宰物,还是可以驾驭国家制度,通过国家制度实现自己的意愿、谋取自身的幸福?原始社会瓦解后,人类便进入君主(王权)制时代。这是一个漫漫的长夜,其持续时间大约有五千年之久。在君主制时代,自由只属于一个人,那就是称为帝王、国王的国君。其他人都可称是平等的,因为他们在国君面前都是奴隶,自由度都等于零。可是这样的制度,恰恰是世界各民族在很长一段时间内赖以生存的制度,人们还不可能发明一种新的制度加以取代。也就是说,他们只能永远做国家的顺民。也有这样的时候——当民众被暴虐无道的君主逼得无法生存下去的时候,揭竿而起,顺民成了暴民。但暴民的反抗只能是王朝换主、专制再生,只能是改朝换代的工具,因此不能解脱原先的生存方式。他们从一个笼子里出来,又被关进另一个笼子。他们依旧是奴隶。

17世纪以来,西方社会的三大变革,使人类获得了双重的解放。工业革命和科技革命,使社会生产力出现了诸多使人眼花缭乱的奇迹,人开始成为自然的主人。这是人的里程碑式的解放。而政治变革后民主制度的创立,从根本上改变了人的生存依赖,它使人成为"人",即由被奴役者成为自由人,成为自己和社会的主人。这是人类史上的一次飞跃。

政治变革对人类的解放,一是人的权利的法制保障,二是人在国家政治制度中主体地位的确立。前者表现为人人都享有"天赋人权",如自由、平等、私有财产神圣不可侵犯等;后者表现为主权在民、废君主、立民主。人的解放的这两项内容被编纂进现代宪法之中。现代国家的国家元首上任履职时都要向国民宣誓效忠宪法。

人的解放,使欧美诸国由此而迅速崛起,其文明之光跨越国界,辐射到古老的东方国家。1840年后,中华帝国成为西方列强的瓜分对象;与此同时,西方文化中的科学、民主、自由、平等、宪政等理念也传入中国,唤醒在帝国城堡中沉睡的民族。从洋务运动开始,到戊戌维新,再到辛亥革命和五四新文化运动,中华民族开始了西方化的艰难跋涉。

要不要使全世界承认的共同价值在中国生根,这是争论了百年的老问题。这个问题,如果在百年前因教训不多不深,从而悬而未决,即使改革开放以来,也是问题丛生,矛盾突出。我们还有什么理由左顾右盼,因循守旧,不下决心改弦易辙,走上民主、自由、法治的新路?!

上述阐述,望有助于理解作者提出的共同价值"有利于推动中国的不断进步",使中国早日建成"富强、自由、民主、法治的现代化国家"的结论,也望有助于领会作者为了捍卫共同价值,老骥伏枥,不遗余力地撰述此著的拳拳爱国之心。

**(二)善哲学的几个问题**

读了《善哲学与普世价值》，经过思考，笔者以为以下几个问题甚为重要。

1."善"的思想史轨迹

本书第一篇与第二篇概述西方与中国善哲学的进展，对西方与中国思想家有关善的言论的思想资料作了概括介绍，可称是善的思想史。从中可以发现这样一个轨迹：古代哲学家，无论西方的还是中国的，对善都有较多的论述。亚里士多德对善甚至给了一个定义性的说法："人的善就是灵魂的合德行的实现活动。"到了中世纪和近代，哲学家们对善就谈得不多了。到了当代，哲学家对善似乎很少有兴趣了，虽然他们所论述的问题与善有关。这样，善的问题就留给了宗教界。信善、行善一直是宗教界的热门话题。

2."善"的概念的内涵与外延

什么是"善"？作者综合古今思想资料，概括出"德性论"、"快乐论"以及两者的综合三种观点。德性论就是上述所引的亚氏的观点。快乐论的代表人物是近代霍布斯与洛克（可能还有边沁等功利主义者）。洛克说，所谓善，就是能引起（或增加）快乐的东西；所谓恶，就是能产生（或增加）痛苦的东西。而自由是德行和快乐的综合，也是人的最大幸福。

关于"善"的概念的内涵与外延尚可探讨。笔者认为，善是一种有利于自我与他人的思想行为。其外延包括自我的善与对他人的善。自我的善：维护自我权利与实现自我幸福，以及对非理性非道德行为的自我约束。对他人的善：关爱、帮助与奉献他人的思想与行为，包括善心、善行与善政。善政（或曰仁政）是对政府和执政党而言。提倡善，既要实现自我的善，又要奉行对他人、对社会的善，两者不可偏废。

对他人、对社会的善,有小善与大善之分。社会上总有一些困难者、不幸者。如果你能在精神上、物质上或体力上给予一些关爱与帮助,就是行善。这是小善。因为受善者仅仅是某个个体,至多是一个不大的群体。那么,什么是大善?是善政。它包括对落后或腐朽的政治经济制度进行改革或革命,创建一种新的制度,使这个制度下生活的民众在政治、经济和精神文化上都获得很大的改善。它还包括执政者制定并推行符合人民利益的决策、政策和法律。若反之,那就是恶政了。那些为劳苦民众献身的历史人物,是行大善者。如果一个社会有行善之风,政府又能行善政,那么,这个社会就是和谐美好的社会了。

3. 人性是善还是恶?

这是中外思想史上争论的老问题了。一派认为,人性是善的(如孟子);一派认为,人性是恶的(如荀子)。还有一种意见认为,人的天性有善、恶的差别,后天的教养使这种差别更明显了(如战国时期的世硕)。孔子的意见是"性相近,习相远",人的天性相似,但因为后天教育等因素,人的习性差别可以很大。

那么,人满足个人欲望、追求个人利益,是善还是恶呢?中国社会自古到今,不重视个人权利,因此将之归结为恶。荀子说过:"今人之性,生而有好利焉,顺是,故争夺生而辞让亡焉。"他因此认为:"人之恶性,其善者伪也。"争利既然是恶,后来的哲学家干脆提出"革尽人欲,复尽天理"(朱熹)。

专制主义(包括极权主义)都是蔑视个人权利的。否定专制主义就要确立个人权利的正当性。霍布斯说:"任何人的欲望的对象就他本人说来,他都称为善。"这是划时代的思想。后来洛克又说:"善、恶之分,只是由于我们有苦、乐之感。"以个人权利、个人幸福为基础,个人自由、民主平等、人权法治等共同价值得以提出,从而结束了中世纪的专制主义的文化传统。

柏拉图提出著名的灵魂三分说。人的灵魂由理智、情感(或激情)

和欲望三部分组成。这是柏拉图对人性的看法。但他没有说人性是善还是恶,他只说"每一个灵魂都追求善"。可是,情感、欲望是善还是恶呢?他说,人的情感和欲望都应受理智的领导,从而方能成为一个勇敢而节制的人。可见他是承认人的情感、欲望的正当性的,但必须有节制。言下之意,人的情感和欲望如不加节制就会转化为恶。清代早期的哲学家戴震认为:"人生而有欲,有情,有知,三者血气心知之自然也。"此言虽比柏拉图晚了许多,但对中国来说,很是宝贵。

由此看来,人性善恶兼具。人有善的一面(善之多少因人而异),但如果情感、欲望不受理性指导,不受法律制度的约束,恶的一面就会冲破善的底线,做坏事,做恶事,施恶政。

在人性问题上,马克思主义反对抽象的人性论,即不承认有共同的人性。毛泽东明确地说:"只有具体的人性,没有抽象的人性。在阶级社会里就是只有带阶级性的人性,而没有什么超阶级的人性。"(《在延安文艺座谈会上的讲话》)用阶级观点看待人性的善与恶,那就是,剥削阶级认为是善的东西,对被剥削阶级来说,恰恰是恶;两者不可能有共同的善恶观。以此推论,也不可能有共同的价值观。

人性问题是最基础的理论问题。无论是文学艺术创作,还是经济学、政治学、社会学、法学等,其研究的对象都是人。

如果只用阶级观点看待人性,那么就会极大地限制文学艺术的创作,也极大地限制各门社会科学的研究与创新,还会导致脱离实际、背离真理。

启蒙思想家提出的"天赋人权"论,认为人人生而自由、平等,就是从人的共性出发的。

再如,亚当·斯密的《国富论》(1776),这部 200 多年来为世界经济繁荣开辟道路的伟大著作,就是立足于人性论的。书中提到,每一个资本经营者,"他所考虑的是他自身的利益,而不是社会的利益"。"但他对自身利益的考虑自然会或者毋宁说必然会引导他选定最有利于社会的用途。"这是分工和市场经济条件下经济活动的逻辑：从利己出发，最终达到利他的结果。更为重要的，斯密揭示了人类经济活动的最终动力是人的自利性。这一点，无论什么社会、什么人、概莫能外。但是，承认自利性，就要实现自由经济（包括生产资料和财产的私人所有、经营和交换的自由）。

### 4. 共同价值：缔造"善"的国家

善哲学包括道德哲学和政治哲学。善的政治哲学就是共同价值体系。

亚里士多德说："城邦的终点，必然到达至善。"所谓"终点"，就是政治上的终极目标。

亚氏所说的城邦，相当于后来的"国家"这一概念。那么，国家怎样达到至善的理想目标呢？亚氏没有说。

世界各国的仁人志士，为了建立一个美好的即"善"的国家，孜孜以求，前赴后继。他们的梦想结果都破灭了。人类在漫长的岁月中只能生活在君主专制的国家制度之下，踡曲于专制主义的思想囚笼之中。

只有到了近代，西欧与北美经过思想启蒙运动和资产阶级民主革命，创建了一种崭新的国家制度，即民主共和国，人类才开始接近这一目标。

所谓思想启蒙，就是突破专制主义的思想桎梏，创立一套全新的思想理念——自由、民主、平等、人权、博爱等，它穿越专制主义重重屏障，如同阵阵春雷，唤醒沉睡的民众，如同一轮旭日，使人类看到了希望。

在自由民主主义理性之光指引下，通过不同方式的民主运动，民主共和制度以不同形式开始在英、美、法等国横空出世，并向世界其他地区扩展。这是人类史上最壮观的政治变迁。

新生事物不可能一降生就是完善的。我们不能因为不完善就否定它。再说,你否定它之后所建立的另类制度是否比它更合理更进步呢?

民主共和制度经过三个多世纪风雨的磨炼,已形成一套可以称为共同性的价值理念,铸就了比较完善的制度体系,如今,它已在世界越来越多的国家中安家落户。

民主共和制度之外,人类是否还能创造出更好的政治制度?美国政治学家弗朗西斯·福山说,没有了。民主共和制度是"历史的终结"。福山之说是否正确,有待后人的实践检验。福山所说的"历史的终结",就是亚里士多德"至善"的国家理想。

对民主共和制度的本质,能否做一个简明的概括?

林肯的"民有、民治、民享",即是。

能否再作一个最朴素的诠释?

小布什说:"人类千万年的历史,最为珍贵的不是令人炫目的科技,不是大师们的经典著作,不是政客们天花乱坠的演讲,而是实现了对统治者的驯服,实现了把他们关在笼子里的梦想,因为只有驯服了他们,把他们关起来,才不致害人。才不会有以强凌弱,才会给无助的老人和流离失所的乞丐以温暖的家。我就是在笼子里为大家讲演。"

很明白,把人民关进笼子里就是专制制度了。

世界各国建立的民主制度,其具体样式各有差别,但"民有、民治、民享"的精髓是共同的,把统治者关进笼子里的规则是共同的。

为此:

国家首脑(总统、首相),应由选民们定期、自由、公开选举产生,既不钦定,也不内定;

国家的各级各种权力应在制约、监督中运行,有立法、行政、司法之间的权力的互相制约与监督,也有来自公民社会对权力的外部制约与监督。为官者的欲望之恶从而难以滋长、膨胀;

言论、新闻舆论是自由开放的,公民可以以不同的形式表达政见、批评政府,舆论不是"一律"的,更没有"因言入罪";

各级各类官员应依法执政,依法治国,公民要守法,政府更要守法,没有可以超越法律的特殊公民;

公民的自由权、人身权、财产权、信仰权、追求幸福之权,神圣不可侵犯。

民主制度这套制度体系是在自由、民主、平等、法治、人权、博爱的世界共同价值之光孕育下的文明成果。世界上每一个人都有权利去追求、去享受这个文明之硕果。

"现代化"是当下最时髦的口号,也是中华民族百余年来的梦想。

但是,什么是现代化呢?

中国的 GDP 总量 2011 年已位居世界第二。各城市高楼林立,高速公路四通八达,电子通信普及,豪华酒店、豪华别墅、豪华轿车比比皆是……中国现代化了吗? 现代化了,但不完全是。

退一步讲,就算中国在经济上已经现代化了,它的双腿已跨进了现代化的门槛;但是它的整个身躯、特别是它的头颅是否已进入了现代化的社会? 没有。民主、自由、法治等理念还没有在中国真正落实,世界普遍接受的价值观还没有在人们的头脑中生根。

泱泱大中国,这个具有悠久历史的文明古国,要实现富强、民主、自由、法治的现代化,还有很长的路要走。

百年梦想,犹待何时!


高亮之先生在《综合哲学随笔》的"前言"中说:"我本人并不是哲学家,也不希望成为哲学家。""最多可以说是一个哲学爱好者。"读了高先生的几部哲学著作,我认为,他已经是一位哲学家了,是一位独具一格的哲学家。不知读者有何评价?

应克复

2012 年 12 月

江苏省社会科学院哲学与文化所研究员

244

参　考　文　献

一、中国哲学、历史、农学、医学方面

[1] 韩路.四书五经[M].沈阳:沈阳出版社,1996.

[2] 夏廷章,等.四书今译[M].南昌:江西人民出版社,1990.

[3] 梁海明.易经[M].太原:山西古籍出版社,1999.

[4] 李镜池.周易通义[M].北京:中华书局,1981.

[5] 钱世明.周易象说[M].上海:上海书店出版社,1999.

[6] 梁海明.老子[M].沈阳:辽宁民族出版社,1996.

[7] 沙文海,等.老子全译[M].贵阳:贵州人民出版社,1989.

[8] 张震.老子、庄子、列子[M].长沙:岳麓书社,1989.

[9] 孔令河.论语句解[M].济南:山东友谊出版社,1988.

[10] 曲春礼.孔子传[M].济南:山东友谊出版社,1990.

[11] 毕沅.墨子[M].上海:上海古籍出版社,1995.

[12] 梅季,等.白话墨子[M].长沙:岳麓书社,1991.

[13] 韩维志.庄子[M].长春:吉林文史出版社,2004.

[14] 李申.白话庄子[M].长沙:岳麓书社,1990.

[15] 杨任之.白话荀子[M].长沙:岳麓书社,1991.

[16] 梁海明.韩非子[M].呼和浩特:远方出版社,2004.

[17] 章太炎.国学概论[M].上海:上海古籍出版社,1997.

[18] 章太炎.国学略说[M].上海:上海文艺出版社,2001.

[19] 董仲舒.春秋繁露[M].北京:中国经济出版社,2002.

[20] 汪荣宝.法言义疏[M].北京:中华书局,1987.

[21] 王充.论衡全译[M].贵阳:贵州人民出版社,1993.

[22] 王弼.王弼集校释[M].北京:中华书局,1990.

[23] 韩格平.竹林七贤诗文全集译注[M].长春:吉林文史出版
社,1997.

[24] 郭象.庄子注[M].昆明:云南人民出版社,1980.

[25] 僧肇.肇论[M].北京:中国社会科学出版社,1985.

[26] 慧能.坛经校译[M].北京:中华书局,1983.

[27] 葛洪.抱朴子内篇全译[M].贵阳:贵州人民出版社,1995.

[28] 韩愈.韩昌黎全集[M].北京:中国书店,1991.

[29] 柳宗元.柳宗元全集[M].上海:上海古籍出版社,1997.

[30] 刘禹锡.刘禹锡全集[M].太原:山西古籍出版社,2004.

[31] 周敦颐.周子通书[M].上海:上海古籍出版社,2000.

[32] 张载.张子正蒙[M].上海:上海古籍出版社,2000.

[33] 程颢,程颐.二程集[M].北京:中华书局,1981.

[34] 朱熹.四书集注[M].南京:凤凰出版社,2005.

[35] 陆九渊.陆九渊集[M].北京:中华书局,1980.

[36] 王阳明.传习录[M].南京:江苏古籍出版社,2001.

[37] 钱穆.宋代理学三书随札[M].北京:生活·读书·新知三联书
店,2002.

[38] 张立文.宋明理学研究[M].北京:人民出版社,2002.

[39] 黄宗羲.黄宗羲全集[M].杭州:浙江古籍出版社,2002.

[40] 王夫之.船山思问录[M].上海:上海古籍出版社,2000.

［41］方以智.东西均注释［M］.庞朴,注释.北京:中华书局,2001.

［42］戴震.戴震集［M］.上海:上海古籍出版社,1980.

［43］梁启超.新民时代——梁启超文选［M］.天津:百花文艺出版社,2002.

［44］罗炳良.孙中山建国方略［M］.北京:华夏出版社,2002.

［45］孟庆鹏.孙中山文集［M］.北京:团结出版社,1997.

［46］彭明,等.近代中国的思想历程［M］.北京:中国人民大学出版社,1999.

［47］郑大华.民国思想史论［M］.北京:社会科学文献出版社,2006.

［48］陈独秀.独秀文存［M］.合肥:安徽人民出版社,1987.

［49］陈独秀.陈独秀学术文化随笔［M］.北京:中国青年出版社,1999.

［50］胡适.自由主义［M］.北京:光明日报出版社,1998.

［51］闻继.胡适之的哲学［M］.上海:上海三联书店,1999.

［52］梁漱溟.梁漱溟集［M］.北京:群言出版社,1993.

［53］冯友兰.冯友兰学术论著自选集［M］.北京:北京师范大学出版社,1992.

［54］熊十力.熊十力集［M］.北京:群言出版社,1993.

［55］熊十力.新唯识论［M］.上海:上海人民出版社,2011.

［56］胡适.中国哲学史大纲［M］.北京:东方出版社,2004.

［57］张东荪.科学与哲学［M］.北京:商务印书馆,2004.

［58］冯友兰.中国哲学史新编［M］.北京:人民出版社,1998.

［59］刘文英.中国哲学史［M］.天津:南开大学出版社,2002.

［60］劳思光.新编中国哲学史［M］.桂林:广西师范大学出版社,2005.

［61］向世陵.中国哲学智慧［M］.北京:中国人民大学出版社,2013.

［62］任继愈.中国哲学史［M］.北京:人民出版社,1963.

［63］张岱年.中华的智慧［M］.上海:上海人民出版社,1999.

［64］张文儒,等.中国现代哲学［M］.北京:北京大学出版社,2001.

［65］李泽厚.中国近代思想史论［M］.天津:天津社会科学院出版社,2003.

［66］颜炳罡.当代新儒学引论［M］.北京:北京图书馆出版社,1998.

［67］李泽厚.己卯五说［M］.北京:中国电影出版社,1999.

［68］刘鄂培.综合创新——张岱年先生学记［M］.北京:清华大学出版社,2002.

［69］吕振羽.简明中国通史［M］.北京:人民出版社,1955.

［70］周一良.世界通史［M］.北京:人民出版社,1962.

［71］林汉达,等.上下五千年［M］.北京:少年儿童出版社,1991.

［72］周时奋.中国历史十一讲［M］.济南:山东画报出版社,2004.

［73］中国农业遗产研究室.中国农学史［M］.北京:科学出版社,1984.

［74］贾思勰.齐民要术校译［M］.北京:农业出版社,1982.

［75］姚春鹏.黄帝内经［M］.北京:中华书局,2009.

## 二、西方哲学、历史与科学方面

［76］泰勒.从开端到柏拉图［M］.韩东辉,等译.北京:中国人民大学出版社,2003.

［77］文德尔班.哲学史教程［M］.罗达仁,译.北京:商务印书馆,1997.

［78］罗素.西方哲学史［M］.马元德,译.北京:商务印书馆,2003.

［79］罗素.西方的智慧［M］.马家驹,等译.北京:世界知识出版社,1992.

［80］乔斯坦·贾德.苏菲的世界［M］.萧宝森,译.作家出版社,1996.

［81］威尔·杜兰特.哲学简史［M］.梁春,译.北京:中国友谊出版社,2004.

［82］梁工,等.圣经解读［M］.北京:宗教文化出版社,2003.

［83］贾玉虎.圣经智慧书［M］.呼和浩特:内蒙古人民出版社,2002.

［84］杨适.古希腊哲学探本［M］.北京：商务印书馆，2003.

［85］柏拉图.柏拉图全集［M］.王晓朝，译.北京：人民出版社，2003.

［86］柏拉图.柏拉图对话集［M］.王太庆，译.北京：商务印书馆，2004.

［87］柏拉图.巴曼尼得斯篇［M］.陈康，译.北京：商务印书馆，1997.

［88］亚里士多德.形而上学［M］.吴寿彭，译.北京：商务印书馆，1996.

［89］奥古斯丁.忏悔录［M］.应枫，译.长春：时代文艺出版社，2000.

［90］北京大学哲学系.西方哲学原著选读（上卷）［M］.北京：商务印书
馆，1981.

［91］培根.新工具［M］.许宝骙，译.北京：商务印书馆，1984.

［92］洛克.人类理解论［M］.关文运，译.北京：商务印书馆，1959.

［93］休谟.人性论［M］.关文远，译.北京：商务印书馆，2005.

［94］周晓亮.休谟［M］.长沙：湖南教育出版社，1999.

［95］笛卡尔.第一哲学沉思集［M］.庞景仁，译.北京：商务印书
馆，1998.

［96］笛卡尔.探求真理的指导原则［M］.管震潮，译.北京：商务印书
馆，1991.

［97］笛卡尔.谈谈方法［M］.王太庆，译.北京：商务印书馆，2000.

［98］斯宾诺莎.知性改进论［M］.贺麟，译.北京：商务印书馆，1986.

［99］斯宾诺莎.笛卡尔哲学原理［M］.王荫庭，译.北京：商务印书
馆，1997.

［100］伏尔泰.哲学通信［M］.高达观，译.上海：上海人民出版
社，2002.

［101］卢梭.社会契约论［M］.何兆武，译.北京：商务印书馆，2003.

［102］卢梭.论人类不平等的起源和基础［M］.李常山，译.北京：商务
印书馆，1982.

［103］卢梭.论科学与艺术［M］.何兆武，译.北京：商务印书馆，1963.

［104］卢梭.忏悔录［M］.陈筱卿，译.北京：中国书籍出版社，2005.

[105] 卢梭. 卢梭民主哲学[M]. 陈惟和,等译. 北京:九州出版社,2004.

[106] 康德. 纯粹理性批判[M]. 蓝公武,译. 北京:商务印书馆,2003.

[107] 康德. 未来形而上学导论[M]. 庞景仁,译. 北京:商务印书馆,1997.

[108] 康德. 法的形而上学原理[M]. 沈叔平,等译. 北京:商务印书馆,2003.

[109] 康德. 历史理性批判文集[M]. 何兆武,译. 北京:商务印书馆,2003.

[110] 康德. 法的形而上学原理[M]. 沈叔平,等译. 北京:商务印书馆,2003.

[111] 李泽厚. 批判哲学的批判——康德述评[M]. 天津:天津社会科学院出版社,2003.

[112] 邓晓芒. 康德哲学演讲录[M]. 桂林:广西师范大学出版社,2005.

[113] 杨祖陶,等. 康德三大批判精粹[M]. 北京:人民出版社,2001.

[114] 黑格尔. 精神现象学[M]. 贺麟,等译. 北京:商务印书馆,1997.

[115] 黑格尔. 逻辑学[M]. 梁志学,译. 北京:人民出版社,2002.

[116] 邓晓芒. 思辩的张力——黑格尔辩证法新探[M]. 长沙:湖南教育出版社,1992.

[117] 杨河,等. 康德黑格尔哲学在中国[M]. 北京:首都师范大学出版社,2002.

[118] 费尔巴哈. 费尔巴哈哲学著作选集[M]. 荣振华,等译. 北京:商务印书馆,1984.

[119] 朱光潜. 西方美学史[M]. 北京:人民出版社,1964.

[120] 马克思,恩格斯. 马克思恩格斯选集[M]. 中共中央马克思恩格斯列宁斯大林著作编译局,译. 北京:人民出版社,1975.

[121] 恩格斯.路德维希·费尔巴哈和德国古典哲学的终结[M]. 中共中央马克思恩格斯列宁斯大林著作编译局,译.北京:人民出版社,1972.

[122] 马赫.感觉的分析[M].洪谦,等译.北京:商务印书馆,1997.

[123] 列宁.唯物主义和经验批判主义[M].中共中央马克思恩格斯列宁斯大林著作编译局,译.北京:人民出版社,1950.

[124] 列宁.论马克思恩格斯及马克思主义[M].中共中央马克思恩格斯列宁斯大林著作编译局,译.北京:中国人民解放军战士出版社,1974.

[125] 尹星凡,等.现代西方人文哲学[M].南昌:江西人民出版社,2003.

[126] 张祥龙.当代西方哲学笔记[M].北京:北京大学出版社,2005.

[127] 孔德.论实证精神[M].黄建华,译.北京:商务印书馆,2001.

[128] 叔本华.作为意志和表象的世界[M].石冲白,译.北京:商务印书馆,1997.

[129] 尼采.瞧!这个人[M].刘崎,译.北京:中国和平出版社,1986.

[130] 尼采.尼采文集[M].梁结,编.北京:改革出版社,1995.

[131] 尼采.权力意志[M].贺骥,译.桂林:漓江出版社,2000.

[132] 尼采.尼采生存哲学[M].杨恒达,等译.北京:九州出版社,2003.

[133] 弗洛伊德.精神分析引论[M].彭舜,译.西安:陕西人民出版社,2001.

[134] 詹姆士.实用主义[M].陈羽纶,译.北京:商务印书馆,1997.

[135] 胡塞尔.纯粹现象学通论[M].李幼蒸,译.北京:商务印书馆,1997.

[136] 海德格尔.存在与时间[M].陈嘉映,等译.北京:生活·读书·新知三联书店,2000.

[137] 海德格尔.人,诗意地安居[M].郜元宝,译.上海:上海远东出版社,1995.

[138] 萨特.存在与虚无[M].陈宣良,译.北京:生活・读书・新知三联书店,1997.

[139] 萨特.存在主义是一种人道主义[M].周熙良,等译.上海:上海译文出版社,1988.

[140] 弗雷格.算术基础[M].王路,译.北京:商务印书馆,2002.

[141] 罗素.我的哲学的发展[M].温锡增,译.北京:商务印书馆,2001.

[142] 海德格尔.面向思的事情[M].陈小文,译.北京:商务印书馆,2002.

[143] 江怡.《逻辑哲学论》导读[M].成都:四川教育出版社,2002.

[144] 维特根斯坦.哲学研究[M].李步楼,译.北京:商务印书馆,2002.

[145]《普通逻辑》编写组.普通逻辑[M].上海:上海人民出版社,1979.

[146] 陈波.逻辑哲学导论[M].北京:中国人民大学出版社,2000.

[147] 胡军.分析哲学在中国[M].北京:首都师范大学出版社,2002.

[148] 索绪尔.普通语言学教程[M].裴文,译.南京:江苏教育出版社,2002.

[149] 莱维-施特劳斯.结构人类学[M].俞宣,等译.上海:上海译文出版社,1999.

[150] 阿尔图塞.保卫马克思[M].顾良,译.北京:商务印书馆,1984

[151] 福柯.福柯集[M].杜小真,译.上海:上海远东出版社,1998.

[152] 皮亚杰.发生认识论原理[M].王宪钿,等译.北京:商务印书馆,1997.

[153] 布洛克曼.结构主义[M].李幼蒸,译.北京:中国人民大学出版

社,2003.

[154] 波普尔.科学知识进化论[M].纪树立,译.北京:生活·读书·
新知三联书店,1987.

[155] 库恩.必要的张力[M].范岱年,等译.北京:北京大学出版
社,2004.

[156] 拉卡托斯.数学、科学和认识论[M].林夏水,等译.北京:商务印
书馆,1993.

[157] 费耶阿本德.告别理性[M].陈健,等译.南京:江苏人民出版
社,2002.

[158] 张耀南,等.实在论在中国[M].北京:首都师范大学出版
社,2002.

[159] 马克思·韦伯.新教伦理与资本主义精神[M].于晓,等译.北
京:生活·读书·新知三联书店,1987.

[160] 马克思·韦伯.经济、诸社会领域及权力[M].李强,译.北京:生
活·读书·新知三联书店,1998.

[161] 哈贝马斯.交往行为理论[M].曹卫东,译.上海:上海人民出版
社,2004.

[162] 哈贝马斯.哈贝马斯精粹[M].曹卫东,选译.南京:南京大学出
版社,2004.

[163] 哈贝马斯.重建历史唯物主义[M].郭官义,译.北京:社会科学
文献出版社,2000.

[164] 德里达.书写与差异[M].张宁,译.北京:生活·读书·新知三
联书店,2001.

[165] 德里达.马克思的幽灵[M].何一,译.北京:中国人民大学出版
社,1999.

[166] 斯图亚特·西姆.德里达与历史的终结[M].王昆,译.北京:北
京大学出版社,2005.

［167］加达默尔.哲学解释学［M］.夏镇平,等译.上海:上海译文出版社,2004.

［168］乔纳森·卡勒.论解构［M］.陆扬,译.北京:中国社会科学出版社,1998.

［169］王潮.后现代主义的突破［M］.兰州:敦煌文艺出版社,1996.

［170］波林·罗斯诺.后现代主义与社会科学［M］.张国清,译.上海:上海译文出版社,1998.

［171］熊彼特.资本主义、社会主义与民主［M］.吴良健,译.北京:商务印书馆,2002.

［172］牛顿.自然哲学的数学原理［M］.王克迪,译.西安:陕西人民出版社,2001.

［173］达尔文.物种起源［M］.舒德干,等译.西安:陕西人民出版社,2001.

［174］达尔文.人类的由来［M］.潘光旦,等译.北京:商务印书馆,2003.

［175］斯科特.数学史［M］.候德润,等译.桂林:广西师范大学出版社,2002.

［176］里德雷.时间、空间和万物［M］.李泳,译.长沙:湖南科学技术出版社,2003.

［177］赵敦华.现代西方哲学新编［M］.北京:北京大学出版社,2001.

［178］张传开,等.西方哲学通论［M］.合肥:安徽大学出版社,2003.

［179］孙正聿.哲学通论［M］.沈阳:辽宁人民出版社,1998.

［180］严春友.西方哲学新论［M］.北京:中国社会科学出版社,2001.

［181］叶秀山,等.西方哲学史［M］.南京:凤凰出版社、江苏人民出版社,2004.

［182］黄见德.20世纪西方哲学东渐史导论［M］.北京:首都师范大学出版社,2002.

[183] 苗力田.西方哲学史新编[M].北京:人民出版社,1990.

[184] 彭越,等.西方哲学初步[M].广州:广东人民出版社,1999.

[185] 刘放桐,等.现代西方哲学[M].北京:人民出版社,1990.

[186] 周晓亮.西方哲学史[M].南京:凤凰出版社,2004.

[187] 王雨辰.西方哲学的演进与理论问题[M].北京:中国财政经济出版社,2003.

[188] 文聘元.西方哲学的故事[M].天津:百花文艺出版社,2001.

[189] 文聘元.现代西方哲学的故事[M].天津:百花文艺出版社,2005.

## 三、道德哲学、伦理学、价值观方面

[190] 蔡元培.中国伦理学史[M].上海:上海古籍出版社,2005.

[191] 斯宾诺莎.伦理学[M].贺麟,译.北京:商务印书馆,2007.

[192] 康德.道德形而上学基础[M].孙小伟,译.北京:中国社会科学出版社,2009.

[193] 费希特.伦理学体系[M].梁志学,等译.北京:商务印书馆,2010.

[194] 弗兰克·梯利.伦理学导论[M].何意,译.桂林:广西师范大学出版社,2002.

[195] 亚当·斯密.道德情操论[M].何丽君,译.北京:北京出版社,2008.

[196] 布劳德.五种伦理学理论[M].田永胜,译.北京:中国社会科学出版社,2002.

[197] 宋希仁.西方伦理思想史[M].北京:中国人民大学出版社,2010.

[198] 西季威克.伦理学史纲[M].焦敏,译.南京:江苏人民出版

社,2008.

[199] 亚当·弗格森.道德哲学原理[M].孙飞宇,等译.上海:上海人
民出版社,2005.

[200] 詹姆斯·雷切尔斯.道德的理由[M].杨宗元,译.北京:中国人
民大学出版社,2009.

[201] 西田几多郎.善的研究[M].代丽,译.北京:光明日报出版
社,2009.

[202] 彼得·辛格.实践伦理学[M].刘莘,译.北京:东方出版
社,2005.

[203] 倪愫襄.善恶论[M].武汉:武汉大学出版社,2001.

[204] 陈章龙,等.价值观研究[M].南京:南京师范大学出版
社,2004.

[205] 潘维,等.中国社会价值观变迁30年[M].北京:中国社会科学
出版社,2008.

[206] 徐贵权.价值世界的哲学追问与沉思[M].北京:中国社会科学
出版社,2012.

[207] 袁贵仁.价值观的理论与实践[M].北京:北京师范大学出版
社,2006.

[208] 荆惠民.中国人的美德[M].北京:中国人民大学出版社,2006.

[209] 秦道宽.中华道德哲学论衡[M].北京:团结出版社,2009.

[210] 高望之.儒家孝道[M].高亮之,等译.南京:江苏人民出版
社,2010.

四、政治哲学方面

[211] 王岩.西方政治哲学史[M].北京:世界知识出版社,2010.

[212] 罗尔斯.政治哲学史讲义[M].杨通进,等译.北京:中国社会科

学出版社,2011.

[213] 洛克.人权与自由[M].石磊,编译.天津:天津社会科学院出版社,2011.

[214] 詹姆士·塔利.语境中的洛克[M].梅雪芹,等译.上海:华东师范大学出版社,2005.

[215] 康德.法的形而上学原理[M].沈叔平,等译.北京:商务印书馆,2003.

[216] 密尔.论自由[M].许宝骙,译.北京:商务印书馆,2010.

[217] 密尔.论自由/代议制政府[M].康慨,译.长沙:湖南文艺出版社,2011.

[218] 穆勒.功利主义[M].叶建新,译.北京:中国社会科学出版社,2009.

[219] 伯林.自由及其背叛[M].赵国新,译.南京:译林出版社,2011.

[220] 伯林.自由论[M].胡传胜,译.南京:译林出版社,2003.

[221] 约翰·罗尔斯.正义论[M].谢延光,译.上海:上海译文出版社,1991.

[222] 托克维尔.论美国的民主[M].张晓明,编译.北京:北京出版社,2007.

[223] 霍伟岸.洛克权利理论研究[M].北京:法律出版社,2011.

[224] 林奇富.社会契约论与近代自由主义转型[M].北京:光明日报出版社,2010.

[225] 杰弗里·墨菲,康德:权利哲学[M].吴彦,译.北京:中国法制出版社,2010.

[226] 莱斯利·阿瑟·马尔霍兰.康德的权利体系[M].赵明,等译.北京:商务印书馆,2011.

[227] 波普.历史决定论的贫困[M].杜汝楫,等译.北京:华夏出版社,1987.

[228] 波普.开放社会及其敌人[M].杜汝楫,等译.太原:山西高校联合出版社,1992

[229] 哈耶克.通往奴役之路[M].王明毅,等译.北京:中国社会科学出版社,1997.

[230] 波普尔.二十世纪的教训[M].王凌霄,译.上海三联书店,2012.

[231] 桑德尔.自由主义与正义的局限[M].万俊人,等译.南京:译林出版社,2011.

[232] 阿巴拉斯特.西方自由主义的兴衰[M].曹海军,等译.长春:吉林人民出版社,2004.

[233] 德雷泽克.协商民主及其超越:自由与批判的视角[M].丁开杰,等译.北京:中央编译出版社,2006.

[234] 海伍德.政治学[M].张立鹏,译.北京:中国人民大学出版社,2006.

[235] 应克复,等.西方民主史[M].北京:中国社会科学出版社,2012.

[236] 周桂钿.中国传统政治哲学[M].石家庄:河北人民出版社,2001.

[237] 包玉娥.当代中国政治制度[M].北京:高等教育出版社,2000.

[238] 韩水法.正义的视野——政治哲学与中国社会[M].北京:商务印书馆,2009.

[239] 黄卫平.当代中国政治研究报告(I)[M].北京:社会科学文献出版社,2002.

[240] 李鹏程,等.政治哲学经典(西方卷)[M].北京:人民出版社,2008.

[241] 程洁.宪政精义:法治下的开发政府[M].北京:中国政法大学出版社,2002.

[242] 吴辉.政党制度与政治稳定——东南亚经验的研究[M].北京:世界知识出版社,2005.

[243] 顾准.顾准文集[M].贵阳:贵州人民出版社,1994.


**五、美哲学方面**

[244] 亚里士多德.诗学[M].罗念生,译.北京:人民文学出版社,2002.

[245] 亚里士多德.诗学/诗艺[M].郝久新,译.北京:中国社会科学出版社,2009.

[246] 黑格尔.美学[M].朱光潜,译.北京:商务印书馆,1997.

[247] 丹纳.艺术哲学[M].傅雷,译.合肥:安徽文艺出版社,1991.

[248] 朱光潜.西方美学史[M].北京:人民出版社,1964

[249] 章启群.新编西方美学史[M].北京:商务印书馆,2010.

[250] 刘勰.文心雕龙注释[M].北京:人民文学出版社,1981.

[251] 朱光潜.谈美书简[M].北京:人民文学出版社,2001.

[252] 李泽厚.美的历程[M].天津:天津社会科学院出版社,2001.

[253] 李泽厚.美学四讲[M].北京:生活·读书·新知三联书店,1989.

[254] 叶朗.美学原理[M].北京:北京大学出版社,2009.

[255] 马建高,等.通识美学教程[M].南京:南京大学出版社,2012.

[256] 王旭晓.美学原理[M].上海:上海人民出版社,2000.

[257] 牛宏宝.西方现代美学[M].上海:上海人民出版社,2002.

[258] 叶秀山.美的哲学[M].北京:世界图书出版社公司,2010.

[259] 彭富春.哲学美学导论[M].北京:人民出版社,2005.

[260] 朱志荣.中国美学简史[M].北京:北京大学出版社,2007.

[261] 于民.中国美学思想史[M].上海:复旦大学出版社,2010.

[262] 王振复.中国新著美学史[M].北京:北京大学出版社,2009.

[263] 陈望衡.中国美学史[M].北京:人民出版社,2005.

## 六、爱哲学方面

[264] SINGER I. Philosophy of love［M］. Cambridge：The MIT Press,2009.

[265] LEWIS T,AMINI F,LANNON R. A general theory of love ［M］. New York：Random House Inc,2000.

[266] 霭理士.性心理学［M］.潘光旦,译注.北京:商务印书馆,2008.

[267] 克里希那穆提.爱与寂寞［M］.罗若⑪,译.北京:九州出版社,2009.

[268] 黛安娜·阿克曼.爱的自然史［M］.张敏,译.广州:花城出版社,2008.

[269] 弗洛伊德.性爱与文明［M］.刘丛羽,译.延吉:延边人民出版社,2004.

[270] 埃里希·弗罗姆.爱的艺术［M］.赵正国,译.北京:国际文化出版社,2004.

[271] 赫伯特·马尔库塞.爱欲与文明［M］.黄勇,等译.上海:上海译文出版社,2008.

[272] 德·亚米契斯.爱的教育［M］.夏丏尊,译.南京:译林出版社,1997.

[273] 王春学.爱心物语［M］.呼和浩特:远方出版社,2002.

## 七、宗教哲学方面

[274] 康德.单纯理性限度内的宗教［M］.李秋灵,译.北京:中国人民大学出版社,2009.

[275] 罗素.宗教与科学［M］.徐奕春,等译.北京:商务印书馆,2010.

[276] 蔡仲.宗教与科学[M].南京:译林出版社,2009.

[277] 傅有德,等.科学与宗教:当前对话[M].黄福武,等译.北京:北京大学出版社,2010.

[278] L.斯维德勒.全球对话的时代[M].刘利华,译.北京:中国社会科学出版社,2006.

[279] 安伦.理性信仰之道[M].上海:学林出版社,2009.

[280] 单纯.启蒙时代的宗教哲学[M].北京:中国社会出版社,2010.

[281] 圣经[M].中国基督教三自爱国运动委员会、中国基督教协会,2007.

[282] 梁工,等.圣经解读[M].北京:宗教文化出版社,2003.

[283] 贾玉虎.圣经智慧书[M].呼和浩特:内蒙古人民出版社,2002.

[284] 麦格拉斯.天堂简史[M].高民贵,等译.北京:北京大学出版社,2006.

[285] 古兰经[M].马坚,译.北京:中国社会科学出版社,1981.

[286] 圣训基础简明教程(试用本)[M].北京:宗教文化出版社,2009.

[287] 吴云贵.伊斯兰教义学[M].北京:中国社会科学出版社,1995.

[288] 金刚经[M].鸠摩罗什,译.南京:江苏古籍出版社,2001.

[289] 费勇.空了——金刚经心读[M].上海:上海人民出版社,2009.

[290] 赖永海.坛经[M].中华书局,2010.

[291] 吴信如.大乘诸经述要[M].北京:中国藏学出版社,2008.

[292] 蒋维乔.因是子佛学入门[M].北京:中国长安出版社,2010.

[293] 葛洪.抱朴子内篇全译[M].顾久,译注.贵阳:贵州人民出版社,1995.

[294] 许地山.许地山讲道教[M].南京:凤凰出版社,2010.

[295] 金正耀.中国的道教[M].北京:中国国际广播出版社,2011.

[296] 2008中国崂山论道暨首届玄门讲经组委会.聆听道教经典的智慧———2008年中国崂山论道暨首届玄门讲及经文集[G].北

京:宗教文化出版社,2010.

[297] 陈俊伟,等.灵魂面面观[M].北京:中国社会科学出版社,2006.

## 八、中西文化与哲学比较方面

[298] 熊十力.中国哲学与西方哲学[M].上海:上海书店出版社,2008.

[299] 梁漱溟.东西文化及其哲学[M].北京:商务印书馆,2012.

[300] 张再林.中西哲学比较论[M].西安:西北大学出版社,1997.

[301] 徐行言.中西文化比较[M].北京:北京大学出版社,2004.

[302] 林可济.天人合一与主客二分[M].北京:社会科学文献出版社,2010.

[303] 贺毅.中西文化比较[M].北京:冶金工业出版社,2007.

[304] 程石泉.中西哲学合论[M].上海:上海古籍出版社,2007.

[305] 冯沪祥.中西生死哲学[M].北京:北京大学出版社,2002.

## 九、作者的哲学著作

[306] 高亮之.综合哲学随笔[M].北京:中国文化出版社,2007.

[307] 高亮之.漫游西方哲学[M].武汉:武汉大学出版社,2014.

[308] 高亮之.浅谈中国哲学[M].武汉:武汉大学出版社,2014.

[309] 高亮之.爱的哲学[M].杭州:浙江大学出版社,2011.

[310] 高亮之.善哲学与共同价值[M].香港:中国文化出版社,2014.

[311] 高亮之.美哲学[M].武汉:武汉大学出版社,2014.

[312] 高亮之.人有灵魂吗——灵魂哲学与科学的理性信仰[M].杭州:浙江大学出版社,2014.

**图书在版编目(CIP)数据**

中西智慧的交融:中西哲学综合论/高亮之著.
—杭州:浙江大学出版社,2015.12
ISBN978-7-308-15335-5

Ⅰ.①中⋯ Ⅱ.①高⋯ Ⅲ.①比较哲学－研究－
中国、西方国家 Ⅳ.①B1-03

中国版本图书馆 CIP 数据核字(2015)第 269308 号

中西智慧的交融——中西哲学综合论
高亮之 著

| | | |
|---|---|---|
| 责任编辑 | 谢 焕 | |
| 责任校对 | 张一弛 | |
| 封面设计 | 周 灵 | |
| 出版发行 | 浙江大学出版社 | |
| | (杭州市天目山路 148 号 邮政编码 310007) | |
| | (网址:http://www.zjupress.com) | |
| 排 版 | 浙江时代出版服务有限公司 | |
| 印 刷 | 杭州丰源印刷有限公司 | |
| 开 本 | 700mm×960mm 1/16 | |
| 印 张 | 17.5 | |
| 字 数 | 234 千 | |
| 版 印 次 | 2015 年 12 月第 1 版 2015 年 12 月第 1 次印刷 | |
| 书 号 | ISBN978-7-308-15335-5 | |
| 定 价 | 38.00 元 | |